全过程工程咨询项目集群管理理论与实践

柴恩海 黄 莉 刘 颖 等著

中国建筑工业出版社

图书在版编目（CIP）数据

全过程工程咨询项目集群管理理论与实践 / 柴恩海等著. —北京：中国建筑工业出版社，2021.10（2022.1重印）
ISBN 978-7-112-26548-0

Ⅰ.①全… Ⅱ.①柴… Ⅲ.①建筑工程—咨询服务 Ⅳ.①F407.9

中国版本图书馆CIP数据核字（2021）第185184号

本书向读者展现全过程工程咨询项目集群相关理论与应用实践，为工程咨询服务行业发展丰富了理论研究和实践经验，也给同行提供一定的参考。

全书共分为四部分：第一部分是基本概念与发展概述，包含全过程工程咨询概述与项目集群管理概述，涉及第1章与第2章；第二部分是基础理论，包含项目治理理论、利益相关者理论、集成管理理论等，主要为第3章；第三部分是全过程工程咨询项目集群管理案例，包含五洲·千城全过程工程咨询集群项目管理实践案例介绍以及深职院全过程工程咨询项目集群管理案例，包括第4章与第5章；第四部分是全过程工程咨询项目集群管理经验与未来展望，覆盖第6章与第7章。

策划编辑：徐仲莉
责任编辑：范业庶
责任校对：李欣慰

全过程工程咨询项目集群管理理论与实践

柴恩海　黄　莉　刘　颖　等著

*

中国建筑工业出版社出版、发行（北京海淀三里河路9号）
各地新华书店、建筑书店经销
北京建筑工业印刷厂制版
北京中科印刷有限公司印刷

*

开本：787毫米×960毫米　1/16　印张：15¼　字数：240千字
2021年10月第一版　　2022年1月第二次印刷
定价：**68.00**元
ISBN 978-7-112-26548-0
　　　（38102）

版权所有　翻印必究
如有印装质量问题，可寄本社图书出版中心退换
（邮政编码 100037）

本书编写委员会

著作单位： 浙江五洲工程项目管理有限公司
　　　　　　浙江财经大学
撰写人员： 柴恩海　黄　莉　刘　颖　余静静　冯一方
　　　　　　罗　茜　朱方宝　池勤建　张加欣　陈家杰
　　　　　　赖杨岚　曾锦煌　沈栋辰　周　鹏
创作支持： 沈晓春　叶晓宇　罗　斌

序

浙江五洲工程项目管理有限公司从2003年开始从事业主方项目管理、项目代建管理，先后整合了投资咨询、设计、监理、造价、招标代理等各单项咨询服务，2011年基本具备了全过程工程咨询服务相关要素的积累，在《国务院办公厅关于促进建筑业持续健康发展的意见》（国办发〔2017〕19号）发布培育全过程工程咨询建设管理模式前，公司在以1+N（全过程项目管理）为核心、X单项咨询为融合的全过程工程咨询服务模式中已经探索了6年，积累和沉淀了一定的经验。从2017年全过程工程咨询政策落地，截至本书撰写完成（2021年8月）的这4年内，公司新增全过程工程咨询服务项目122个，包含医疗、教育、办公、住宅、场馆、口岸、机场、市政、隧道、桥梁等一大批工程类型。未来社区管理、项目集群管理、项目组合管理等新管理模式也不断出现，为全过程工程咨询的经验总结、技术标准和合同范本等编制提供大量的理论研究和实践经验。

工程建设领域项目集群管理，在行业内较少有研究和总结，而随着"高、大、难、尖、新"复杂项目的不断出现，项目集群化管理需求突显。多个相互关联的项目进行协调管理，比单独管理这些项目时实现更高的收益和更好的控制。而深圳职业技术学院项目集群全过程工程咨询服务模式，恰好是全过程工程咨询与项目集群管理模式的相互融合，促使我们有了进一步研究和总结的动力。

本书在公司相关经验积累的基础上，由公司博士后工作站全程参与，并对前期策划、总体框架、各章节核心点提炼、复核校对等工作全程把关。本书2020年底讨论策划，2021年1月开始组织撰写，前后历时近8个月，参与各章撰写的10余位作者均为深圳职业技术学院项目集群全过程工程咨询项目部同事，他们在坚持努力工作的同时，利用晚上和节假日辛苦加班，时常为了追赶进度通宵熬夜。在反复修改过程中，理论结合实际咨询工作，不仅对开展的全过程工程咨询和项目集群管理进行研究，丰富相关理论知识，也通过理论积极反哺咨询工作实践。

本书向读者展现全过程工程咨询和项目集群相关理论，介绍了国家和各级相关部门出台的全过程工程咨询政策和支持措施，同时介绍了国外工程咨询行业的发展历程。通过深圳职业技术学院项目集群案例，将全过程工程咨询与项目集群管理模式结合实践并深入研究，是一个十分有益的尝试和探索，为工程咨询服务行业发展丰富了理论研究和实践经验，也给同行提供一定的参考。以本书抛砖引玉，启发大家思考，诚挚地希望行业同仁共同参与，为工程咨询服务行业的发展、国家社会经济的发展贡献力量。

也恳请看到本书的同行朋友提出宝贵意见。我的邮箱是 310777717@qq.com。

柴恩海

2021 年 8 月

前　言

建筑业是国民经济的重要支柱产业和富民产业，是推动社会经济发展的重要力量。建筑业高质量发展是国民经济高质量发展的重要组成部分。2017年2月《国务院办公厅关于促进建筑业持续健康发展的意见》（国办发〔2017〕19号）首次提出并倡导"培育全过程工程咨询"，继而拉开了全过程工程咨询改革的序幕。我国工程实践中形成的专业化咨询服务以及分阶段分部门的咨询服务业态，已不能适应与满足建筑业高质量的需要。这种碎片化、片面化的工程咨询服务方式存在参与方众多、工作界面多、沟通协调难等问题，既影响项目建设的效率和质量，又增加项目实施风险。通过发展全过程工程咨询服务，提升业主投资管理效率、增加咨询服务的有效供给、促进建筑业高质量发展、推进咨询企业"走出去"已成为学界与业界的统一共识。

自住房城乡建设部开展全过程工程咨询试点工作以来，业主与咨询企业都进行了不同程度、不同形式与实施模式的摸索与实践，提出实施全过程工程咨询的策略、路径与方案。全过程工程咨询的推广与推进，需要总结吸取全过程工程咨询实践中的历史经验。截至本书定稿前，五洲·千城已承接近122个大型项目全过程工程咨询服务，积累了全过程工程咨询服务实践经验，并通过设立博士后工作站与高校科研合作等方式进行全过程工程咨询理论研究，指导全过程工程咨询管理机制创新。"全过程工程咨询项目集群管理"模式是五洲·千城全过程工程咨询服务创新的探索，在实践中已取得一定的研究成果与实践经验。本书撰写的初衷正是向社会各界分享交流五洲·千城的经验。同时，本书亦是浙江财经大学与浙江五洲工程项目管理有限公司联合培养博士后课题"全过程工程咨询模式及其经济性分析"的阶段性成果，以及合作课题"项目集群下全过程工程咨询研究"的最终成果。

黄莉与柴恩海共同负责本书整体章节策划和内容安排，刘颖负责撰写团队组织协调。全书共分为四部分：第一部分是基本概念与发展概述，包含全过程工程咨询概述与项目集群管理概述，涉及第1章与第2章；第二部分是基本原理，包含项目治理理论、利益相关者理论、集成管理理论等，主要为第3章；第三部分是全过程工程咨询项目集群管理案例，包含五洲·千城全过程工程咨询集群项目管理实践案例介绍以及深职院全过程工程咨询项目集群管理案件，包括第4章与第5章；第四部分是全过程工程咨询项目集群管理经验与未来展望，覆盖第6章与第7章。

全书章节内容撰写分工如下：第1章由黄莉、罗茜、陈家杰撰写；第2章由黄莉、刘颖、沈栋辰、周鹏撰写；第3章由黄莉、余静静、赖杨岚撰写；第4章由黄莉、柴恩海、刘颖撰写；第5章由柴恩海、黄莉、刘颖、冯一方、余静静、朱方宝、张加欣、陈家杰、曾锦煌、池勤建撰写；第6章由黄莉、刘颖、余静静撰写；第7章由柴恩海撰写。

全过程工程咨询模式仍在探索中，本书中全过程工程咨询集群管理案例实践尚未完成，相关经验有待进一步总结。此外，限于作者的知识、精力与时间，本书撰写过程难免存在疏漏，恳请各位学者、同行批评指正。

2021年8月

目　录

第1章　全过程工程咨询概述　　1
 1.1　全过程工程咨询概念　　1
  1.1.1　咨询　　1
  1.1.2　工程咨询　　2
  1.1.3　全过程工程咨询　　3
 1.2　全过程工程咨询发展历程　　7
  1.2.1　国外工程咨询发展历程　　7
  1.2.2　我国工程咨询发展历程　　11
  1.2.3　我国全过程工程咨询现状　　15
 1.3　全过程工程咨询政策分析　　16
  1.3.1　政策文件统计　　16
  1.3.2　部委文件　　18
  1.3.3　地方文件　　19
 1.4　全过程工程咨询研究分析　　25
  1.4.1　文献计量分析　　25
  1.4.2　研究知识图谱　　27
  1.4.3　基于知识图谱的研究分析　　30
 1.5　全过程工程咨询服务模式　　31
  1.5.1　按牵头单位分类　　31
  1.5.2　按服务内容分类　　32
  1.5.3　按项目阶段分类　　33
 1.6　本章小结　　35

第 2 章　项目集群管理概述　36

- 2.1 项目与项目管理　36
  - 2.1.1 项目　36
  - 2.1.2 项目管理　37
- 2.2 项目集群管理　38
  - 2.2.1 项目集群　38
  - 2.2.2 项目集群管理　39
- 2.3 项目组合管理　40
  - 2.3.1 项目组合　40
  - 2.3.2 项目组合管理　41
- 2.4 项目集群管理特征　41
  - 2.4.1 项目管理模式对比　41
  - 2.4.2 项目集群管理成功的标准　43
  - 2.4.3 项目集群管理成功的影响因素　44
- 2.5 项目集群管理运用　45
- 2.6 本章小结　47

第 3 章　基础理论　48

- 3.1 项目治理理论　48
- 3.2 利益相关者理论　50
- 3.3 集成管理理论　52
- 3.4 价值工程理论　53
- 3.5 协同理论　54
- 3.6 约束理论　56
- 3.7 本章小结　57

第 4 章　五洲·千城全过程工程咨询集群项目管理实践　58

- 4.1 五洲·千城工程咨询实践探索　58
  - 4.1.1 五洲·千城发展历程　58
  - 4.1.2 "全咨＋集群"的实践探索　60

4.2 浙江金华教育·卫生全过程工程咨询项目集群管理实践 61
    4.2.1 项目集群概况 61
    4.2.2 全过程工程咨询工作内容 64
    4.2.3 金华全咨项目集群管理取得成果 68

4.3 安徽蚌埠一三医院及党校全过程工程咨询项目集群管理实践 68
    4.3.1 项目集群概况 68
    4.3.2 全过程工程咨询工作内容 70
    4.3.3 蚌埠全咨项目集群管理取得成果 78

4.4 广东深圳·深职院全过程工程咨询项目集群管理实践 78
    4.4.1 项目集群概况 78
    4.4.2 全过程工程咨询工作内容 80
    4.4.3 深职院全过程工程咨询项目集群管理取得成果 84

4.5 本章小结 85

第5章 深职院全过程工程咨询项目集群管理案例 86

5.1 统筹管理 86
    5.1.1 集群组织结构 86
    5.1.2 集群策划方案 98
    5.1.3 集群过程管控 102
    5.1.4 集群人才培育 104
    5.1.5 集群党建引领 106

5.2 勘察设计管理 109
    5.2.1 集群模式的设计管理组织架构 109
    5.2.2 集群模式全过程设计管理要点 113
    5.2.3 基于使用需求分析的标准设计 127
    5.2.4 集群模式的设计管理资源共享 128
    5.2.5 集群模式的设计管理经验传递 130
    5.2.6 全过程设计管理的集群模式优势 132

5.3 招标采购管理 133

	5.3.1 集群模式的招标采购组织架构	134
	5.3.2 集群模式的招标采购管理要点	135
	5.3.3 集群模式的打包招标模式创新	148
	5.3.4 集群模式的招标采购管理优势	149
5.4	投资管理	153
	5.4.1 集群模式的投资管理组织架构	154
	5.4.2 集群模式全过程投资管理要点	156
	5.4.3 基于指标数据的投资管理模式	166
	5.4.4 集群模式下投资管理优化机制	168
5.5	工程监理	172
	5.5.1 集群模式的工程监理组织架构	173
	5.5.2 "全咨+集群"工程监理工作要点	175
	5.5.3 集群模式下工程监理见习机制	187
	5.5.4 集群模式下工程监理奖惩制度	190
5.6	工程项目信息化管理	193
	5.6.1 工程项目信息化管理组织架构	193
	5.6.2 工程项目信息化工作内容和管理要点	194
	5.6.3 集群模式信息化管理优势	208
5.7	课题研究	212
	5.7.1 研究选题及内容	212
	5.7.2 研究团队及架构	214
	5.7.3 研究成果及应用	215
5.8	本章小结	216

第6章 五洲·千城全过程工程咨询项目集群管理经验 　217

6.1	创新团队架构，优化资源配置	217
6.2	实行动态管控，提升管理效能	219
6.3	建立竞争机制，激发人员潜能	220
6.4	借助信息技术，提升协同效率	220

6.5	开展课题研究，提供增值服务	221
6.6	利用党建引领，发挥凝聚作用	222
6.7	本章小结	222

第 7 章　展望　　　　　　　　　　　　　　　　　　　223

参考文献　　　　　　　　　　　　　　　　　　　　　225

第1章 全过程工程咨询概述

1.1 全过程工程咨询概念

1.1.1 咨询

咨询（consultancy）在《现代汉语词典》中的解释为征求意见[1]。《牛津辞典》解释咨询为：向某人寻求信息和建议[2]。在早期社会中，咨询是一种普通的社会活动，即向特定人士寻求信息和建议。如《诗·小雅·皇皇者华》："载驰载驱，周爰咨询。"毛传："忠信为周，访问于善为咨，咨事为诹。"诸葛亮《出师表》："陛下亦宜自谋，以咨诹善道，察纳雅言。"汉·王符《潜夫论·叙录》："刍荛虽微陋，先圣亦咨询。"明方孝孺《核咎赋》："跡虽存而世久兮，欲咨询而未能。"

随着科学技术的飞速发展以及生产力的不断提高，社会分工越来越明确，咨询逐渐由普通的社会活动演变为专业的智力服务，并在各个领域发展成为独立的、新兴的咨询行业。不同领域对咨询的概念与内涵给出了不同的定义，如《汉俄日报学词典》中咨询的解释为：从专业人士处就特定问题获取意见和建议；《科技情报工作文集》中咨询的解释为：为读者提供适合其个人需求的信息，并将其转变为一系列任务，以满足研发部门解决特定问题所需的专题情报的过程。《辞海》[3]中对咨询服务定义为：接受企事业单位、团体或个人委托，为它们提供各种专门知识的智力服务。虽然各个领域对咨询的具体定义略有不同，但对现代意义的咨询有以下共识：（1）由专业人士提供咨询服务；（2）以信息作为基础；（3）产生智力劳动的综合效益。因此，有学者将现代咨询定义为：以信息为基础，依靠专家的知识和经验，对客户委托的任务进行分析和研究，提出建议、方案和措施，并在需要时协助实施的一种智力密集型的服务[4]。

咨询业以咨询机构形式，依靠具有丰富知识和经验的咨询人员，为委托方提供各种智力服务的行业。因此，咨询业又被称为"头脑产业"。发展至今，咨询业活动已渗透到经济、政治、社会、军事、法律等各个领域。目前世界上比较著名的咨询机构有国际应用系统分析研究所、兰德公司、斯坦福国际咨询研究所、伦敦国际战略研究所、巴特尔研究所、小阿瑟公司、野村综合研究所等[3]。咨询服务内容也涉及诸多领域，如政策咨询（或称决策咨询）、技术咨询、工程咨询、管理咨询和专业咨询等。

1.1.2 工程咨询

工程咨询（engineering consultancy）是咨询业的一个重要分支。根据世界贸易组织《服务贸易总协定》规定，工程咨询属于贸易性服务中的知识密集型服务；根据中国《国民经济行业分类》，工程咨询属于社会服务业中的信息、咨询服务业。

《工程咨询业管理暂行办法》（国家发改委令第9号）第二条对工程咨询给出明确定义："工程咨询是遵循独立、公正、科学的原则，综合运用多学科知识、工程实践经验、现代科学和管理方法，在经济社会发展、境内外投资建设项目决策与实施活动中，为投资者和政府部门提供阶段性或全过程咨询和管理的智力服务。"根据此定义，工程咨询范围贯穿了工程项目建设的全过程，为项目从前期决策至运营持续提供整体或局部解决方案以及管理服务。由于建设项目阶段性特点，工程咨询也具有阶段性，包含前期决策咨询、勘察设计咨询和工程造价咨询等专业咨询服务。

前期决策咨询，又称为投资决策咨询，是指对建设项目进行投资机会研究、项目建议书、可行性研究、项目评估和决策等内容，是建设项目立项之前的咨询。勘察设计咨询，包含工程勘察与工程设计两部分。工程勘察是指根据建设工程的要求，查明、分析、评价建设场地的地质地理环境特征和岩土工程条件，编制建设工程勘察文件的活动[3]。工程勘察的基本内容是工程测量、水文地质勘察和工程地质勘察。工程设计是根据建设工程的要求，对建设工程所需的技术、质量、经济、资源、环境等条件进行综合分析、论证，编制建设工程设计文件的活动[3]。

工程造价咨询是指工程造价咨询单位接受委托方的委托，运用工程造价的专业技能，为建设项目决策、设计、发承包、实施、竣工等各个阶段工程计价和工程造价管理提供的服务[5]。

中国工程咨询在发展过程中还分化出工程监理和招标代理等专业服务。工程监理是指工程监理单位受建设单位委托，根据法律法规、工程建设标准、勘察设计文件及合同，在施工阶段对建设工程质量、进度、造价进行控制，对合同、信息进行管理，对工程建设相关方的关系进行协调，并履行建设工程安全生产管理法定职责的服务活动[6]。招标代理的主要内容为接受政府、金融机构或企业等方面的委托，以采购人的名义，利用公开招标、邀请招标等方式，为采购人择优选定供应商或承包商。

1.1.3　全过程工程咨询

2017年2月21日，国务院办公厅发布《关于促进建筑业持续健康发展的意见》(国办发〔2017〕19号)，首次提出"全过程工程咨询"这一概念。文件强调"培育全过程工程咨询；鼓励投资咨询、勘察、设计、监理、招标代理和造价等企业采取联合经营、并购重组等方式发展全过程工程咨询，培育一批具有国际水平的全过程工程咨询企业；制定全过程工程服务技术标准和合同范本；在民用建筑项目中，充分发挥建筑师的主导作用，鼓励提供全过程工程咨询服务。"但是，《关于促进建筑业持续健康发展的意见》并未给出全过程工程咨询的明确定义。

1. 政策文件中全过程工程咨询定义

国家发展改革委、住房城乡建设部以及部分省市建设主管部门发布的相关政策文件对全过程工程咨询概念进行明确。

《工程咨询行业管理办法》(发改委〔2017〕第9号令)对全过程工程咨询界定为："采用多种服务方式组合，为项目决策、实施和运营持续提供局部或整体解决方案以及管理服务。"住房城乡建设部《关于征求推进全过程工程咨询服务发展的指导意见（征求意见稿）》（建市监〔2018〕9号）中，"全过程工程咨询是对工程建设项目前期研究和决策以及工程项目实施和运营的全生命周期提供包含设计和规划在内的涉及组织、管理、经济和技术等各有关方面的工程咨询服务。"

湖南省住房和城乡建设厅《关于印发湖南省全过程工程咨询试点工作方案和第一批试点名单的通知》（湘建设函〔2017〕446号）提出，"全过程工程咨询，是指业主在项目建设过程中将工程咨询业务整体委托给一家企业，由该企业提供项目策划、可行性研究、环境影响评价报告、工程勘察、工程设计、工程监理、造价咨询及招标代理等工程咨询服务活动。"广东省住房和城乡建设厅《关于征求〈建设项目全过程工程咨询服务指引（咨询企业版）（征求意见稿）〉和〈建设项目全过程工程咨询服务指引（投资人版）（征求意见稿）〉意见的函》（粤建市商〔2018〕26号）提出，"全过程工程咨询是指对建设项目全生命周期提供组织、管理、经济和技术等各有关方面的工程咨询服务，包括项目的全过程工程项目管理以及投资咨询、勘察、设计、造价咨询、招标代理、监理、运行维护咨询以及BIM咨询等专业咨询服务。"山东省住房和城乡建设厅、发展和改革委员会《关于在房屋建筑和市政工程领域加快推行全过程工程咨询服务的指导意见》（鲁建建管字〔2019〕19号）提出，"全过程工程咨询服务是指在项目投资决策、工程建设、运营管理过程中，为建设单位提供的涉及经济、技术、组织、管理等各有关方面的综合性、跨阶段、一体化的咨询服务"。

2. 学者对全过程工程咨询内涵的理解

国际上，并没有与"全过程工程咨询"完全对应的概念。在国际FIDIC条款、国际工程合同等文本中，投资咨询、勘察、设计、施工监理、招标、造价控制等业务均被冠以"Engineering Consulting（工程咨询）"的名义，默认以工程项目整体为对象。而在国内，由于各种原因，工程咨询被切割分段，赋予不同的名称，归口不同的部门管理[7]。因此，国内众多学者从不同的角度探讨了全过程工程咨询的内涵与外延。

第一，项目管理视角的理解。皮德江将全过程工程咨询服务理解为全过程一体化项目管理服务，认为其可划分到业主方的项目管理范畴，即具有较高建设专业知识和实践经验的工程咨询公司受业主方委托，组织和负责工程项目从勘察设计到工程监理等全过程一体化管理服务，并如期交出满足业主方意愿和要求的集安全、质量、经济、进度、绿色环保和使用功能于一体的工程项目[8]。徐小张将全过程工程咨询服务理解成一种管理总承包（PMC），是项目管理深化和向上向下游的延伸，全过程工程咨询服务内容应当是包含全面整合后的前期策划、设计、招标代理、工程造价、工程监理、后期运维等各阶段的咨询服务[9]。

第二，服务过程角度的理解。张武认为全过程工程咨询应以建设工程项目目标为中心，运用科学合理的工程咨询方法与技术，将咨询服务的宗旨贯穿于项目的整个生命周期，确保不同阶段咨询服务的合理性与连贯性[10]。韩光耀强调全过程工程咨询绝对不是把包括投资咨询、勘察、设计、监理、招标代理、造价等相对独立的单项咨询服务业务进行简单叠加，也不是按照传统的咨询服务模式提供这些咨询业务，而是要综合运用科学信息技术和手段，打破各单项服务业务间的壁垒，对业务资源进行有机重组和流程再造，充分发挥各单项业务合力，以提供高效、多业务有机整合、跨阶段的全方位咨询服务[11]。

第三，服务内容角度的理解。杨学英认为全过程工程咨询服务主要是指雇主将项目在建设期间遇到的工程咨询服务整体委托给一个单位或多个单位组成的联合体，受雇方则需要提供项目规划、项目可行性分析、招标投标代理等一系列服务[7]。孔凡彬等认为全过程工程咨询服务是指为建设单位提供一站式咨询解决方案的服务。在满足建设单位工程项目意图和要求的前提下，将各个业务整合到一起，使整体优势最大化，体现出更高的综合价值[12]。

学者丁士昭认为，真正的全过程工程咨询比全过程项目管理或全过程造价管理范围更广，他强调全过程工程咨询的核心理念主要包括：针对碎片化整体性治理、设计主导全过程工程咨询及解决建设与运营的分离[13]。也有学者认为全过程工程咨询是将工程咨询服务从孤立化转为高度集成化的重要举措，可有效增强工程建设项目前期决策、中期建设、后期运营之间的协同性，避免出现信息孤岛[14]。在此基础上，尹贻林将全过程工程咨询的要点归结为集成化管理、牵头单位的综合实力与主导地位，以及建设与运营的紧密结合三个方面[15]。

3. 全过程工程咨询的特点及其价值

虽然当前学界与业界对全过程工程咨询的概念未形成统一定义，但是普遍认同全过程工程咨询应具有三个特点，即全过程、集成化和多方案。"全过程"是指自工程建设项目前期研究和决策至运维管理等整个生命周期持续提供工程咨询服务。"集成化"是指整合各单项服务业务资源、优势及专业能力，综合运用科技手段，使各单项业务深入融合，以实现项目多业务全方位一体化。这里的单项服务业务是指投资决策、勘察设计、招标代理、工程造价、工程监理等咨询服务。"多方案"是指提供多种服务模式和解决方案，以满足建设项目的多方面需求。

本书中全过程工程咨询是指，在建设工程项目的整个生命周期内，工程咨询机构受业主方委托，从业主方的根本需求和项目的实际情况出发，为建设工程项目提供科学、合理、专业的设计规划、决策咨询、招标代理、工程监理、项目管理、竣工验收、运维保修和改造拆除等各重要环节的咨询服务，使各环节资源、优势有机整合及各专业能力深入融合，以推动项目稳步高效开展。

对于建设工程项目采用全过程工程咨询服务，对建设工程项目本身来讲具有以下三个方面的价值[14]：第一，确保项目信息流的完整性。全过程工程咨询贯穿整个项目建设周期，能全局把控不同环节的所有信息，减少信息缺失和避免信息流断裂，有效解决传统单项咨询模式下项目管理阶段性和专业分工等因素将工程项目内在有机联系割裂开来的问题。第二，优化项目合约管理。全过程工程咨询采用单次招标方式，减少传统单项咨询模式下各阶段单独招标的重复繁杂工作，避免不同合同对工程项目进行分阶段分类别的人为切割，精简投资合约流程，明确各组织各阶段间的责任划分，各司其职又相互协同，加快建设进度。第三，提高项目投资效益。首先，全过程工程咨询单次招标可大幅降低分专业分模块单独招标的合同成本；其次，由于全过程工程咨询服务是以工程项目整体为对象，覆盖项目全生命周期，有利于宏观把控各环节工作内容，实现全过程投资控制，还能采用优化设计、精细化管理等方式实现投资高收益。

1.2 全过程工程咨询发展历程

1.2.1 国外工程咨询发展历程

1. 工程咨询业的产生

咨询业的产生与发展是社会分工和市场经济发展的必然要求。国外的咨询业作为一种行业存在于社会上,是从 19 世纪中叶开始的,距今有近 200 年的历史,已形成成熟的咨询行业。在工程建设、生产技术、企业经营管理、金融贸易和社会问题等各个方面都有发展并建立了各种咨询组织。其中,工程咨询业历史最悠久、技术力量最强、业务活动范围最广泛。

1818 年,英国建筑师约翰·斯梅顿组织成立了第一个土木工程师学会(Institution of Civil Engineers,ICE),标志着工程咨询业的诞生。1852 年,美国建筑师学会(The American Society of Civil Engineers,ASCE)成立,其学会成员虽不是咨询工程师,但工作性质却与咨询工程师相同。但是,此时工程咨询还未与土木建筑完全分离。1904 年,丹麦成立国家咨询工程师协会(Danish National Association of Consulting Engineers,DNCE),随后美国、英国、比利时、法国、瑞士等国家也相继成立工程咨询协会,表明工程咨询作为一个独立行业已经在欧美一些国家形成。1913 年,国际工程咨询师联合会(Fédération Internationale Des Ingénieurs Conseils,FIDIC)成立,标志着工程咨询已成为国际性的独立行业。随着社会经济的发展,特别是科技进步和社会化专业分工的推动,工程咨询业的形式和内容处在不断演变和发展之中,相关工程咨询理念也在不断创新。20 世纪 70 年代,国际项目管理的热潮也推动着国际工程咨询行业的蓬勃发展。

2. 工程咨询业发展阶段

整体而言,现代咨询业自 19 世纪初在英国诞生以来,大致经历了个体咨询、合伙咨询、综合咨询和国际合作咨询四个发展阶段。

(1) 个体咨询阶段

个体咨询出现在19世纪90年代的美国，是由土木工程师独自为建筑工程提供咨询服务。个体咨询其实质是一种专业咨询，土木工程师提供专业咨询服务，需要土木工程师具备相关专业技术能力，在这样的背景下，众多个人公司涌现，主要以土木工程与铁路工程咨询服务为主，如著名的美国柏克德（Bechtel）公司。

(2) 合伙咨询阶段

合伙咨询出现在第一次世界大战前后，当时工程咨询从土木工程拓宽到交通、能源、工业等其他专业领域，大型工程的出现促使咨询形式由个体咨询向合伙咨询演进。这种合伙咨询主要是各个体咨询公司联盟，以总承包的形式提供咨询服务。

(3) 综合咨询阶段

综合咨询是专业咨询向纵向深入发展的结果。"二战"之后，各国处于紧锣密鼓的建设阶段，传统的工程技术咨询已无法满足市场需求，开始逐步向项目管理咨询和战略咨询发展，出现了一批著名的国际工程咨询公司，如美国AECOM设计集团、柏克德（Bechtel）工程公司，英国奥雅纳（ARUP）全球工程设计公司以及法国索格利（SOGREAH）咨询公司等。

(4) 国际合作咨询阶段

信息技术的持续完善以及全球化的不断推进，促使工程咨询业逐步国际化。随着跨国咨询业务的增多，国际咨询市场中国际咨询企业间的合作越来越多。

3. 典型国家工程咨询发展现状

(1) 英国

英国是最早建立咨询业务的国家。其作为第一个完成工业革命的资本主义国家，也最早进行了工程管理权与工程所有权的分离。1818年，英国土木工程师学会（ICE）成立，标志着工程咨询业的诞生以及咨询工程师职业的出现。1837年，英国成立世界上最早的建筑师协会——皇家建筑师协会（Royal Institute of British Architects，RIBA）。目前该协会在工程领域仍具有世界影响力。其后，1913年成立咨询工程师协会；1965年成立单位（即咨询公司）会员制的英国咨询局。这是一个得到政府支持的民间团体，会员有数百个工程咨询公司。咨询业务从个人活动发展成为集体活动。目前，英国有千余家工程咨询企业，主要分为三种类型：工程咨询公司、咨询合伙人公司、独立咨询工程师。工程咨询公司主要指大中型咨询工程公司，其均具有比较丰富的国内外工程咨询管理经验，尤其是英联邦国家的工程项目建设、运营经验。咨询合伙人公司业务范围大多为公司所在地或者英国国内，一般是由多名有经验的和有资质的工程师合作经营，依靠工程师自身影响力和对地方的了解进行业务活动。独立咨询工程师大多是有着丰富咨询经验、具有知名度的专业工程师，受雇佣某一个项目以第三方咨询工程师身份工作。

英国工程咨询业代表性企业为奥雅纳（Arup Group，ARUP）。1946年成立于英国伦敦，经过80年的发展，奥雅纳已发展成为一家全球性的设计、工程、规划和专业咨询公司，具有世界规模与影响力。分支机构遍及34个国家，拥有14000多名设计、工程、规划和咨询专业人员，可以提供从项目概念设计到完工移交，再到为政府提供咨询与研究服务等一体化咨询服务。北京奥运会场馆"鸟巢"、"水立方"、上海嘉里中心、重庆来福士广场、广州塔等其都有参与。

（2）美国

美国是世界咨询业的强国之一。1910年，美国咨询工程师协会成立。1973年，美国咨询工程师学会与美国咨询工程师协会合并成立美国咨询工程师委员会。自20世纪80年代以来，美国工程咨询企业为了降低成本、提高市场竞争力，开始不断合并，并不断向规模和技术两方面深入发展，这为美国工程咨询企业在技术发展、市场拓展方面提供了有利条件。随着全球化的到来，美国工程咨询企业开始不断拓展国外业务，进一步推动新的工程咨询模式的产生。近年来，美国工程咨询市场需求发生变化、国际市场竞争加剧，咨询企业一方面依靠自身技术的积累和长期咨询服务的经验积累，为项目提供专项工程问题研究方案、一系列客观建议，体现工程咨询的价值；另一方面也可以依靠自身工程施工、设计、运维能力，为企业提供具有针对性的一揽子方案。工程咨询业已经成为美国工程建设领域重要的智力支持力量。

美国政府一直对工程咨询业提供各方面支持。首先，美国政府一直具有使用专业咨询公司提供决策的传统，旨在提高决策效率，减少政府机构人员投入。其次，为了鼓励工程咨询业的发展，在税收上对工程咨询企业相应开支进行优化。然后，在促进专业人员培养方面，美国主要通过严格管控资格认证、严格审查职业道德、设立约束、激励机制等，优化行业人员管理以及促进专业人员培养。

美国大部分工程咨询公司为私营企业性质，市场化运行，独立选择项目，客户群体也以私营企业为主。目前美国工程咨询业的发展已经趋于成熟，既有对世界工程咨询业产生巨大影响的跨国公司，也有深耕某一区域的小型咨询公司，形成相对稳定的市场形势。AECOM公司是具有代表性的美国工程咨询公司之一，它也能够代表美国工程咨询业的发展轨迹。公司于1910年在俄克拉何马州创立，最早为石油开采公司，后来参与公路建设和建筑材料生产。直到20世纪80年代，该公司也只是石油行业的一家小公司。1990年，公司通过收购工程、设计公司，开始涉足基础设施领域，其后通过不断收购全球相关企业、资源整合以及管理创新，不断向利润率高的行业、地区发展。截至目前，AECOM已发展成为全球顶尖的基础设施全方位综合服务企业，业务包含规划、设计、工程到咨询和施工管理，可为客户提供项目全生命周期各阶段的专业服务。2019年，AECOM年营业额约202亿美元。

（3）法国

法国工程咨询业发展及现状：法国工程咨询业不仅促进了本国建设行业发展，也对世界工程咨询行业做出很大贡献。法国工程咨询业和美国工程咨询业类似，行业内企业规模趋势是向大型综合和小型专业公司方向发展。大型工程咨询公司通过收购、兼并以及企业合作，提高技术实力以及市场规模。将业务范围覆盖到前期的市场调查、项目策划、可行性研究、方案设计、工程设计、工程监理、工程保险以及运营维护等全过程，并通过扩大国际影响力，在世界范围内承接项目。小型专业公司则深耕某一特定区域与行业，专精于某一专业技术特长的小型咨询公司组织管理相对灵活，更能满足中小型企业用户、项目的需要，同时保证工作效率，降低经营成本。两者各有优劣，可以满足不同客户群体的需求。

法国工程咨询业的发展离不开政府的支持。法国政府通过一系列法规奠定了工程咨询业的重要地位，比如规定政府涉及工程项目的专业决策，必须征求专业工程咨询公司的意见；政府投资项目必须通过公开招标确定工程咨询单位。此外，法国政府还长期对工程咨询业国外发展提供支持，比如在政府举办市场推广活动中推广本国工程咨询企业、给予国外工程咨询业务税收优惠等政策，并且还会让行业内专家担任政府内部职位，比如邀请大型工程咨询公司高管担任对外经济部门职位，提高公司在市场竞争中的地位。

国际咨询工程师联合会（FIDIC）是由法国、比利时、丹麦、芬兰、荷兰等国在1913年发起成立的国际组织，目前是国际上最具权威的、被世界银行认可的咨询工程师组织。对于法国而言，国际工程师联合会的成立标志着法国工程咨询业走向成熟，对世界产生影响，其所创立的工程项目奖一直是公认的、具有较高难度和含金量的奖项。FIDIC举办各类会议及其他活动，目的在于实现行业目标：坚持高水平的道德和职业标准；交流观点和信息；讨论成员协会和国际金融机构代表共同关心的问题；以及促进发展中国家工程咨询业的发展。FIDIC内部的不同专业委员会制订了许多建设项目管理标准与合同文本，已被世界银行、亚洲开发银行等国际金融组织、国际工程招标投标普遍承认和采用。FIDIC施工合同条款是最具有代表性的，该条款以业主和承包商签订的承包合同作为基础，以独立、公正的第三方（施工监理）为核心，从而形成业主、监理、承包商三者之间互相联系，由于此条款较成熟且应用广泛，大大降低了市场交易成本，提高建设质量。

1.2.2 我国工程咨询发展历程

相较于国外，我国工程咨询业起步较晚、发展时间尚短。我国工程咨询业是改革开放初期的产物。"一五"时期，各行业快速发展，专业技术人员涌现，为我国工程咨询业的发展储备了大量人才，得益于此，项目前期的工程咨询服务体系逐步形成。20世纪60~70年代，受特殊时期影响，我国工程咨询业受到巨大冲击，此形势在改革开放时期得到转变。20世纪80年代，在经济体制和对外开放政策的推动下，我国为加强工程项目建设管理，进行了一系列改革，受到中央和地方的高度重视与大力支持。随后，专业咨询公司纷纷成立，基本形成我国比较完整的工程咨询服务体系。自20世纪90年代以来，伴随着我国社会主义经济体制目标的确立，工程咨询也逐步产业化。最终在1992年，中国工程咨询协会成立，标志着我国工程咨询业正式形成，经过40年的发展历程，已经成为服务业的重要组成部分。整体而言，我国工程咨询行业的发展经历了萌芽期、初创期、成长期和成熟前期[16][17]。

1. 萌芽期（1949~1982年）

从中华人民共和国成立到改革开放初期，我国实行高度集中的计划经济体制，行业主管部门作为建设单位负责项目建设过程中的设计、施工和运营维护等工作，其中，工程咨询单位都是行业主管部门的下属单位，参与工程建设项目过程，工程咨询业缺乏存在的环境。当时，国家成立了工程勘察设计单位，为国家建设提供工程勘察设计服务，勘察设计是咨询业务主流。

2. 初创期（1983~2004年）

1983年是我国工程咨询行业发展的起点。当年年初，原国家计划委员会发布了《关于建设项目进行可行性研究的试行管理办法》（计资〔1983〕116号），将可行性研究纳入工程建设基本程序，开启了我国工程建设"先咨询评估、后决策"的时代。1984年，国家计划委员会、城乡建设环境保护部发布了《建设工程招标投标暂行规定》，将招标投标制度引入工程建设管理模式中。1988年，建设部制定印发了《关于开展建设监理试点工作的若干意见》，将监理纳入我国工程建设管理范围。1992年，国家计划委员会发布了《关于建设项目实行业主责任制的暂行规定》（计建设〔1992〕2006号），为转换建设项目投资经营机制，落实投资风险责任迈出了重要一步。1994年，国家计划委员会颁布了《工程咨询业管理暂行办法》和《工程咨询单位资格认定暂行办法》（国家计划委员会令第3号）。其中，《工程咨询业管理暂行办法》明确规定了工程建设项目咨询的内容：投资前期阶段的咨询，包括投资机会研究、项目建议书和可行性研究报告的编制或评估等；建设准备阶段的咨询，包括工程勘察、工程设计、招标评标咨询等；实施阶段的咨询包括：设备材料采购咨询、合同管理咨询、施工监理咨询、生产准备咨询、人员培训咨询、竣工验收咨询等；生产阶段的咨询包括后评价等。1996年，在总结建设项目业主责任制的基础上，国家计划委员会发布了《关于实行建设项目法人责任制的暂行规定》（计建设〔1996〕673号），明确了考核和奖惩的内容。同年，《工程建设监理规定》（建监〔1995〕第737号文）正式发布实施，我国实行强制性监理制度。至此，在政府主导下，勘察设计、咨询、监理、招标代理均成为工程建设项目管理的强制要求，工程咨询方也已明确，工程咨询的需求基本确立。此外，1996年中国工程协会成功加入国际咨询工程师联合会（FIDIC），标志着我国工程咨询业正式与国际接轨。

1997年，《中华人民共和国建筑法》颁布实施，正式确定了我国工程建设项目建设单位、勘察单位、设计单位、施工单位和监理单位"五位一体"的工程建设项目管理模式。随后，《中华人民共和国招标投标法》（主席令第21号）、《工程造价咨询单位管理办法》（建设部令第74号）、《建设工程监理范围和规模标准规定》（建设部令第86号）、《工程勘察设计收费管理规定》（计价格〔2002〕10号）等一系列法律法规、部门规章的出台，优化了工程咨询市场发展的市场环境，奠定了工程咨询业快速发展的坚实基础。1999年，《国务院办公厅转发建设部等部门关于工程勘察设计单位体制改革若干意见的通知》（国办发〔1999〕101号），提出了勘察设计单位体制改革的指导思想、目标和基本思路。2000年，《国务院办公厅转发建设部等部门关于中央所属工程勘察设计单位体制改革实施方案的通知》（国办发〔2000〕71号），明确要求勘察设计单位一律与主管部门解除行政隶属关系。随即，掀起了我国勘察设计单位改制的第一波高潮。到2004年，一大批勘察设计单位从事业单位转为企业法人，作为独立的主体提供工程咨询服务，工程咨询市场的供给方大量增加，标志着我国工程咨询市场的正式形成。

3. 成长期（2005～2014年）

2004年，国务院发布《关于投资体制改革的决定》，大幅度简化了我国投资管理的流程，我国工程咨询行业规模和从业企业数量均出现快速增长。据国家统计局数据❶，2005～2014年，我国工程咨询行业营业收入从2005年的1292亿元增加至2014年的8372亿元，年复合增长率为19.5%，如图1-1所示。截至2014年底，我国工程勘察设计机构19262家，比2005年增加了5017家；工程监理机构7279家，比2005年增加了1352家；工程招标代理机构5950家，比2008年增加了989家，详见图1-2。

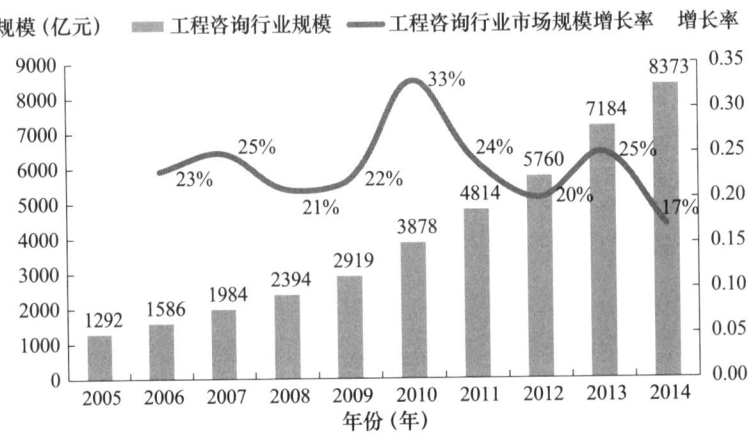

图1-1　2005～2014年我国工程咨询行业营业收入

图1-2　2005～2014年我国工程咨询机构数量

---

❶　国家统计局：http://www.stats.gov.cn/.

4. 成熟前期（2015年至今）

这一阶段从总体上看，我国工程咨询产业在工程建设领域具有稳定的影响力。首先，工程咨询行业在我国现实的社会经济生活中已成为不可或缺的一部分，无论是工程项目前期的可行性研究还是施工过程中的监理、项目管理等职能都在不同阶段发挥重要作用；其次，工程咨询行业代表了管理技能，它通过知识和智力为社会有需求的组织提供顾问服务，而这种用智力和知识提供服务的方式已经与技术、资本一起，成为社会经济产业链条中的一个重要环节。然后，工程咨询行业已经形成一批具有管理、技术背景的群体，这个群体通过运用自身技能，为工程项目提供专业化咨询工作，它的产品则是各类咨询服务和成果。工程咨询服务作为商品已经得到社会承认，成为工程建设行业的必需产品，政府和企业为这些服务付费，获得专业化的技术、管理服务。最后，工程咨询业产生了一大批相关性企业，也形成自己特有的商业模式。

这一阶段行业发展特征为工程咨询行业增速放缓、行业利润率下滑、行业内整合现象增多，国际巨头的进入也使得工程咨询市场竞争愈发激烈[17]。2017年2月下发的《国务院办公厅关于促进建筑业持续健康发展的意见》明确提出，要培育发展全过程工程咨询业务。

1.2.3 我国全过程工程咨询现状

2017年5月，《住房城乡建设部关于开展全过程工程咨询试点工作的通知》确定了北京、上海、江苏、浙江、福建、湖南、广东和四川等8个省（直辖市）、40家企业为首批全过程工程咨询试点地区与试点企业，详见表1-1。

全过程工程咨询试点地区与企业　　表1-1

试点省份（直辖市）	试点城市	试点企业
北京市	北京市	中国建筑设计院有限公司等
天津市	天津市	中国市政工程华北设计研究总院有限公司等
上海市	上海市	同济大学建筑设计研究院（集团）有限公司等

续表

试点省份（直辖市）	试点城市	试点企业
江苏省	苏州市	启迪设计集团股份有限公司等
	南京市	江苏建科建设监理有限公司
浙江省	杭州市	中国电建集团华东勘测设计研究院有限公司等
	宁波市	宁波高专建设监理有限公司
福建省	福州市	福建省建筑设计研究院
广东省	深圳市	深圳市建筑设计研究总院有限公司等
	广州市	广东省建筑设计研究院等
海南省	海口市	海南新世纪建设项目咨询管理有限公司
重庆市	重庆市	林同棪国际工程咨询（中国）有限公司等
四川省	成都市	中国建筑西南设计研究院有限公司等
陕西省	西安市	中国建筑西北设计研究院有限公司

1.3 全过程工程咨询政策分析

21世纪以来，我国工程咨询业取得飞速发展。2017年，国务院办公厅发布《关于促进建筑业持续健康发展的意见》（国办发〔2017〕19号），首次提出"培育全过程工程咨询"。随后，国家部委以及各省市也相继发布了一系列有关全过程工程咨询的政策文件，以规范和指导试点工作并提高试点工作成效。

1.3.1 政策文件统计

全过程工程咨询相关政策的文本数量和发文机构在一定程度上可以反映出全过程工程咨询的发展趋势及程度。采用文本挖掘技术，从国家部委及各地方政府（以试点城市为主）网站搜集2017年2月1日至2021年6月22日期间，发布的全过程工程咨询相关政策文件，并对其发布年份和发布机构做分析。

图1-3为2017~2021年全过程工程咨询政策数量分布。从图1-3中可以

看出，2017～2020年，国家及部委和地方都有印发全过程工程咨询相关政策文本。其中，国家及部委发文数量共9篇，主要集中在2017年；地方发文数量共计53篇，且在2018年数量达到峰值17篇。就国家及部委而言，2017～2018年，政策文本的发布数量有所减少，主要原因是国家指导政策文件在2017年全过程工程咨询概念提出之初已基本确定；2018～2020年，发文数量比较稳定。就地方而言，2017～2018年，政策文本的发布数量呈快速上升趋势，各试点省市为进一步响应并贯彻落实国家及部委文件指示，也先后结合地方特点印发了全过程工程咨询指导文本；2018～2019年，发文数量有较大跌落，主要原因是试点后期，各省市相关政策指导文件已基本建立健全和完善，试点工作开展有条不紊；而从2019～2020年来看，全过程工程咨询相关政策文本数量又呈现稳步增长趋势，主要原因是为期2年的试点工作基本结束，除试点省市外的其他省市也陆续开展全过程工程咨询工作。

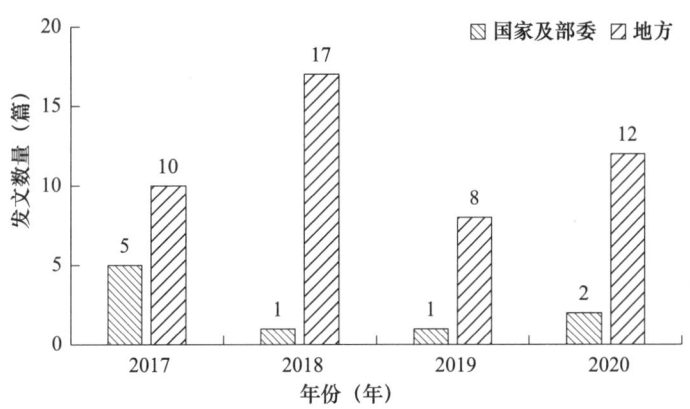

图1-3　2017～2021年全过程工程咨询政策数量分布

图1-4为全过程工程咨询政策文本发布机构统计。国家及部委共发布9篇政策文本，其中住房城乡建设部发文5篇，占国家及部委发文数量的55.56%，位居首位。地方政策发文数量共53篇。其中，住房城乡建设部门独立发文共39篇，占比高达73.58%；住房城乡建设部门与发展改革委部门联合印发6篇，占比为11.32%；人民政府发布2篇，占比为3.77%；其他政府机构联合发布4篇，占比为7.55%；行业协会发布2篇，占比为3.77%。

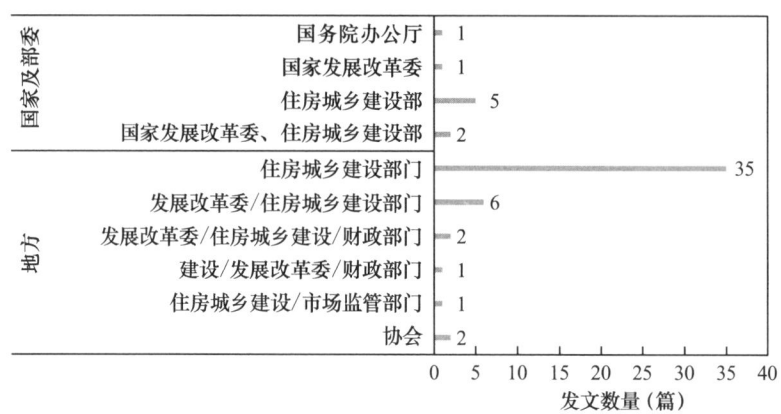

图1-4 全过程工程咨询政策文本发布机构

1.3.2 部委文件

国家及部委相继印发了一系列文件,旨在培育全过程工程咨询,推动我国工程咨询行业的转型和升级,对指导和规范全过程工程咨询的推广和实施也有重要作用,详见表1-2。国务院办公厅《关于促进建筑业持续健康发展的意见》(国办发〔2017〕19号)是目前发展全过程工程咨询服务最高层面的政策性依据,该意见明确提出了"培育全过程工程咨询"的要求,体现了现阶段国家对企业提升自身全过程工程咨询的综合服务能力和核心竞争力的鼓励和支持。部委文件主要为国家发展改革委、住房和城乡建设部独立或者联合发布的文件。此类政策文件主要提供框架性的指导或意见,或作为推动和发展全过程工程咨询的配套性文件,对全过程工程咨询服务的开展具有指导意义。

全过程工程咨询的国家及部委文件　　　　　　表1-2

时间	发文单位	政策文件名称	核心内容
2017年	国务院办公厅	《关于促进建筑业持续健康发展的意见》(国办发〔2017〕19号)	培育全过程工程咨询
	住房城乡建设部	《关于开展全过程工程咨询试点工作的通知》(建市〔2017〕101号)	开展全过程工程咨询试点
		《工程勘察设计行业发展"十三五"规划》(建市〔2017〕102号)	发展全过程工程咨询

续表

时间	发文单位	政策文件名称	核心内容
2017年	国家发展改革委	《工程咨询行业管理办法》（发改委〔2017〕9号）	将全过程工程咨询列为咨询服务的一种模式
	住房城乡建设部	《关于征求在民用建筑工程中推进建筑师负责制指导意见》（建市设函〔2017〕62号）	推进民用建筑工程全生命周期设计咨询管理服务
2018年	住房城乡建设部	《关于征求推进全过程工程咨询服务发展的指导意见（征求意见稿）和建设工程咨询服务合同示范文本（征求意见稿）》（建市监〔2018〕9号）	鼓励工程咨询企业提供全方位的全过程工程咨询服务
2019年	国家发展改革委 住房城乡建设部	《关于推进全过程工程咨询服务发展的指导意见》（发改投资规〔2019〕515号）	重点培育发展投资决策综合性咨询和工程建设全过程咨询
2020年	国家发展改革委 住房城乡建设部	《房屋建筑和市政基础设施建设项目全过程工程咨询服务技术标准（征求意见稿）》	明确了全过程工程咨询的内涵和外延、范围和内容、程序、方法及成果
	住房城乡建设部	《住房和城乡建设部建筑市场监管司关于征求全过程工程咨询服务合同示范文本（征求意见稿）意见的函》（建司局函市〔2020〕199号）	加快推进全过程工程咨询服务发展，完善配套制度

1.3.3 地方文件

各试点省市为进一步响应并贯彻落实国家及部委文件指示，结合地方特点先后印发了一系列全过程工程咨询政策文件，包括指导意见、试点方案以及实施工作方案等，详见表1-3。地方文件以国家政策为指导并结合地方工程项目实际制定，是地方建设主管部门对国家及部委政策文件的理解，为试点工作的开展提供方向引导。

全过程工程咨询地方文件　　　　表1-3

省市	时间	政策文件名称	核心内容
上海市	2021年	《上海市杨浦区关于促进工程总承包、全过程工程咨询发展的若干政策》	对全过程工程咨询的适用对象、定义范围、扶持政策等进行明确规定
浙江省	2017年	《浙江省全过程工程咨询试点工作方案》（浙建发〔2017〕208号）	加快工程咨询服务企业供给侧结构性改革

续表

省市	时间	政策文件名称	核心内容
浙江省	2018年	《浙江省建设工程咨询服务合同示范文本》（浙建〔2018〕24号）	建设工程中由工程咨询人向委托人提供阶段性或全过程工程咨询服务的合同
	2019年	《建设项目全过程工程咨询企业服务能力评价办法（试行）》（浙咨监协〔2019〕16号）	全过程工程咨询企业服务能力评价办法
	2019年	关于贯彻落实《国家发展改革委 住房城乡建设部关于推进全过程工程咨询服务发展的指导意见》的实施意见（浙发改基综〔2019〕324号）	构建贯穿项目决策和建设实施两个阶段的咨询业务链；创建综合性、跨阶段、一体化的工程咨询服务体系
	2019年	《浙江省推进全过程工程咨询试点工作方案》（浙发改基综〔2019〕368号）	探索全过程咨询服务模式下各单项工程咨询服务业态的合理组合和管理机制；形成一套行之有效的行为标准、管理标准和服务标准
	2020年	《全过程工程咨询服务标准（发布稿）》（〔2020〕第28号）	采用多种服务方式组合，为项目决策、实施和运营持续提供局部或整体解决方案以及管理服务
	2017年	《宁波市全过程工程咨询试点工作实施方案》的通知（甬建发〔2017〕114号）	积极探索全过程工程咨询的委托方式
	2017年	《关于开展绍兴市全过程工程咨询试点的通知》（绍市建设〔2017〕235号）	积极探索全过程工程咨询的委托方式
	2018年	《全过程工程咨询服务合同（衢州范本）》（衢住建办〔2018〕65号）	该合同范本由合同协议书、通用合同条款和专用合同条款三部分组成
	2018年	《温州市全过程工程咨询试点工作实施方案》（温住建发〔2018〕130号）	社会投资项目可以直接委托实施全过程工程咨询服务
江苏省	2017年	《江苏省开展全过程工程咨询试点工作方案》（苏建科〔2017〕526号）	建成一批具有示范意义的优质工程项目，形成一批可借鉴推广的工程经验，培育一批有国际竞争力的具有全过程工程咨询能力的企业
	2018年	《关于公布全过程工程咨询试点企业和试点项目》（苏建科〔2018〕79号）	鼓励全省工程咨询服务类企业积极开展全过程工程咨询服务

续表

省市	时间	政策文件名称	核心内容
江苏省	2018年	《江苏省全过程工程咨询服务合同示范文本（试行）》《江苏省全过程工程咨询服务导则（试行）》（苏建科〔2018〕940号）	该合同范本由协议书、通用条件、专用条件及附录、技术要求及附件四部分组成；提升工程咨询企业的多业务集成能力
	2019年	《关于推进综合性全过程工程咨询服务发展的通知》（苏发改投资发〔2019〕655号）	鼓励开展跨类型、跨阶段的咨询服务组合，提供多样化咨询服务
福建省	2017年	《福建省全过程工程咨询试点工作方案》（闽建科〔2017〕36号）	全过程工程咨询服务费用应列入工程概算
	2017年	《厦门市全过程工程咨询试点工作实施方案》（厦建勘设〔2017〕33号）	财政投融资项目全过程工程咨询服务费用
	2017年	《关于加强工程总承包和全过程工程咨询试点项目管理工作的通知》（闽建科〔2017〕48号）	建立试点工作评估机制
广东省	2017年	《广东省全过程工程咨询试点工作实施方案》（粤建市〔2017〕167号）	完善全过程工程咨询技术标准体系和管理制度
	2017年	《韶关市全过程工程咨询试点工作实施方案》（韶市建字〔2017〕215号）	鼓励注册建筑师在建筑项目全过程工程咨询服务中发挥主导作用
	2018年	《建设项目全过程咨询服务指引（企业咨询版）（征求意见稿）》和《建设项目全过程工程咨询服务指引（投资人版）（征求意见稿）》（粤建市商〔2018〕26号）	建立建设项目全过程工程咨询服务各阶段咨询企业服务要求标准；明确建设项目全过程工程咨询服务各阶段投资人职责
	2020年	《关于申报深圳市第一批全过程工程咨询试点企业的通知》	深圳市全过程工程咨询试点企业申请要求
	2020年	《推进全过程工程咨询服务发展的实施意见》（征求意见稿）、《深圳市全过程工程咨询服务导则》（征求意见稿）、《深圳市全过程工程咨询服务招标文件示范文本》（征求意见稿）、《深圳市全过程工程咨询服务合同示范文本》（征求意见稿）（粤建市商〔2018〕26号）	鼓励工程咨询企业根据自身优势和特点，采取联合经营、并购重组等方式积极延伸服务内容，提供全方位的全过程工程咨询服务
四川省	2017年	《四川省全过程工程咨询试点工作方案》（川建发〔2017〕11号）	提出要全面整合工程建设过程相关咨询服务业务，创建实施全过程工程咨询的新型管理制度

续表

省市	时间	政策文件名称	核心内容
四川省	2019年	《关于印发四川省全过程工程咨询服务招标文件示范文本和合同示范文本（试行）的通知》（川建质安监协〔2019〕40号）	招标文件范本；合同范本
湖南省	2017年	《湖南省全过程工程咨询试点工作方案和第一批试点名单》（湘建设函〔2017〕446号）	要探索集约化工程咨询改革；增加全过程工程咨询市场供给，促进建筑业供给侧结构性改革，加快工程咨询行业发展
	2018年	《全过程工程咨询工作试行文本》（湘建设〔2018〕17号）	投标人分包规定；合同范本
	2020年	《关于推进全过程工程咨询发展的实施意见》（湘建设〔2020〕91号）	全过程工程咨询费用计取方式
	2020年	《湖南省房屋建筑和市政基础设施项目全过程工程咨询招标投标管理暂行办法》（湘建设〔2020〕206号）	全过程工程咨询费用计取
广西壮族自治区	2018年	《广西全过程工程咨询试点工作方案》（桂建发〔2018〕2号）	鼓励非政府投资项目积极参与全过程工程咨询试点
	2018年	《广西壮族自治区房屋建筑和市政工程全过程工程咨询服务招标文件范本（试行）》（桂建发〔2018〕20号）	采用建筑师负责制的民用建筑工程项目的咨询服务招标可参照使用本招标文件范本
	2019年	《广西壮族自治区工程建设全过程咨询服务导则（试行）》（桂建管〔2019〕71号）	以项目管理为核心，以工程建设阶段各专业咨询为重点，建立全面、系统的全过程工程咨询服务体系
	2020年	广西壮族自治区住房城乡建设厅印发《广西壮族自治区房屋建筑和市政基础设施工程总承包招标文件范本（2020年版）》和《广西壮族自治区房屋建筑和市政基础设施全过程工程咨询服务招标文件范本（2020年版）》	适用于广西壮族自治区行政区域内依法必须进行招标的房屋建筑和市政基础设施工程的工程总承包项目招标
	2021年	《关于促进广西建筑业高质量发展若干措施的通知》（桂政办发〔2021〕41号）	加快培育一批全过程工程咨询企业；在交通、水利、建筑、"新基建"、工业安装等领域规范推行全过程工程咨询等新型建设组织模式

第1章 全过程工程咨询概述

续表

省市	时间	政策文件名称	核心内容
陕西省	2018年	《陕西省开展全过程工程咨询试点实施方案》（陕建发〔2018〕388号）	鼓励注册建筑师在民用建筑项目全过程工程咨询服务中发挥主导作用；全过程工程咨询服务费用计取
	2019年	《陕西省全过程工程咨询服务导则（试行）》《陕西省全过程工程咨询服务合同示范文本（试行）》（陕建发〔2019〕1007号）	以客户需求为导向，开展全过程工程咨询服务
	2020年	《关于在房屋建筑和市政基础设施工程领域加快推进全过程工程咨询服务发展的实施意见》（陕建发〔2020〕1118号）	政府投资和国有资金投资的建设项目原则上实行全过程工程咨询服务，鼓励民间投资项目、军民融合项目积极采用全过程工程咨询服务
内蒙古自治区	2018年	《关于开展全过程工程咨询试点工作的通知》（内建工〔2018〕544号）	全过程工程咨询服务费用计取
	2018年	《全过程工程咨询试点单位名单的通知》（内建工函〔2018〕1416号）	引导政府投资工程带头参加全过程工程咨询，鼓励非政府投资工程积极参与全过程工程咨询
宁夏回族自治区	2018年	《宁夏回族自治区全过程工程咨询试点工作方案》（宁建（建）发〔2018〕31号）	引导政府投资项目把全过程工程咨询作为优先采用的建设工程组织管理方式；鼓励非政府投资工程积极参与全过程工程咨询试点
吉林省	2018年	《关于推进全过程工程咨询服务发展的指导意见》（吉建办〔2018〕28号）	鼓励企业发展全过程工程咨询；鼓励政府和国有投资项目委托全过程工程咨询服务；鼓励非政府和国有投资项目委托全过程工程咨询服务
河南省	2018年	《河南省全过程工程咨询试点工作方案（试行）》（豫建设标〔2018〕44号）	积极探索全过程工程咨询的委托方式；政府投资项目要率先垂范，带头采用全过程工程咨询
安徽省	2018年	《安徽省开展全过程工程咨询试点工作方案》（建市〔2018〕138号）	积极引导全过程工程咨询企业参与国内外市场竞争；培育一批高水平的全过程工程咨询企业
黑龙江省	2019年	《关于在房屋建筑和市政工程领域推进全过程工程咨询服务发展的指导意见》（黑建〔2019〕12号）	引导与鼓励采用全过程工程咨询服务模式

续表

省市	时间	政策文件名称	核心内容
黑龙江省	2020年	《黑龙江省全过程工程咨询导则》(〔2020〕1618号)	明确全过程工程咨询的服务阶段、业务范围、服务形式、责任义务
	2021年	《关于在全省房屋建筑和市政基础设施领域工程项目实行工程总承包和全过程工程咨询服务的函》	明确在政府投资工程中,应当采用全过程咨询服务模式;服务内容根据情况可采取不同组合项咨询服务
山东省	2019年	《关于在房屋建筑和市政工程领域加快推行全过程工程咨询服务的指导意见》(鲁建管字〔2019〕19号)	鼓励企业联合经营、并购重组,培育一批高水平的咨询单位
	2020年	《济南市房屋建筑和市政基础设施项目工程总承包管理办法(征求意见稿)》	明确工程总承包项目原则上同步推行全过程工程咨询服务
	2020年	《潍坊市建设工程全过程工程咨询服务管理办法(征求意见稿)》	政府投资和国有资金投资的项目原则上实行全过程工程咨询服务,鼓励民间投资项目积极采用全过程工程咨询服务
	2021年	《关于推进全过程工程咨询服务发展的实施意见》	明确了全过程工程咨询的实施方式、资质要求、人员要求、服务酬金计取方式以及监管方式等
贵州省	2020年	《关于加快推进我省全过程工程咨询服务发展的实施意见》(黔建建发〔2020〕1号)	政府和国有投资项目带头优先推行全过程工程咨询,鼓励民间投资项目选择全过程工程咨询
江西省	2021年	《关于加快推进我省全过程工程咨询服务发展的实施意见》(赣建建〔2021〕7号)	政府投资和国有企业投资的项目要率先推行全过程工程咨询;EPC项目、PPP项目和装配式建筑项目要积极推行全过程工程咨询;鼓励民间投资项目积极采用全过程工程咨询
湖北省	2021年	《关于加快推进我市全过程工程咨询服务的通知》(武城建〔2021〕22号)	对全过程工程咨询的服务阶段、项目类型、服务收费、义务责任等进行明确规定

国家部委到地方政府的相关政策文件,为培育全过程工程咨询提供了政策保障与方向指引,旨在通过提升全过程工程咨询服务行业水平,以引导建筑行业的转型升级并提升工程咨询企业的国际竞争力。但是,全过程工程咨询的具

体培育路径尚未明确，仍在探索中。

政策文件与全过程工程咨询服务发展之间是相辅相成的。全过程工程咨询服务的开展与落实离不开政策文件的引导，政策文件的更新与完善离不开全过程工程咨询的探索试验。优秀的试点项目与实践成果可为全过程工程咨询服务树立典范，其宝贵的经验有利于全过程工程咨询的开展。此外，理论研究可让政策的科学性更加缜密严谨，导向性更加明确可靠。

1.4 全过程工程咨询研究分析

1.4.1 文献计量分析

科学计量学是运用统计数学方法分析科学活动投入产出[18]，其采用定量方法处理科学信息的产生、流行、传播和利用，研究结论比较客观，近年来科学计量学被广泛应用于研究发展分析。Citespace 是用于文献数据信息计量分析与信息可视化的软件[19]，通过其对特定领域文献的计量分析探寻该领域研究的演化路径与转折点。

文献计量分析的基础与前提是获得所要研究分析领域的相关文章。文章的全面性与研究分析结果的准确度密切相关。因此，为全面获取"全过程工程咨询"研究的相关文章，采用以下步骤：首先，在中国学术期刊网络出版总库知网（CNKI）中以"全过程咨询"为主题词检索期刊文献；其次，在检索的基础上，去除非学术性文章、数据信息不全文章以及不相关的研究论文；然后，将符合要求的期刊文献按 Citespace 软件要求格式导出。最终，检索时间为 2021 年 05 月 20 日，获得"全过程工程咨询"相关期刊文章 475 篇，时间年限为 2004~2021 年，文献数量的年际分布如图 1-5 所示。年际文献数量分布能展现研究随时间的整体状态，从图 1-5 可以看出，2017 年以前，相关论文数量较少，均少于 10 篇/年；2017 年及以后，论文数量迅速增加，这与 2017 年住房城乡建设部推动开展全过程工程咨询相关。

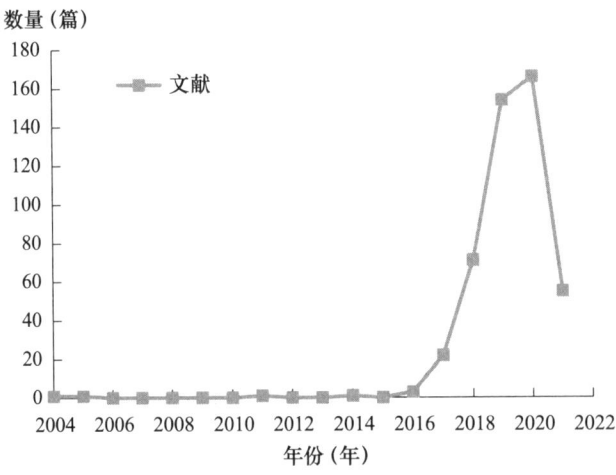

图 1-5　年际文献数量分布图

文献期刊来源能够在一定程度上说明对"全过程工程咨询"关注的视角与群体。表 1-4 为发文数量前十的期刊，其中，《建筑监理》发文总量 67 篇，居第 1 位；《中国工程咨询》发文总量为 32 篇，居于第 2 位；《建筑经济》发文总量 31 篇，位居第 3 位。

发文数量前十的期刊　　　　表 1-4

序号	期刊名称	发文数量（篇）
1	建设监理	67
2	中国工程咨询	32
3	建筑经济	31
4	中国勘察设计	26
5	招标采购管理	17
6	居舍	16
7	建筑	14
8	工程经济	12
9	建筑设计管理	11
10	住宅与房地产	11

"引用"是指科学论文中对先前研究所做的参考,能够在一定程度上衡量论文的价值。表1-5为"全过程工程咨询"研究领域引用次数位居前列的研究文献及其期刊来源、文章篇名、作者信息、发文时间以及引用数量等详细信息。引用次数前十的文献来源中,《建筑经济》有5篇,占比50%。陆帅等[20]于2017年发表在《土木工程学报》的《全过程工程咨询政策分析及推行建议》引用次数为46次,位居第1位;杨学英[7]于2018年发表在《建筑经济》的《监理企业发展全过程工程咨询服务的策略研究》引用次数为29次,位居第2位;丁士昭[13]分别于2018年发表在《中国勘察设计》的《全过程工程咨询的概念和核心理念》引用次数为24次,位居第3位。

引用次数前十的文献　　　　　　表1-5

序号	文章篇名	作者姓名	期刊名称	发文时间	被引用数量(次)
1	全过程工程咨询政策分析及推行建议	陆帅等	建筑经济	2017年	46
2	监理企业发展全过程工程咨询服务的策略研究	杨学英	建筑经济	2018年3月	29
3	全过程工程咨询的概念和核心理念	丁士昭	中国勘察设计	2018年	24
4	工程总承包和全过程工程咨询的结合探讨	孙继德等	建筑经济	2018年	24
5	工程造价咨询企业发展全过程工程咨询的策略研究	乔俊杰等	项目管理技术	2019年	20
6	监理企业发展全过程工程咨询服务的策略研究	杨学英	建筑经济	2018年6月	20
7	BIM技术在全过程工程咨询的价值与应用解析	罗毅	中国工程咨询	2018年	19
8	全过程工程咨询的实施策略分析	马升军	中国工程咨询	2017年	19
9	全过程工程咨询发展的分析和建议	周倍立	建筑经济	2019年	18
10	浅议全过程工程咨询服务对建设工程管理的意义	张武	四川水利	2017年	18

1.4.2 研究知识图谱

知识图谱是指利用可视化技术描述知识资源及其载体,显示知识发展进程与结构关系的图形[19]。关键词能够鲜明而直观地表述文献论述或表达的主题，并能反映研究领域和论文内容的精髓，其具有重要的检索意义。因此，基于关键词对"全过程工程咨询"相关文献制作知识图谱，并通过关键词数据信息与知识图谱解读了解全过程工程咨询领域研究发展动向。

1. 热点关键词

高频关键词能反映该领域的研究热点和核心。通过以下步骤以及利用Citespace软件对关键词进行分析：首先，对导出的475篇期刊论文数据信息进行标准化预处理，包括去除"策略"等泛词、合并同义词等；然后，将处理好且格式化的数据信息导入Citespace 5.3R4软件中，进行关键词提取和分析。设置时间阈值为2004~2020，时间分片为1年，节点阈值为每时间分片中出现前30%的关键词；最后，经运算后共提取关键词节点112个，其中热点关键词16个，详见表1-6。

研究热点关键词　　　　　　　　　　　　　　　　　表1-6

序号	关键词	序号	关键词
1	全过程工程咨询	9	全生命周期
2	项目管理	10	转型发展
3	监理企业	11	建筑业
4	工程咨询行业	12	工程咨询企业
5	全过程工程咨询业务	13	工程咨询业
6	BIM	14	转型升级
7	组织模式	15	工程监理
8	工程总承包	16	建筑师负责制

2. 突现关键词

Citespace软件中突现词是指通过考察词频，将某段时间内其中频次变化率高的词从大量的主题词中探测出来[18]。图1-6为计算得到的引用频次前八的突现关键词，以及其首次出现时间、突现时间段及强度等信息。

第1章 全过程工程咨询概述

关键词	年份(年)	强度	开始(年)	结束(年)	2004~2021年
全过程工程咨询业务	2004	1.74	2004	2018	
全过程咨询	2004	1.88	2005	2017	
工程咨询	2004	1.53	2014	2016	
招标代理机构	2004	2.24	2017	2018	
工程咨询企业	2004	2.03	2017	2018	
并购重组	2004	1.92	2017	2018	
建筑业	2004	1.82	2017	2018	
工程监理企业	2004	1.23	2017	2018	

引用频次前八的突现关键词

图1-6 突现词及其分布

3. 关键词聚类

聚类就是一种寻找数据之间内在结构的技术。聚类分析是指将数据对象的集合分组，为由类似的对象组成的多个类的分析过程[19]。Citespace软件采用聚类分析研究主题的演变，聚类图能体现研究主题间的结构特征，突出关键节点及重要连接。"全过程工程咨询"相关文献的关键词聚类分析结果如图1-7所示。

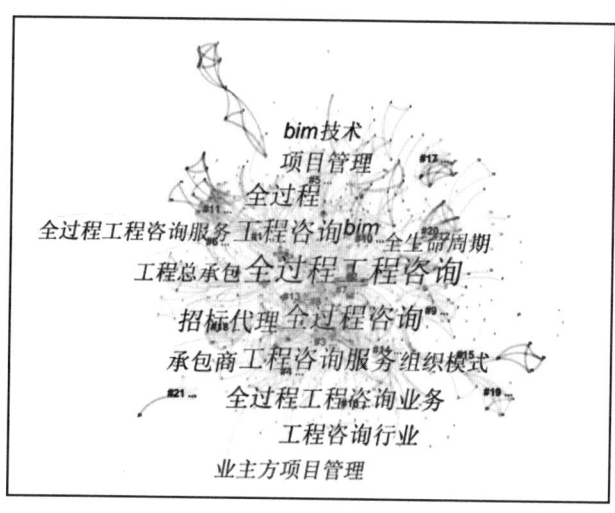

图1-7 关键词聚类图谱

29

1.4.3 基于知识图谱的研究分析

自 2017 年自上而下对全过程工程咨询的大力推进，学界与业界也基于不同视角与需求对全过程工程咨询展开研究。根据文献计量分析及知识图谱，研究主要为以下几个方面：（1）全过程工程咨询的概念界定。丁士昭、皮德江、徐小张、张武、韩光耀、杨学英、孔凡彬等[7]~[14]分别从整体治理、项目管理、服务过程以及服务内容等角度对全过程工程咨询的内涵与外延展开探讨。（2）全过程工程咨询服务模式。学者们提出了"1+N""1+X""1+N+X"等服务模式[21]，但相关研究更关注全过程工程咨询服务中"谁牵头"的问题[22]，赵振宇提出牵头企业可以是监理、设计、勘察、投资咨询、造价咨询等，"1"表示他们各自的核心业务能力，"N"可理解为对核心业务的补充，表示可选择融合的其他业务[23]。王小玲通过对延安新区 PPP 项目全过程工程咨询案例研究，认为不是所有咨询企业都能提供"大而全"的全过程工程咨询服务，而是可由一家企业牵头联合其他专业企业共同组建一支全过程工程咨询服务团队，鼓励国家试点咨询企业与其他参建单位通力合作，将各自优势整合并统一输出，以提供管理、技术一体的全面的咨询服务[24]。（3）咨询企业的转型升级探索。例如杨学英探讨了监理企业全过程工程咨询的转型升级[7]；侯丽娟通过调研勘察设计企业全过程工程咨询业务的建设情况及试点实践情况，勘察企业需要从部门组织建设、技术标准提升、管理体系优化、人才选拔培育等方面进行探索，以适应于全过程工程咨询这类新业务模式[25]。（4）全过程工程咨询服务存在的问题。宋勇通过分析全过程工程咨询实践，发现复合型人才是各企业亟需解决的问题[26]。整体而言，团队组织、人才储备、管理效率和资源调动等方面存在的问题仍亟待解决，这也是全过程工程咨询面临的问题与挑战。

1.5 全过程工程咨询服务模式

1.5.1 按牵头单位分类

根据国家发展改革委、住房城乡建设部《关于推进全过程工程咨询服务发展的指导意见》(发改投资规〔2019〕515号)要求,"由一家具有综合能力的咨询单位实施,也可由多家具有招标代理、勘察、设计、监理、造价、项目管理等不同能力的咨询单位联合实施。由多家咨询单位联合实施的,应当明确牵头单位及各单位的权利、义务和责任。"

1. 监理咨询单位牵头

监理咨询单位牵头实施全过程工程咨询,是目前国内较常见的全过程工程咨询服务模式。监理服务涉及工程项目实施的大部分过程,对工程项目的了解比较全面,且监理与项目各参建方联系密切,有利于实现高效协同管理。监理咨询单位牵头实施的全过程工程咨询在施工质量、安全和施工技术管理方面较强,但在统筹、策划、设计、投资管控等方面相对较弱。

2. 设计咨询单位牵头

设计咨询单位牵头的全过程工程咨询与建筑师负责制概念相近。建筑师负责制是指以担任民用建筑工程项目设计主持人或设计总负责人的注册建筑师为核心的设计团队,依托所在的设计企业为实施主体,根据合同约定,对民用建筑工程全过程或部分阶段提供设计咨询管理服务,最终将符合建设单位要求的建筑产品和服务提供给建设单位的一种工作模式。设计咨询单位牵头的全过程工程咨询是以涵盖项目全生命周期的工程设计工作为基础,整合设计、造价及招标采购等咨询业务,为业主方提供解决方案与建议。设计咨询单位牵头全过程工程咨询服务模式在设计进度、质量管理和专业技术方面比较突出,但统筹、策划、组织协调、施工质量、安全管理等能力相对较弱。工程项目,特别是民用项目,以设计咨询单位牵头全过程工程咨询,有利于贯彻落实"建筑师负责制"，将全过程工程咨询模式推向由艺术和技术相结合[22]。

3. 造价咨询单位牵头

造价咨询单位牵头全过程工程咨询模式，是由一家具有综合能力的造价咨询单位实施咨询服务，或具有一定规模的大型造价咨询单位牵头，采用并购、重组和兼并等形式，成为涵盖勘察、设计、监理等多种咨询业务的大型综合性咨询企业，形成核心竞争力，提供全过程工程咨询业务。投资控制是业主关注的重点，是建设项目的重要环节。造价咨询参与的阶段较多，涵盖工作范围较广，包含投资估算、设计概算和施工图预算、招标控制价、签约合同价、变更签证及费用索赔、竣工结算和决算等。这都使得造价咨询单位容易形成建设项目的主导者，牵头提供全过程工程咨询服务。但造价咨询单位参与项目施工建设阶段的投资管控较少。

4. 其他咨询单位牵头

除上述常见的几类牵头咨询单位外，还可由其他咨询单位牵头实施全过程工程咨询。

1.5.2 按服务内容分类

1. "1 + X" 服务模式

"1 + X"服务模式中，"1"指全过程项目管理，"X"指业主指定分包或工程咨询方自行分包对象提供涵盖全过程工程咨询产业链的所有咨询服务。工程咨询方仅开展全过程项目管理，专项服务如招标、监理、造价、勘察、设计等均由其他工程咨询单位代为承担，工程咨询方需要协调管理各方的项目进度与开展情况，统筹协调不同业务参建方之间的相关事宜，让全过程工程咨询工作稳步开展。项目管理方面，需要从业主角度进行一站式服务与指导。服务主要包括以业主为本的项目策划工作，制定标准，在满足建设项目意图和要求的前提下，将各个业务整合到一起。指导包括政策解读、风险预估、沟通协调、实操运营等。

2. "1 + N" 服务模式

"1 + N" 服务模式中，"1" 指全过程项目管理，"N" 指工程咨询方提供涵盖全过程工程咨询产业链的所有咨询服务。这种模式下，业主将投资决策、勘察设计、招标代理、工程造价、工程监理等工作全部委托给工程咨询方，工程咨询方需组织和负责工程项目从勘察设计到工程监理等全过程一体化的管理服务，并如期交出满足业主方意愿和要求的集安全、质量、经济、进度、绿色环保和使用功能于一体的工程项目。面对不同的专项服务，工程咨询方应综合运用科学信息技术和手段，打破各单项服务业务间的壁垒，对业务资源进行有机重组和流程再造，充分发挥各单项业务合力，以提供高效、多业务有机整合、跨阶段的全方位咨询服务。

3. "1 + N + X" 服务模式

"1 + N + X" 服务模式中，"1" 指全过程项目管理，"N" 指工程咨询方提供涵盖全过程工程咨询产业链的部分咨询服务，"X" 指业主指定分包或工程咨询方自行分包对象提供涵盖全过程工程咨询产业链的部分咨询服务。工程咨询方提供的专项服务主要有招标代理、造价咨询、工程监理，而投资咨询和勘察设计则不自行实施，由业主委托或分包给其他专业公司。为确保各个业务类型之间的高效、稳定开展，工程咨询方与各专业公司都需具备相应资质，充分发挥各自专业的长处，将工程咨询工作中的不同服务进行分包，减少工程咨询方对于专业人才及专业资质的负担。在开展过程中，工程咨询方应全面统筹考虑，技术与管理两手抓。技术方面应重点评估分包方的能力与策略，严格考虑方案的可行性、与业主需求之间的契合性。管理方面应严格把控质量与进度，可制定层层分解的量化指标，规范考核制度，从而使各个分包项目高效进行。

1.5.3 按项目阶段分类

2019 年 3 月，国家发展改革委、住房城乡建设部出台《关于推进全过程工程咨询服务发展的指导意见》(发改投资规〔2019〕515号)指出,在项目决策和建设实施两个阶段,重点培育发展投资决策综合性咨询和工程建设全过程咨询。投资决策环节在项目建设过程中起着主导作用,是项目顺利开展、有效管控和高效利用投资的关键,并要求以投资决策综合性咨询促进投资决策科学化。同时,要以工程建设环节为重点推进全过程咨询。

1. 投资决策综合性咨询模式

投资决策综合性咨询是工程咨询方在投资决策环节,就投资项目的市场、技术、经济、生态环境、能源、资源、安全等影响可行性的要素,结合国家、地区、行业发展规划及相关重大专项建设规划、产业政策、技术标准及相关审批要求,进行分析研究和论证,为投资方提供综合决策依据和建议的咨询服务活动。

投资决策综合性咨询模式是由工程咨询单位采取市场合作、委托专业服务等方式牵头提供咨询服务,或由其会同具备相应资格的服务机构联合提供咨询服务。牵头提供投资决策综合性咨询服务的机构,根据与委托方合同约定对服务成果承担总体责任;联合提供投资决策综合性咨询服务的,各合作方承担相应责任。

2. 工程建设全过程咨询模式

工程建设全过程咨询对应工程建设实施阶段,包括工程勘察设计咨询、工程招标采购咨询、工程监理与施工项目管理服务三个部分。工程建设全过程咨询是指咨询人以工程质量和安全为前提,为增强工程建设过程的协同性,提高工程建设效率、节约建设资金,对工程建设实施阶段提供项目管理、招标采购、工程勘察、工程设计、造价咨询、工程监理、工程检测等一体化服务活动。

工程建设全过程咨询模式可由一家具有综合能力的咨询单位实施,也可由多家具有招标代理、勘察设计、监理、造价、项目管理等不同能力的咨询单位联合实施,由多家咨询单位联合实施的,应当明确牵头单位及各单位的权利、义务和责任。工程建设全过程咨询服务应尽可能在可行性研究阶段甚至项目建议书阶段介入，对项目规划或方案设计、建设方案、建设目标、投资估算、风险预测等进行分析、论证，基于项目经验提出合理化建议，确保项目决策的高度科学性。

1.6 本章小结

本章通过对全过程工程咨询概念界定以及其发展历程梳理，从政策内容、学界观点与行业实践多个维度，全面总结全过程工程咨询的内涵、特点及其价值；全面收集全过程工程咨询政策文件，从政策发布的年份、机构、内容等多个角度分析了全过程工程咨询政策支持程度；运用科学计量学方法与工具对全过程工程咨询研究进行文献计量分析，厘清了全过程工程咨询研究的主题演化和发展动向；最后，根据政策文件与行业实践，以牵头单位、服务内容与项目阶段，总结现行全过程工程咨询的服务模式。

第2章 项目集群管理概述

2.1 项目与项目管理

2.1.1 项目

辞海[3]中对项目(Project)的定义为:"为完成一个具体目的而设计的一系列系统化行动步骤,由可交付成果来标志其结束"。在这种意义上,项目是一种人类有组织的活动。在实践发展过程中,它的内涵和意义也在不断地革新。国际项目管理协会(International Project Management Association,IPMA)定义项目为:满足相关需求和质量标准的一次性的任务活动,任务执行有确定的时间和成本等资源约束,任务完成是为了形成实现一系列既定目标的可交付物。中国(双法)项目管理研究委员会(Project Management Research Committee,China,PMRC)将项目描述为:"在限定时间内、满足一系列既定目标的所有相关活动的总称,是一个特殊的将被完成的有限任务"[27]。美国项目管理协会(Project Management Institute,PMI)在项目管理知识体系(Project Management Body of Knowledge,PMBOK)中为项目所下的定义更加简洁凝练,即"项目是为完成某一独特的产品或服务所做的一次性努力"[28]。IPMA 明确项目存在资源约束,同时强调项目成果应满足与其相关的需求和质量标准要求。PMRC除说明项目具有时限和目标要求之外,还规定项目目标完成即为任务结束,同时项目终止。PMI 则从项目特性角度出发,界定项目具有独特性和一次性。丁士昭教授[29]认为,项目是一个过程,而不是过程终结所形成的结果;项目是为创造独特的产品、服务或成果而进行的临时性工作,是一种非常规、非重复和一次性的任务,且通常有确定的目标和约束条件。

学者、研究机构与行业协会等对项目的定义虽有差异,但是对项目本质和共性特征要素的理解基本趋于一致。项目具有以下四个方面的特征：（1）一次性。一次性是指项目具有明确的起始和终止时间，且只在一段特定时间内存在。它是项目区别于连续、重复的运作活动的根本特性。（2）独特性。独特性是指项目的目标及其交付成果是独一无二的。项目的独特性是由其一次性决定。（3）不确定性。不确定性是指项目组织是为实现项目目标而建立的临时组织，随项目终止解散。这种不确定性是由项目独特性导致。（4）约束性。项目的约束性是指项目受客观条件的制约，项目活动需要在一定的限制条件下完成，项目约束一般包括资源约束和人为约束。

由于项目的外延是可以不断延伸，只要具备项目的特性即为项目。广义上，项目可理解为创造独特交付成果的一次性任务。例如工程建设活动、某项科技研发、一次会议组织、婚礼策划活动等，都可以称之为项目。

2.1.2 项目管理

项目管理（Project Management）伴随着项目执行和组织活动而产生。项目管理最直观的理解就是对项目活动进行管理。随着劳动生产方式的变革，制造生产与社会分工向专业化和精细化的方向发展，项目的研究也逐步分化为理论和实践两个方向。理论研究方面，项目管理作为管理学学科体系的一个分支，旨在探索研究项目管理活动的基本概念、本质属性、发展规律等一系列问题，把项目管理的方法、技术等作为研究对象与研究成果。实践实施方面，项目管理被定义为一种管理活动，是按照项目特点和规律进行的有计划地科学管理活动。管理的目的是使项目能够按照既定的目标有效且高效地开展组织活动。

在研究与实践发展过程中，许多机构和学者对项目管理进行了定义。英国皇家特许建造师学会（The Chartered Institute of Building，CIOB）将项目管理定义为："从项目开始至完成，对项目活动进行全面的计划、协调和控制。项目管理的目的是生产出在功能与财务方面可行的项目交付物。其成本和质量应满足约束条件，如资金预算、质量标准等。"该定义也被广泛认可接受。PMI通过对项目管理实践经验的总结，将项目管理概括为："把各种知识、技能、工具与技术应用于项目活动,以满足项目的要求。"[28]中国项目管理知识体系(C-PMBOK)将项目管理系统定义为:"以项目为对象的系统管理方法,通过一个临时性专门的柔性组织,对项目进行高效率的计划、组织、指导和控制,以实现项目全过程的动态管理和项目目标的综合协调和优化。"[27]世界级项目管理大师罗德尼·特纳教授认为,项目管理是使远景变为现实的管理艺术[28]。

学者们将项目管理理解为一种管理活动、管理方法,甚至是一门艺术。虽然诠释不尽相同,但定义中都强调了项目实施过程中理论、方法、技能的应用。PMI将项目管理过程分为五大过程组,即启动、规划、执行、监控和收尾,并进一步明确项目管理的内容主要包括五个方面:确定需求;在规划和执行项目时,处理利益相关者的需求和期望;在利益相关者之间建立、维持和发展积极有效的沟通;管理利益相关者以满足项目要求并创造项目可交付成果;平衡项目之间的竞争约束,例如范围、质量、进度、预算、资源和风险[28]。就其本质来讲,项目管理即在一定约束条件下,运用科学的理论和方法对项目进行管理协调,从而确保既定项目目标的实现,即项目管理是一种科学管理活动。

2.2 项目集群管理

2.2.1 项目集群

项目集群(Programme)也称项目集或项目群,是一组互相联系的项目[30]。PMI将其定义为:"相互关联并且协调管理的项目、子项目集和项目集管理活动,以便获得分别管理无法获得的收益。"[31]罗德尼·特纳认为项目集群管理是为了提高项目管理整体的战略性效益,而对具有一定内在联系的几个项目进行的统一协调和管理[32]。克利福德·格雷基于项目集群形成的意义提出,项目集群不仅是项目的集合,更是以统筹管理或组织战略的实现为目的而进行的项目的聚合[33]。

项目集群是项目的延伸，但相较于项目，项目集群与组织战略有了更进一步的联结，更加强调项目集群战略层面的目的和意义。项目集群区别于单一项目的特性主要体现在：(1) 目标的多样性。项目集群包含项目，而项目集群中的项目都各自有不同的目标和特点。(2) 项目的关联性。项目集群中任何一个项目的成败都会影响到其他项目，且集合项目越多，其关联就相对越复杂。(3) 信息的复杂性。项目集群需要集中协调管理各项目信息，故相较于单一项目，其信息收集工作量更大，内外部的沟通处理更加复杂。

2.2.2 项目集群管理

项目集群管理（Programme Management）是对项目集群进行集中统一的协调管理，以实现既定的项目集群战略目标和收益。它被普遍认为是联结组织战略与项目实施的一种有效管理方法。美国中央计算机和通信局（Central Computer and Telecommunications Agency，CCTA）认为项目集群管理是对一系列的项目进行并行协调管理，目的是在资源投入一定的情况下，获得对公司具有长期战略性意义的收益。在这种定义下，强调项目集群管理目标战略的长期性。PMI 定义项目集群管理为对项目集群的统一协调和管理，以实现项目集群的战略目标和效益，并提出项目集群管理的五大绩效域，即项目集群战略一致、项目集群收益管理、项目集群相关方争取、项目集群治理和项目集生命周期管理[31]。

项目集群管理可理解为，是对一组具有共同目标、相互联系的项目的集成管理，以实现单独实施各个项目难以实现的战略目标。还可以理解为，项目集群管理就是为了实现特定的战略目标，例如组织利益或组织战略变革等，应用知识、技能、技术、方法和工具，对项目集群内项目进行的协调管理活动。相较于项目管理，项目集群管理具有以下特点：(1) 注重整体的组织统筹，旨在实现项目集群组织的战略目标。项目集群管理的目标是基于项目集群组织的战略和项目集群众多利益相关者需求的分析而确定的组织目标，其目标不再是单一地实现某个项目目标，而是通过合理的协调管理实现最优资源配置和项目集群目标。(2) 实现集成管理与协同管理是项目集群管理的核心。项目集群管理是通过确定管理的方法、制定管理的制度和程序等，将项目集群各项目、利益相关者们联系起来，将组织战略转化为具体措施在项目集群中执行。因此，项目集群管理作为一种整合组织资源、协调管控多目标的有效方法出现在大型科研和军事领域中，并在企业管理、建筑工程等实践领域被广泛应用。

2.3 项目组合管理

2.3.1 项目组合

IPMA 定义项目组合（Portfolio）为，基于项目管理的组织在某一时间段执行的，包括组合内项目的管理以及与项目实施不直接相关的其他工作的整体内容。PMI 认为，项目组合是为了实现业务目标，通过有效管理的方式聚合在一起的一系列项目或者项目群。与项目集群不同，项目组合里的项目或者项目群不一定存在相互间的联系。英国项目管理协会（Association for Project Management，APM）认为，在项目组合内部关系方面，项目组合中的项目可能不具有相同的目标，它们的相关性通常只是因为使用共同的资源。阿德里·普拉杰等认为项目组合是由特定组织发起并以统一协调管理方式实施的项目集合，目的是更好地实现组织目标，同时由于共享组织资源，组合内的项目存在着竞争关系[34]。诺姆·阿彻等指出，项目组合包含多个项目，执行者是特定的组织或者机构，特点是需要竞争稀缺资源[35]。

综上所述，项目组合是为了达成组织的战略目标和更好地使用现有资源，通过有效的管理策略和方法模型筛选得到的一组包含项目或项目集群的集合。项目组合内部不一定存在具体的依赖或相关关系。项目组合重点关注项目的筛选和优先排序，组合中的项目因组织战略规划而联系，共同分享组织资源。项目组合的目的是在众多组合方式中选择更加利于组织战略目标实施的一组。相较于项目与项目集群，项目组合更加注重项目的选择和排序。

2.3.2 项目组合管理

项目组合管理（Portfolio Management）是指在可利用的资源和组织战略计划的指导下，进行多个项目或项目集群实施的选择和支持。项目组合管理通过项目的评价选择和组合优化，确保项目实施符合组织的战略目标。IPMA 认为，项目组合管理是指对不具有共同目标，但聚合在一起的一组项目进行的管理。PMI 提出项目组合管理是指通过项目的评价选择、组合优化对项目组合进行管理，从而与企业的战略目标相匹配[36]。PMI 的定义强调项目的选择和优化。我国项目管理标准化技术委员会认为"项目组合管理应包括组织分配资源实现战略目标的一系列相关流程和方法。项目组合管理将项目组合组件与组织战略目标、利益相关方优先级、可持续发展及道德原则的价值观相关联"，也可以将项目组合管理描述为"连续的决策过程，用于定期检查战略，调整项目组合组件清单"[37]。

结合项目组合管理的实践情况，可以将项目组合管理理解为集中管理多类型项目的一种方法或思想。其重点关注项目和项目集的优先顺序及资源分配，确保项目组合的管理理念与组织战略协调一致。管理工作内容主要包括识别、排序、授权、管理和控制项目组合中的项目、项目集和其他相关工作。有效的项目组合管理通常需要具备三个基本要素：工作流程、组织架构和管理工具。

2.4 项目集群管理特征

2.4.1 项目管理模式对比

项目集群由一系列相关的项目组成，而项目组合由项目、项目集群和项目组合中的一个或多个组成，如图 2-1 所示。

项目管理、项目集群管理与项目组合管理的目标、范围等异同如表 2-1 所示。相较于项目管理，项目集群管理更加适用于对一组相似的、有关联的项目进行集成管理,从而获得相交于分散管理更多的收益;项目组合管理更适用于项目导向型组织的内部管理,以实现组织战略目标。

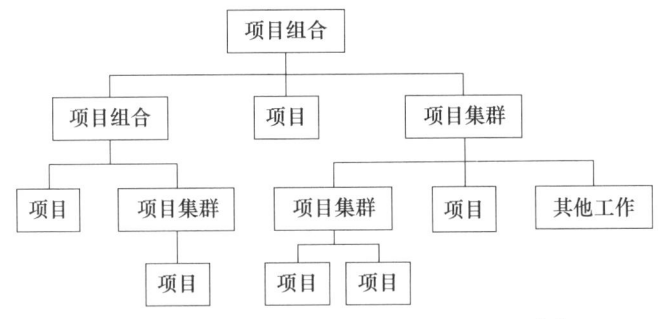

图 2-1　项目、项目集群、项目组合关系图[38]

项目管理、项目集群管理与项目组合管理的区别　　　表 2-1

类别	项目管理	项目集群管理	项目组合管理
目标	项目目标明确,目标基于项目本身	通过项目集群管理获得各项目单独管理无法获得的收益	组织目标战略的实现
范围	项目实施全过程管理工作	项目集群中子项目的实施以及不属于项目管理的协调管理工作	随着组织战略目标的调整而变化
内容	启动、规划、执行、监控和结束项目	定义项目集群、管理收益交付和结束项目集群	评估、选择、优先排序和调配资源
重点	项目实施管理	项目间的协调	项目选择,优先级定义,资源分配
成功	可交付成果;项目质量、时间、预算;客户满意度	项目集群满足相关利益者需求和效益的程度	不以单个项目的收益衡量,根据项目组合中的整体绩效度量成功

项目管理是单个项目上进行的日常性管理。项目集群管理将项目管理从执行实施进化到主动运作。项目组合管理则更加关注项目的筛选与风险因素的处理和对内部资源进行统一的合理配置。项目集群的形成一般基于不同的关联关系,子项目有各自具体的执行目标,同时项目集群具有整体目标。项目集群管理是从项目集群管理过程对接组织战略需求,对具有关联性的项目进行总体控制和协调,从而突破执行层,从组织战略出发实现整体目标。

2.4.2 项目集群管理成功的标准

项目集群是一系列相关联的项目。由于项目具有一次性和复杂性，相较于单个项目"目标明确"的管理，项目集群管理的不确定性和动态性更强。单个项目管理目标是实现项目的增值，而项目集群管理是通过协调管理使一系列相关联的项目能够获得单独管理这些项目所不能达到的效益增量。这种效益的增量是项目集群管理价值的重要体现。科学的项目集群管理是积极寻求变化和机遇，实现整体上有形和无形的收益最大化。这种成功的管理通常具备一些共有的基本特征，即项目集群管理成功标准。

传统的项目管理成功的基本标准为布鲁斯·贝克从项目自身角度出发提出的时间、成本、质量三大目标[39]。这三大目标至今仍是衡量项目成功的重要因素，其他学者在此基础上进行了拓展，例如马克·阿利斯泰尔·弗里曼[40]等提出应采用以价值为中心的方法衡量项目成功，项目的成功体现在项目的价值；穆罕默德·扎因（1999）[41]认为应从项目利益相关者的需求出发衡量项目的成功。与传统项目管理相比，项目集群管理更加强调组织战略和长期目标，成功的项目集群管理应具备以下特征：

（1）具备成熟的管理体系与团队。项目管理已形成比较完整的理论体系与实践体系。项目集群管理虽源于项目管理，但因其具有复杂性，暂未形成统一的管理标准。项目集群管理不同于单一的项目管理，项目管理是解决一个目标问题，项目集群是将这些存在相关关系的目标看作一个有机整体进行管理，在实现"1+1＞2"管理效果的同时实现整体收益的增加。因此，预先设定科学的管理体系有利于从集群整体角度出发，对项目集群的各项目进行有效地协调与整合。体系标准的执行是项目集群实施管理的核心，成熟的管理团队可以将体系更好地执行。

（2）利益相关方的充分参与。项目集群对有关联的几个项目进行集成管理，决定了项目集群涉及的相关方管理更加复杂。管理利益相关方需求、争取项目集群利益相关方的支持是项目集群管理的重点。利益相关方的积极参与有利于项目集群成功。在项目集群执行过程中，相关方应积极参与，并随时准备做出可能很艰难的决策。决策者应该愿意承担风险,并在情况发生变化时审查决策。他们需要定期参与,监测和应对出现的威胁和机遇。他们也应该共享目标,寻求短期收益之外的长期价值。

（3）全范围动态管理。项目集群的目的在于要素的集成,即将原本分散的项目进行统一管理。它包括各子项目管理流程和生命周期的集成和资源的整体规划配置。项目集群管理并不是所有项目管理活动简单的加合,还包括对风险、机遇和项目间"空白区"活动的管理。项目团队需要密切关注项目的内外部变化。单个项目通常采用特定的项目建设管理模式（如工程总承包、平行分包）,但项目集群管理可以在多个项目中结合不同的建设管理模式,以最佳方式实现整体管理目标。相较于项目管理,项目集群管理需要更频繁的决策和更好的数据收集,项目需要迭代和增量——敏捷管理、积极的发起人和切实可行的治理结构。

2.4.3 项目集群管理成功的影响因素

瓦利德·贝拉西等[42]将项目成功因素的相关因素分为项目自身相关、项目经理及人员相关、组织相关和外部环境相关这四类。陈炳泉[43]将项目成功因素分为人员相关因素、项目相关因素、项目程序、项目管理活动和外部环境五类。王文周[44]通过对项目成功因素相关文献的搜集与统计,分项目类型对比分析提出在项目人员因素中,项目经理、各参与方的合作、项目团队是项目成功的关键因素。对项目成功的影响因素研究逐渐从项目自身丰富到环境和组织,研究者提出的观点各有异同,不同类型的项目成功影响因素也各有侧重。但是,项目自身目标的实现仍是项目成功的基本要求,同时项目目标实现又有赖于项目团队的能力和经验、相关者参与等因素,目标实现的目的是满足项目相关者需求,从而实现项目价值。

颜红艳[45]系统地提出四个维度的建筑企业项目群成功影响因素,即在组织战略维度是否符合组织长期发展战略,有利于提升组织竞争力;在管理绩效维度是否充分实现项目质量、安全、投资等目标;在利益相关者维度需求是否被满足以及是否积极参与项目集群的实施;项目群和谐维度是否实现环境和谐以及社会效益和谐等。米歇尔·西里[46]提出项目集群管理成熟度八要素，即结构与文化、战略一致性、相关方争取、收益管理、治理、决策管理、变更管理、生命周期管理。他还通过对全球数十个项目集的采访和分析，总结了成功项目集群的特点：有形收益支持的明确意图；缜密的步调，包括和谐的过渡；关注长期价值的充分参与的相关方；健全的治理与决策管理。

2.5 项目集群管理运用

迄今为止，项目集群管理已广泛应用于多个领域，如建筑产业、通信产业、军事产业等。建筑业发展至今经历了数百年社会的锤炼。与项目管理体系的发展趋势相同，建筑业项目管理发展现已开始向集群化模式转型。

建筑业集群化转型最重要的两个因素就是政府行为和市场需求。在市场制度日益完善的今天，政策导向对产业的发展方向有一定的指导作用。改革开放初期，我国建筑业多为自主型企业且缺乏统一有效的体系化管理，随后政府对于项目管理的大力推广使得国内的建筑工程项目得到有序的发展。一方面产业集群化建设和集群化发展节约资源，提高资源的利用效率和使项目整体效益增加，这些利好信息进一步助推建筑产业的集群化发展。另一方面建筑业向集群化发展有利于实现资源集约化，同时国家关于全过程工程咨询的政策导向为实现项目集群管理提供了更加有利的实施环境。

政府主导的建设工程集群管理模式主要应用于两个方面。一是国家重点大型复杂项目集群。项目集群中各子项目关联比较紧密，通常项目地理位置相近、具有同一使用目标、互为组成部分或共同组成一个"大型项目"。这类项目集群管理通常采用领导小组＋项目集群指挥部（项目集群办公室）＋咨询服务单位的管理模式，如南水北调工程、北京奥运会工程、南宁火车站东站片区基础设施项目、沪宁高速公路等。这类集群管理项目由于得到较高的重视程度，项目集群管理的规模效应与协调管理等优势得以发挥，取得了较好的应用实践。

二是政府集中建设管理的集群管理模式。这一模式下，项目集群子项目关联度相对松散。这一模式主要缘于"代建制"的推广运用,传统政府投资项目的管理模式一般采用业主"自建制"管理模式,即政府出资,由使用方、建设方为一体担任业主,临时搭建工程指挥部或基建办,一次性管理方式存在管理水平难以提高、缺乏有效的风险防范机制等问题。为提高政府投资管理效率,在2004年国务院颁布《国务院关于投资体制改革的决定》,倡导在非经营性政府投资项目中推广代建制,由政府设立专门的下属职能部门或政府所属事业单位对政府投资项目进行管理和运作。这一模式应用过程中逐渐分化为两种模式,政府集中代建制与分散代建制。集中代建制即由政府代建管理单位对一种类型或一个区域的项目进行集中管理,通常是由代建单位不同的职能部门或不同建设管理小组来对不同分类的项目进行管理,即代建单位每一个下属管理单元都对一个或多个项目集群进行管理。这一管理模式在节约监督成本、发挥规模效应、降低政府部门间协调管理难度等方面具有较好的优势,以深圳市建筑工务署、江苏省国有企业公共工程建设中心为代表。

政府的监督和指导对市场起到调控作用,同时建筑市场也由其真实需求决定。建筑产业的集群化转型从某种意义上来讲也是一些企业的集群化转型。企业集群管理的探索以国有建筑公司为代表,随着我国基础建设经济的投入不断加大,建筑项目不断增多,许多国有企业开始探索的大项目部体制,本质上体现了项目集群管理的理念。在大项目管理体制下,项目经理负责组织实施每个项目的运营管理,项目组独立完成,包括项目营销全过程管理、过程绩效、项目执行、收支管控、项目创优、不同职责的落实、目标管理的核算与实现。以目标管理项目责任制为基础,实现"责、权、利"的高度统一,充分发挥项目经理的作用,提升项目管理团队的潜能,推动大项目部自我发展和分工,从"生产经营"向"经营生产"转变,以最适宜的资源流创造最高价值,实现业务领域的拓展。随着国有企业的良好带动,全过程工程咨询与工程总承包等集成管理模式应用的助推,许多优秀民营企业也积极探索项目集群管理模式,项目集群管理逐渐显现出以本土化和产品化为特征的市场拓展特征,项目集群的管理从简单的叠加发展到特色管理与标准化运行,体现最大化管理资源优势,为企业发展提供支持。

2.6 本章小结

本章在项目、项目集群与项目组合概念界定的基础上,界定了项目管理、项目集群管理与项目组合管理的内涵与外延;通过项目管理、项目集群管理与项目组合管理这三种管理模式的比较,总结项目集群管理的基本特征以及项目集群管理的成功标准和影响因素;最后,梳理了当前建设工程项目集群管理模式的运用。

第 3 章 基础理论

3.1 项目治理理论

"治理"（Governance）一词起源于拉丁语"gubernare"，意思为"统治"或"掌舵"，即控制、引导和操纵等。治理最初被认为是统治的同义词，是民族国家层面的管理服务。随着治理越来越多地被人们讨论和研究，它的内涵有了变化——治理的统治机制不再被认为是依靠政府的制度。胡德[47]认为治理是通过合同订立、经营权的授予和其他有效的创新管理方式更有效地实现管理，即新公共管理。库伊曼和范·弗利埃特[48]指出治理是一种不能由外部强加的秩序或结构，它依靠相关行为者之间互动的影响而发挥作用。格里·斯托克[49]认为治理的价值在于其提供的组织框架，人们通过这种框架了解变化中的统治过程，理论学家以治理框架为参照考察现实，从而获得不同以往的深刻见解。如今，治理被运用于众多领域，如经济学、政治学、社会学和管理学等学科领域。其研究内容涉及多个分支，如全球治理、国家治理、政府治理、社会治理、城市治理、公共治理、公司治理、项目治理、社区治理、乡村治理、生态治理、环境治理等。为了应对社会高速发展带来的各种机遇或挑战，企业以项目为基本单元并通过迅速整合资源的方式处理临时的、新的工作任务。随着项目变得大型化、综合化和复杂化，项目在实施过程中出现各种问题，且难以通过项目管理解决，于是人们借鉴公司治理的思想和经验，进行项目治理的研究。

从 21 世纪初兴起至今，项目治理的相关研究还处于"丛林"状态，还未形成统一的定义。英国项目管理协会[50]（Association for Project Management，APM）提出项目治理是公司治理中专门针对项目活动领域的治理工作。拉尔夫·穆勒[51]提出项目治理让项目能服务于且致力于实现组织目标，不仅使项目（实施过程和成果等）有利于实现其相关利益者的利益，同时有利于实现公司本身利益,它包括价值体系、职责、程序和政策。该观点认为项目治理是公司治理框架的一部分,能有效地实现公司利益。埃里克[52]基于公司治理理论的理解,认为项目治理就是平衡组织内良好的项目计划和项目选择、项目投资人利益、监督和战略职能以及有效的项目管理和方案这四个关键要素。帕特里克·韦弗[53]认为项目治理从属于公司治理,其研究应基于公司治理的视角。

另外有一些研究者以公司治理的思想和方法为基础对项目治理进行研究[54]。他们认为项目治理是一种制度框架或治理机制,合理的制度框架或治理结构是实施治理的关键。罗德尼·特纳认为项目治理是一种治理机制。他从交易成本的视角,以成功的项目组织为对象,分析这些组织治理结构及其在项目管理中如何运用。他指出通过设立项目目标、明确实现目标的途径,以及确定监管绩效的方法可以形成一种框架,以实现项目治理[55]。格雷厄姆·温奇首次把治理引入建设项目管理中,他借鉴交易成本经济学的相关理论知识,提出建设项目过程交易治理的基本框架和建立 3C 模型,将项目交易治理框架的核心由垂直交易治理和水平交易治理构成。他认为早期基于交易成本经济学的建设管理研究仅关注某一具体交易(如业主和承包商的交易)是片面的,并提出项目生命周期的治理[56]。基思·兰赫特认为项目治理是指围绕项目结构、项目系统和项目实施的过程而采取的一系列措施,最终使得项目交付后能有效地被使用,并能充分发挥项目的效用和利益。他提出风险管理是项目治理的重要内容[57]。

国内对项目治理的研究缘于政府投资项目代建制的绩效低[55]。自 2004 年至今,相关研究取得长足进步。严玲与尹贻林[58]提出公共项目治理的概念,并构建一个包括内部监控、外部市场监控和政府监控机制的公共项目治理模式下的概念模型。他们指出项目治理是获得秩序并认识共同利益的一种方式,是一种制度框架——主要参与者服从这种制度安排中的责、权、利关系,并以此为依据完成交易;完整的公共项目治理结构安排应包含外部的市场机制。随后严玲和尹贻林带领研究团队对公共项目治理进行更深入的研究,在 2006 年建立了包含内部治理、外部治理的公共项目治理理论,建立了公共项目治理水平评价指标体系,结合案例提出基于治理理论的代建制绩效改善途径[59]。

之后国内学者们对项目治理理论进行了多维度的探索。沙凯逊[60]以区别性组合假说为基础，以项目的不确定性为着眼点，分析了建设项目的治理逻辑。他认为有效的治理结构应实现各类资源、能力（含生产和决策能力）和态度的匹配，并提出（1+3）C模式下项目治理的四种模式，分别是总承包商主导、客户主导、专业承包商主导和市场主导。丁贵荣[61]认为项目治理是确定和维护项目参与各方责、权、利等规制关系的过程。这个过程能降低治理角色所承担的风险，建立更有秩序的、可靠的管理环境，有利于实现项目目标。他提出项目治理包括确定项目目标、目标的实现方法和绩效的监控手段，以及为完成项目活动提供必要资源等。

国内项目治理研究中，以严玲为代表的研究团队成果具有代表性。他们将国内项目治理研究分为理论构建、模型化分析、阶段精准化描述和定量化研究三个阶段[59]。第一阶段关注项目治理结构和治理机制，以尹贻林教授为代表的研究团队提出公共建设项目治理理论框架。第二阶段学者对项目治理和项目管理的区别进行辨析：（1）明确了不同项目治理机构必然导致不同的治理机制；（2）研究了代理人激励机制对改善项目绩效的作用；（3）深入研究了风险分担机制；（4）开始关注非正式关系治理机制。第三个阶段对契约治理和关系治理进行更深入的研究并提出二元治理机制分析框架。研究认为被提出信任、沟通、承诺与合作是关系治理的重要因子，并指出事后调整机制能促使关系治理发挥作用。

虽然关于项目治理的概念，学者们还未形成一致的观点。但从研究中不难发现项目治理的一些共性：（1）项目治理的目的是通过激发利益相关者的积极性，使其为项目目标努力，以确保项目有效交付；（2）为了达到项目治理的效果，需关注利益相关者的需求；（3）项目治理通过合理的制度框架影响利益相关者的行为，从而达到治理的效果。

3.2 利益相关者理论

根据记录，早在300多年前，利益相关者一词就已出现。当时它被用来表达那些参与某一项活动或参与企业"下注",并在其中抽头或赔本的人们[62]。1929 年,通用电气公司的一位经理在演讲中提到公司应服务于利益相关者[63]。利益相关者理论是在对"股东利益至上"的质疑中逐步发展起来的。"股东利益至上"的观点认为股东作为剩余风险的承担者,享有法律上赋予的对公司的控制权。1932 年,伯利和米恩斯[64]提出所有者和控制者之间形成了一种新的关系。这种新关系指出随着所有权分散,公司的控制权实际掌控在职业经理人手中。他们指出所有权和控制权分离使得公司所有者和经营者之间矛盾重重,之后人们开始关注公司除股东外的其他相关者。1963 年,斯坦福大学研究所首次明确定义利益相关者的概念:"利益相关者是这样一些团体,没有其支持,企业就不可能生存。"虽然这个定义仅关注对企业生存有影响的人们,具有一定的狭隘性,但它明确了企业不仅为股东服务,让人们开始意识到除了股东,还有很多人或者群体能够影响到企业的生存。1965 年,经济学家安索夫最早将利益相关者引入管理学界与经济学界,其认为"要制定一个理想的企业目标,必须综合平衡考虑企业的诸多利益相关者之间相互冲突的索取权,他们可能包括管理人员、工人、股东、供应商以及分销商。"1977 年,宾夕法尼亚的沃顿学院首次开设"利益相关者管理"课程,表明利益相关者理论已开始被西方学术界和企业界所重视。管理学大辞典中对利益相关者理论[65]定义是:指公司治理中关于利益相关者的理论。该理论认为,公司要对与公司有各种经济或非经济利益关系的相关者负责;公司的经营决策必须考虑相关者的利益或接受其约束。

1990 年,随着《宾夕法尼亚州 1310 法案》的发布,"相关利益者理论"开始更多地被运用到西方企业管理中。清晰界定利益相关者是进行利益相关者理论研究和应用的基础[62]。由于在实践活动中难以界定利益相关者,这个理论受到各种批评和质疑。经济学家们发现仅从"企业生存"的角度定义利益相关者具有很大的局限性。此后,学者们试图从不同的角度理解利益相关者。弗里曼[66]提出:"利益相关者是能够影响一个企业目标的实现或者受到一个企业实现其目标过程影响的所有个体和群体。"其观点不仅关注影响企业的群体,还关注受到企业活动影响的群体,拓展了利益相关者的范围。但是采用弗里曼的定义难以对利益相关者理论展开研究和应用。为解决此问题,1993 年卡拉克森组织了一场关于利益相关者理论的会议,会议形成比较一致的观点:"企业由利益相关者组成,企业应为所有利益相关者创造财富和价值。"1995 年,卡拉克森进一步提出利益相关者的概念:"利益相关者以及在企业中投入了一些实物资本、人力资本、财务资本或一些有价值的东西,并由此而承担了某些形式的风险或者说他们因企业活动而承受风险。"[67] 随着利益相关者理论的广泛运用和发展,对利益相关者的研究和运用不再局限于企业或项目与个人或团体之间,而是扩展到各行各业中。利益相关者间的关系分析也不再仅围绕企业或某个其他组织的中心而展开,而是从利益相关者间通过契约和非正式关系形成的"社会网络"关系中展开。

3.3 集成管理理论

关于集成的概念,学者们尚未形成统一观念。龚建桥[68]认为集成是指将独立的若干部分加在一起或者结合在一起成为一个整体。刘晓强[69]认为集成是一些事物集中在一起构成一个整体。李宝山[70]认为将适宜的要素经过优化、选择和组合搭配后,形成一个互补和匹配的有机体,这个过程才是集成。而海峰[71]认为集成是两个或两个以上的要素,如单元、子系统,按照某种集成规则进行组合和构造后形成的有机整体。吴秋明[72]提出集成应是具有某种公共属性要素的集合。纵观学者们的观点,集成是若干要素的组合,且集成的要素组合应该是一体的,其结构应具有系统性和有机性。

美国学者切斯特·巴纳德最早提出集成管理思想。20 世纪 80 年代,美国海军"哥白尼计划"运用系统集成方法,减少了系统数量并实现系统集成化[73]。至 20 世纪 80 年代末 90 年代初,我国学者钱学森提出定性定量相结合的综合集成方法[74]。这种方法通过将不同专家的经验和知识、各类数据和信息与计算机技术有机结合,将各专业学科的理论和人的经验知识形成具有整体和综合优势的有机系统。在此基础上,还将还原论思想和整体论思想结合起来,形成综合集成思想[75]。他指出由"总体设计部"负责全局统筹和系统顶层设计,实现

"从上而下"的研究。这种综合集成思想以系统结构为基础,综合集成思想、综合集成方法为集成管理奠定了理论基础。随后,集成管理方法被用于人工智能、国防建设、区域规划、社会经济、环境科学与资源利用、工程建设等领域。

学者们对于项目集成管理各有见解。戚安邦[76]认为由于项目中的某个要素变化会引起其他要素的变化,故项目集成管理应从整体进行统筹考虑,对各专项管理(范围、成本、时间、质量和采购等)进行整合与协调,以实现项目整体利益最大化。吴秋月[77]认为集成管理是通过探索一般性集成行为的规律,使生产要素通过管理者能动的计划、组织、指挥、协调、控制等集成活动,形成有机体或系统,从而达到整合和增效的目的。刘玉琦[78]等认为在项目全生命周期,即项目的启动、规划、实施、收尾、运营、拆除等各阶段均应实现管理的有机集成,并提出集成方式可从各阶段之间的单向集成转变为各阶段之间的复合集成。

就管理方式来讲,集成管理就是一种效率和效果并重的管理模式,它突出一体化的整合思想。集成管理的对象由传统的人、财、物等资源转变为以科学技术、信息、人才等为主的智力资源,提高企业的知识含量,激发知识的潜在效力成为集成管理的主要任务。就其实质来讲,集成管理的实质是对零散的信息与单独的管理活动进行的资源整合和优化。集成管理的关键是人,要在发挥人的主观能动性的基础上,对各种资源合理组织,使项目管理成为有机的整体,以提高项目整体管理水平,提升项目整体实施效率。

3.4 价值工程理论

价值工程理论是从价值分析概念发展而来。美国价值工程师协会对价值工程定义为:价值工程是一种系统化的应用技术,通过对产品或服务的功能分析,建立功能的货币价值模型,最终以最低的总费用可靠地实现必要的功能[79]。日本价值工程专家玉井正寿定义价值工程为:价值分析是以最低的寿命周期费用,可靠地实现必要的功能,着重于产品或作业功能分析的有组织的活动[80]。我国国家标准对价值工程的定义为：通过相关领域的协作，对研究对象的功能与费用进行系统分析，不断创新，旨在提高对象价值的思想方法和管理技术[81]。虽然表述不同，但价值工程本质都是围绕功能和成本展开。

1947年，通用电气公司的麦尔斯在研究石棉板材料短缺时代用材料，提出在不损失原有产品的可靠度的前提下，降低产品功能以节省成本的方法，即价值分析的雏形。随后，通用电气公司投资开发价值分析方法，使得价值分析方法逐渐发展成熟，并被大力推广。1954年，美国海军舰船局在新产品研发中引进价值分析，并在美国空军、陆军物资采购和军用品制造方面广泛使用。价值分析在实践中取得长足进步，它的内涵与外延不断扩展，从价值分析到价值设计、价值管理、价值改善等，最终成为价值工程。1959年，美国国防部将价值工程引入合同条款中并在随后几年大力倡导价值工程计划。1959年，美国成立价值工程协会。1962年，麦尔斯发表第一本关于价值工程的专著。在美国，价值工程被企业、政府部门、社会组织运用并取得很好的成效，继而进入大学课堂。20世纪60年代开始，价值工程被逐渐引入日本、德国、奥地利以及其他国家。1978年6月，沈胜白教授在哲学社会科学学会联合会做了"价值工程概论"的报告，首次公开向中国学者介绍价值工程。1987年，价值工程国家标准发布。

发展至今，价值工程已成为现代管理科学中的一门重要分支科学。价值工程理论既关注研究对象功能，又关注实现其功能所需投入的成本。其应用对象也不再局限于实物产品，而是拓展到各个领域，如军事、机械、电气、建筑业等。价值工程理论的本质是探寻研究对象的价值与功能及成本或费用的关系，以最符合实际情况的方式获取研究对象的价值提升。其核心是对研究对象进行功能分析。事实上，价值工程理论除了是一种应用广泛的技术外，还能作为一种指导思想帮助人们更清晰地考虑所需功能与成本之间的关系，便于人们做出决策。

3.5 协同理论

协同学一词源于希腊语，意为"协调合作之学"。1971年，物理学家赫尔曼·哈肯创立协同学。其在对激光进行研究时发现，当系统由大量的子系统构成时，在一定外界环境下（能量、信息和物质），子系统之间相互作用可产生协同现象和相干效应，使系统演化出具有特定功能的结构，在宏观上形成新的有序状态。但是，有序状态的形成和系统的自组织不是逐步平稳的一个过程，而是自发地、突然地达到质的飞跃，由量变转化成根本性的质变。他发现一旦系统运作达到临界状态，其中少数几个参数在临界处发生慢变化，这些变化使其他子系统迅速建立相互合作，以有效、有组织的行为进行协同运动，从而导致系统在宏观上形成质的突变[82]。

因此，赫尔曼·哈肯把协同定义为：系统各部分之间相互作用，使得整个系统逐渐形成不同层次上的新特征和结构。他认为协同学是研究构成系统的子系统有序的、自组织的集体行为的科学，协同是系统各子系统之间相互作用，使得整个系统逐渐形成不同层次上的新特征和结构。他提出协同学的基本原理：支配原理和自组织原理。支配原理以序参数为核心。构成系统的子系统处于弱关联时，子系统内部呈现无规则的独立运动。随着控制参量的变化，系统靠近临界点，控制参量达到阈值，子系统出现协同运动。在子系统协同运动中起主导作用的关联，即为序参数。一个系统宏观结构由几个序参量协同合作共同决定。自组织原理是指系统默契地按照某种规则自动地形成有序结构，即系统的无序运动通过合作和竞争自发的形成有序的结构和功能。[82]

协同学揭示了性质不尽相同的系统中，系统从无序到有序转变的一般规律性，这使得这一理论在许多学科领域中得到广泛的应用，如数学、物理、化学、工程学、经济学等。20世纪60年代，美国专家安索夫[83]首次在管理领域提出企业的协同战略，利用投资收益率的概念确立协同的经济学含义，认为整体的价值效益往往大于各独立组成部分实际价值的简单叠加。日本战略学家伊丹广之[84]在对安索夫协同理念研究的基础上进一步界定了协同的概念，认为协同是最大效能发挥企业资源的一种方法。

对于协同管理的定义，学术界尚无定论。杜栋[85]把协同管理定义为：运用协同学自组织原理，通过建立"竞争—合作—协调"的协同运行机制，把系统中价值链形成过程的各要素组成一个紧密的"自组织"体系，共同实现统一的目标,是系统利益最大化的管理体系。与传统的管理理论相比,协同管理在思想、方法上存在许多不同。一是协同管理更加注重管理要素间的互相协调配合,应用系统化思想将生产、研发、销售、管理等活动统筹协调;二是注重微观管理与宏观管理活动的协调。在现代工程项目管理中的协同管理思想具体体现在集成化管理、全生命周期管理、BIM信息化等先进的管理模式和手段上。

3.6 约束理论

约束理论又称制约理论、瓶颈理论、限制理论等。管理学大辞典中对约束理论定义为:企业识别并消除在实现目标过程中存在的制约因素(即约束)的管理理念和原则[65]。20世纪80年代,以色列物理学家及企业管理大师艾利·高德拉特最早提出约束理论,并在《目标》一书中首次提出约束理论的目标、基本概念和基本原则[86]。约束即阻碍企业有效扩大产出能力、降低库存和运行成本的环节。该理论是通过对"约束条件"即"瓶颈问题"或"系统中的最薄弱环节"的持续改善来提升系统表现的一种理论。约束理论认为,限制系统实现企业目标的因素并不是系统的全部资源,而只是其中某些被称为"瓶颈"的个别资源。系统中的每一件事都不是孤立存在的,一个组织的行为由于自身或外界的作用而发生变化,尽管有许多相互关联的原因,但总存在一个最关键的因素。找出制约系统的关键因素加以解决,或使它们发挥最大效能,使系统效能最大化。约束理论通过识别、消除瓶颈从而改善整个系统绩效;指导企业如何集中有限的资源,并将其用于整个系统中最关键的位置,以便获得最大的收益。

1994年,高德拉特再次提出发现并解决系统复杂问题的逻辑工具——思维流程。此后,约束理论还发展出系统化解决问题的关键链项目管理理论,该理论将约束理论的应用从生产管理领域拓展到项目管理。基于约束理论逻辑的项目调度与控制方法,确保计划按期完成,并能有效地管理项目资源[87][88]。约束理论的理论体系由一套集成的管理工具构成，主要是思维流程、聚焦五步法、鼓—缓冲—绳法、作业指标体系、关键链项目管理。

3.7　本章小结

本章回顾了项目治理理论、利益相关者理论、集成管理理论、价值工程理论、协同理论以及约束理论的起源、概念、基本原理、操作方法与发展历程等，旨在为全过程工程咨询项目集群管理提供理论支撑。

第4章 五洲·千城全过程工程咨询集群项目管理实践

4.1 五洲·千城工程咨询实践探索

4.1.1 五洲·千城发展历程

浙江五洲工程项目管理有限公司是一家以全过程工程咨询和工程总承包为核心战略的顾问公司、工程公司,公司业务类型涵盖全专业、全产品。杭州千城建筑设计集团股份有限公司是一家以甲级建筑设计院和综合性项目管理公司为母体,以工程总承包和全过程工程咨询为核心主业的科技创新型工程集团。五洲·千城自1999年成立以来,始终保持稳健、高速的发展状态,现有在职员工2000多人,拥有工程咨询甲级综合资信,建筑设计、造价咨询、政府采购、综合监理等甲级资质。发展至今,服务数百个项目建设,其中采用多产品组合模式服务近百个项目建设,全过程工程咨询服务推行以来已承接122个大型项目全过程工程咨询服务,服务市场覆盖除港澳台以外各省市地区,业务涉及房建、市政、交通、水利等各领域。五洲·千城工程咨询服务探索经历了组合探索、整合融合、高端发展三个阶段,如图4-1所示。

1. 组合探索阶段

在创立初期,五洲·千城坚持做精做专监理、代建服务。2003年成立浙江省首家项目管理公司,从事业主方项目管理。2005年公司收购前期咨询企业并开始从事浙江省代建业务和投资决策业务。2008年,公司通过业务领域的拓展与内部整合,探索实施组合业务模式,率先提出"管监合一""管理+咨询"等集成服务管理概念,并取得良好的实践效果,为全过程工程咨询服务的开展夯实基础。

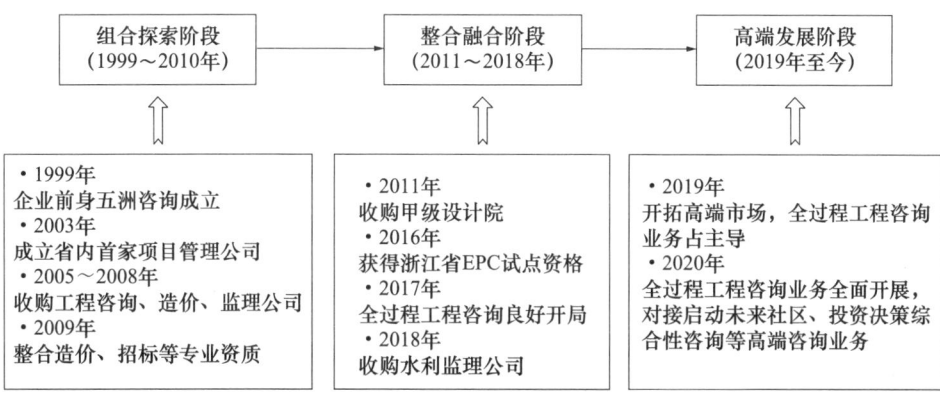

图 4-1 五洲·千城发展历程

2. 整合融合阶段

2011年，五洲·千城收购杭州千城建筑设计有限公司，至此五洲·千城拥有监理综合资质和工程咨询甲级综合资信，以及建筑设计、造价咨询、政府采购、招标代理等甲级资质，完成全资质综合性公司组建。2012~2016年，五洲·千城采用多产品组合模式服务数百个项目建设，将全过程理念贯穿于工程咨询服务中，实现跨阶段、跨专业咨询服务。在这一阶段，五洲·千城通过复合型人才培养，实现了专业融合与人才支撑；通过创新探索组织架构，实现组织融合与标准化、信息化支撑。凭借长期实践探索经验的积累，2017年五洲·千城积极响应国家政策号召，率先转型升级全过程工程咨询业务。

3. 高端发展阶段

2019年，五洲·千城定位"高质量发展、高品质服务"，积极进行建设组织模式的创新改革，拓展投资决策综合性咨询高端市场，深耕未来社区建设服务，在浙江省未来社区BLOCK创新设计竞赛中荣获一等奖，为10多个未来社区试点项目提供包含前期申报等内容在内的全过程工程咨询服务，实现了全过程工程咨询服务向投资决策与运营维护管理全产业链的延伸与跨越。截至目前，全过程工程咨询业务已经成为五洲·千城的主导业务，60%以上的业务量为全过程工程咨询业务，已承接122个大型项目全过程工程咨询服务，服务市场覆盖除港澳台以外的各省市地区，业务涉及房建、市政、交通、水利等各领域。

4.1.2 "全咨＋集群"的实践探索

全过程工程咨询是对工程项目决策、实施、运营等全阶段提供全生命周期的咨询服务。相较于传统的工程咨询服务，全过程工程咨询服务具有以下特点：（1）跨阶段。全过程工程咨询能打破项目各阶段的界面，实现工程项目咨询的整体性、连续性和灵活性，发挥出（1＋1）＞2的效果。（2）跨组织。全过程工程咨询实施主体是一个具有各专业咨询单位的联合体或者是能够提供各专业咨询服务的机构，能够打破原有组织的界面做到无缝连接又能够有机运行。整体而言，全过程工程咨询服务能有效促进工程项目经济与社会整体效益的实现，促进建筑业的转型升级。

五洲·千城是国内较早提出"建筑服务业"概念、最先实践全过程工程咨询的创新型企业。在全过程工程咨询服务明确提出之前，已采用多产品组合模式服务近百个项目建设。自2017年全过程工程咨询服务推行以来，承接122个大型项目全过程工程咨询服务，服务市场覆盖除港澳台以外各省市地区，业务涉及房建、市政、交通、水利等各领域。五洲·千城在全过程工程咨询服务的基础上，积极探索管理模式的创新，提升企业管理效能以及工程项目效益。

"全过程工程咨询服务＋项目集群管理"是五洲·千城率先提出并开展的服务业务，其目的是综合全过程工程咨询服务与项目集群管理两者的优势，从工程项目建设全生命周期的纵向维度以及工程项目集群管理横向维度，集约化配置资源，进一步促进工程项目的集约化管理，提升企业管理效能，形成规模效应，在节约社会资源的同时提升社会经济效益。截至目前，五洲·千城已开展多个"全过程工程咨询服务＋项目集群管理"的项目实践，如浙江金华教育·卫生全过程工程咨询项目集群管理、安徽蚌埠一三医院及党校全过程工程咨询项目集群管理、广东深圳深职院全过程工程咨询项目集群管理等。

4.2 浙江金华教育·卫生全过程工程咨询项目集群管理实践

4.2.1 项目集群概况

金华教育·卫生全过程工程咨询项目集群（以下简称金华全咨项目集群）位于浙江省金华市经济技术开发区内。该项目集群包括丽泽书院、李渔小学、望道小学、银湖小学、金华新纪元国际学校、李渔幼儿园、汤溪镇中心幼儿园、罗埠镇中心幼儿园、金西康养综合体等新建工程；南苑中学迁建、湖海塘小学扩建、东苑小学运动场等迁建改造工程，共12个建设项目。各项目建设效果详见图4-2。该项目集群主要涉及学校与医院建设，聚焦重点民生实事，具有一定的标志性、示范性、引领性，是金华市重点民生工程。

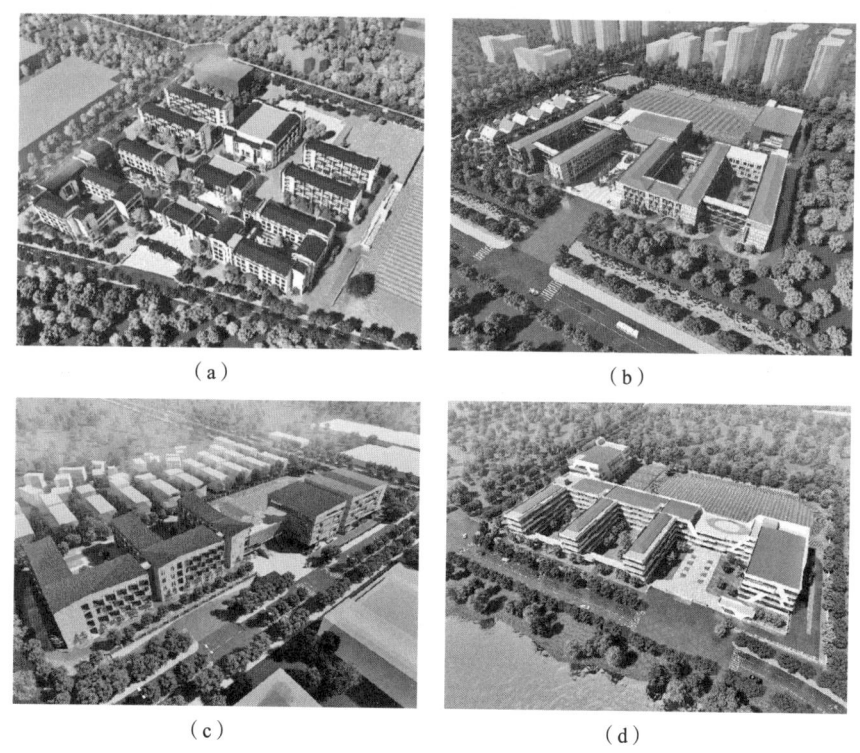

图4-2 金华全咨项目集群效果图
（a）丽泽书院项目鸟瞰图；（b）李渔小学项目鸟瞰图；（c）望道小学项目鸟瞰图；（d）银湖小学项目鸟瞰图

图 4-2 金华全咨项目集群效果图（续一）

（e）金华新纪元国际学校项目鸟瞰图；（f）李渔幼儿园项目鸟瞰图；（g）汤溪镇中心幼儿园项目鸟瞰图；（h）南苑中学项目鸟瞰图；（i）金西康养综合体项目效果图；（j）罗埠镇中心幼儿园鸟瞰图

(k) (l)

图 4-2 金华全咨项目集群效果图（续二）

（k）湖海塘小学扩建项目鸟瞰图；（l）东苑小学运动场改造项目鸟瞰图

该项目集群 12 个项目涵盖教育和医疗范畴，涉及新建、扩建改造及迁建等内容。总投资 14.78 亿元，总建筑面积约 43 万 m^2，计划总工期为 36 个月，各单项工程分批建设，整体要求于 2021 年 12 月全部完工交付。各项目概况详见表 4-1。

金华全咨项目集群概况　　　　　　　　　　　表 4-1

序号	名称	建筑面积（m^2）	总投资（万元）
1	李渔幼儿园	5718	2200
2	汤溪镇中心幼儿园	4511	1800
3	罗埠镇中心幼儿园	5206	1780
4	湖海塘小学扩建	22330	7800
5	东苑小学运动场改造	10000	4300
6	丽泽书院	67170	22800
7	李渔小学	46241	15400
8	望道小学	32996	12000
9	银湖小学	46241	15400
10	南苑中学迁建	46000	15200
11	金华新纪元国际学校	91241	33200
12	金西康养综合体	51000	15900
	合计	428654	147780

4.2.2 全过程工程咨询工作内容

该项目集群采用工程总承包（EPC）建设组织模式。五洲·千城提供全过程工程咨询服务，包括招标管理、勘察设计管理、进度管理、质量管理、安全文明管理、全过程工程造价管理、竣工验收管理、工程协调管理等。

招标管理工作，主要包括招标组织、材料定价与合同管理。具体工作内容详见表4-2。

招标管理工作内容　　　　　　　　　　　　　　　表4-2

序号	类型	工作内容
1	招标组织	（1）招标文件编制； （2）跟踪招标流程； （3）审核成果文件，为委托人提供决策依据
2	材料定价	（1）建立比选机制，制定材料设备定价规则，制定比选或招标文件模板； （2）无价材料比选或招标等定价工作
3	合同管理	（1）合同的起草、谈判、签订； （2）合同履行过程的监督管理

勘察设计管理工作，主要包括组织协调、报批报建、限额设计管理、成果审核与设计变更管理。具体工作内容详见表4-3。

勘察设计管理工作内容　　　　　　　　　　　　　表4-3

序号	类型	工作内容
1	组织协调	（1）工程项目的设计组织、联络和协调工作； （2）组织建设过程中的设计施工交底及技术协调； （3）与设计管线管理的有关单位的技术协调沟通
2	报批报建	（1）办理项目初步设计审批手续，并将初步设计文件报送相关部门审批； （2）组织设计单位协调项目与市政规划、项目规划与当地区域规划的关系，并组织设计优化和报批工作
3	限额设计管理	（1）确保工程概算及经济技术指标的实现，使设计在批准的范围和规模内； （2）确保设计进度和质量满足建设项目需要； （3）审核设计成果，防止超标准设计

序号	类型	工作内容
4	成果审核	（1）协助委托人撰写本工程的设计任务书，配合设计方进行相关工作； （2）协助设计方案的审查、优化，提出合理建议，组织设计优化和报批工作； （3）审查施工图，完成上报会审，提供建设性设计变更意见，督促落实； （4）核实确认设计过程中不合理的、可能的疏漏缺陷或资料提供不全的问题，督促设计单位进行改正补充
5	设计变更管理	（1）出现重大设计变更时，提出切实可行的变更方案，并对其设计技术方案、经济指标予以确认； （2）对变更方案的投资增减、工期影响以书面形式向委托人主管领导报批

进度管理工作，主要包括进度策划、进度管控与组织协调。具体工作内容详见表4-4。

进度管理工作内容　　表4-4

序号	类型	工作内容
1	进度策划	（1）建立进度管理体系； （2）按照委托人对总工期的要求，制定分阶段工程进度计划； （3）对整个项目工期做出合理分析，对关键环节做出合理估算； （4）制定各控制目标的实施细则，提出对策措施； （5）组织参建各单位建立其相应的进度控制目标和控制体系
2	进度管控	（1）审核各承包单位的施工组织设计和施工进度保证体系，并进行监督管理； （2）全过程监控各目标管理体系的实施情况； （3）监督检查落实各阶段各单位进度执行情况； （4）监督每月的工程进度信息和存在的问题，及时分析、协调、调整工程进度； （5）及时查处和纠正偏离控制目标的现象； （6）严格按计划进度进行动态管理，对进度脱期趋向及时查明原因，采取相应的积极措施予以调整
3	组织协调	（1）定期组织召开工程协调会； （2）协调各参建单位、配套单位及设备材料供应单位的施工搭接

质量管理工作，主要包括质量管理规划、过程质量管控与质量问题处理。具体工作内容详见表4-5。

质量管理工作内容　　　　　　　　　　　表 4-5

序号	类型	工作内容
1	质量管理规划	（1）建立工程质量保证体系，严格监督，保证工程质量达到设计要求； （2）根据本工程特点对本项目进行单位工程划分； （3）办理工程质量监督的申报、备案等手续
2	过程质量控制	（1）组织施工图设计技术交底，审查签发交底会议纪要； （2）定期或不定期地进行针对性工程质量检查检测，发现质量问题立即组织整改，并以书面形式提供工程质量报告； （3）协调配合工程质量验收
3	质量问题处理	（1）按要求处理报告质量事故，并组织监督事故方案的实施落实； （2）检查不符合设计及相关质量验收标准要求的情况，监督返工并进行后续质量检查验收

安全文明管理工作，主要包括工程安全管理与文明施工管理。具体工作内容详见表 4-6。

安全文明管理工作内容　　　　　　　　　　　表 4-6

序号	类型	工作内容
1	工程安全管理	（1）办理工程安全监督申报等有关手续； （2）明确施工单位的安全职责； （3）检查施工单位安全制度的制定和落实； （4）组织事故调查，采取有效措施保护事故现场，按要求上报事故
2	文明施工管理	（1）督促施工单位保证施工场地现场设施齐全、卫生清洁、资料完整； （2）建立文明施工监督网络，与施工单位签订文明施工责任书； （3）检查文明施工落实情况； （4）处理不可预见情况，督促施工单位按要求处理现场； （5）及时处理不文明施工造成的各类纠纷

全过程造价管理工作，主要包括管理规划、过程管控、变更管理。具体工作内容详见表 4-7。

全过程造价管理工作内容　　　　　　　　　　　表 4-7

序号	类型	工作内容
1	管理规划	（1）合理评估提出项目的总投资概算，报业主审核认定； （2）协助编制总用款计划，工程实施过程中的年、季、月度用款计划

续表

序号	类型	工作内容
2	过程管控	（1）提供招标咨询服务，严格控制工程造价； （2）根据审定的工程进度计划，审核工程量月进度报表，签发支付证书
3	变更管理	（1）处理临时追加用款事项，提出书面申请，报委托人审定实施； （2）严格控制施工过程的工程造价，包括工程签证和设计变更

竣工验收管理工作，主要包括竣工验收、后期管理与资料管理。具体工作内容详见表4-8。

竣工验收管理工作内容　　　　　　　　　　　表4-8

序号	类型	工作内容
1	竣工验收	（1）组织系统调试、工程竣工验收； （2）协助委托人办理工程竣工备案的相关手续； （3）审核竣工图以及竣工验收资料
2	后期管理	（1）协助签订工程各类保修协议书； （2）将工程保修各类合同、文件、资料整理成册，逐次移交指定单位； （3）在工程保修期内，监督相应单位有效地履行各自的工程保修责任
3	资料管理	（1）按有关要求整理竣工资料，拍摄工程录像，进行资料归档； （2）指导各单位工程档案编制工作，督促各单位编制合格的竣工资料； （3）监督所有竣工资料的收集、整理、汇编，并配合档案管理资料验收； （4）向委托人移交完整和准确的项目档案

工程协调管理工作，主要包括职责明确与协调沟通。具体工作内容详见表4-9。

工程协调管理工作内容　　　　　　　　　　　表4-9

序号	类型	工作内容
1	职责明确	（1）设立包含参与各方的组织架构； （2）明确各方职责权限范围，对设置的不合理之处及时提出合理化建议
2	协调沟通	（1）建立工程实施各种报审及审批制度以及完整的现场管理流程和制度； （2）建立完善的、全方位的沟通管理体系，健全沟通制度； （3）建立建设项目信息的流转体系，每月编制建设信息的动态流转图

4.2.3 金华全咨项目集群管理取得成果

金华全咨项目集群管理团队克服项目地域分布及前期项目环境带来的诸多影响，在满足建设要求的情况下合理进行人员分配，提高人员管理效率。进场服务近 2 年时间里，建设单位对咨询单位的信任度明显增强，每季度业主满意度调查评价整体呈现稳步上升状态，全过程工程咨询服务获得项目参建各方的支持和一致好评。

4.3 安徽蚌埠一三医院及党校全过程工程咨询项目集群管理实践

4.3.1 项目集群概况

安徽蚌埠一三医院及党校全过程工程咨询项目集群（以下简称蚌埠全咨项目集群）分散位于安徽省蚌埠市蚌山区与禹会区。该项目集群包括蚌埠市第一人民医院综合病房大楼工程、第三人民医院急救医学中心外科大楼工程、市委党校陶山校区改建工程，其中第一人民医院综合病房大楼工程位于禹会区，第三人民医院急救医学中心外科大楼工程与市委党校陶山校区改建工程位于蚌山区。该项目集群三个项目均为蚌埠市重大民生工程，计划于 2022 年年底全面竣工，建成后将极大地改善蚌埠卫生医疗服务水平和党员教育基础设施条件，对蚌埠推进"三地一区"两中心现代化城市建设具有重要意义。该项目集群总建筑面积约 23.81 万 m^2，计划总投资约 16.39 亿元，各子项目概况如表 4-10 所示。

蚌埠全咨项目集群概况　　　　　表 4-10

序号	名称	建筑面积（m^2）	总投资（亿元）
1	第一人民医院综合病房大楼工程	83200	6
2	第三人民医院急救医学中心外科大楼工程	72400	5.43
3	市委党校陶山校区改建工程	82500	4.96
	合计	238100	16.39

该项目集群整体建设内容包含：825床位的综合病房大楼，包括外科医技综合楼、行政后勤楼；800床位的外科大楼工程，规划建设急救医学中心、病房楼、医技楼等辅助设施；新建党校教学楼，会议中心，学术交流中心综合体，学员宿舍。各子项目建设效果如图4-3所示。

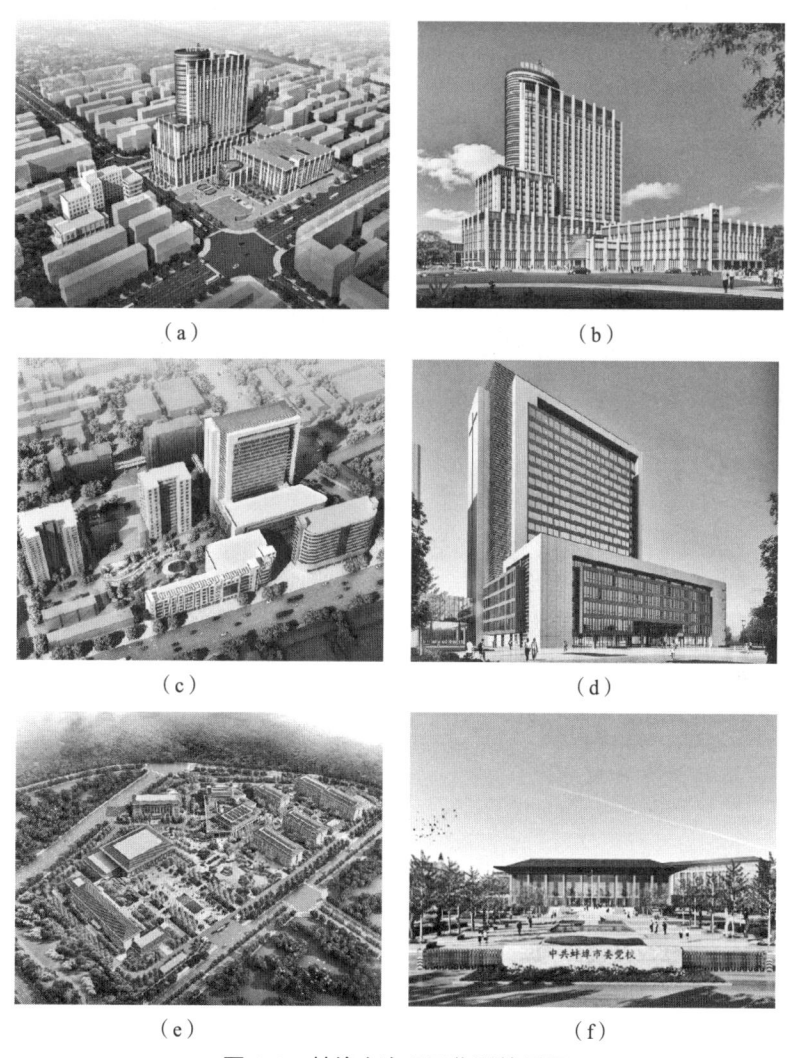

图4-3　蚌埠全咨项目集群效果图

（a）第一人民医院综合病房大楼鸟瞰图；（b）第一人民医院综合病房大楼效果图；
（c）第三人民医院急救中心外科大楼鸟瞰图；（d）第三人民医院急救中心外科大楼效果图；
（e）市委党校陶山校区改建工程鸟瞰图；（f）市委党校陶山校区改建工程效果图

4.3.2 全过程工程咨询工作内容

该项目集群采用全过程工程咨询模式,建设单位抽调各部门人员分别组建 3 个管理小组负责子项目决策管理,统一委托五洲·千城提供全过程工程咨询服务。全过程工程咨询服务主要包括:项目计划统筹及总体管理、项目规划、勘察及设计过程管理、施工和技术管理、投资管理、医疗工艺管理、招标及采购管理、BIM 管理、计划总控管理、报批报建管理、竣工验收及移交管理、后期评估管理以及与项目建设管理相关的其他工作。

项目计划统筹及总体管理工作,主要包括管理策划、协调管理、计划管理与文件管理。工作内容详见表 4-11。

项目计划统筹及总体管理工作内容　　　　表 4-11

序号	类型	工作内容
1	管理策划	(1)建立项目管理组织机构,明确各部门及岗位工作职责; (2)分解项目管理工作内容,制订项目管理工作程序及工作制度; (3)制订各阶段各岗位的人力资源计划
2	协调管理	(1)协调项目各层面、各相关单位、各项工作关系; (2)协调项目外部关系
3	计划管理	根据项目实施情况进行进度计划动态调整
4	文件管理	(1)协调项目内外部各类文件的汇总及传送,定期上报工作总结; (2)借助先进管理平台,对信息进行高效管理

项目规划工作,主要包括项目调研、管理规划与规划、方案技术咨询等。工作内容详见表 4-12。

项目规划工作内容　　　　表 4-12

序号	类型	工作内容
1	项目调研	(1)调查分析项目场地及周边、法律、法规、经济及其他环境; (2)组织前期类似项目调研等工作; (3)组织研究项目总体建设需求、边界条件、建设规模
2	管理规划	(1)编制项目组织管理手册,进行项目组织结构分解; (2)编制项目范围管理手册,确定各专业范围管理界面;

续表

序号	类型	工作内容
2	管理规划	（3）编制项目目标管理手册，确定质量、投资、进度及其他管理目标； （4）编制项目全过程投资及造价咨询管理手册，编制项目资金使用计划，编制各分项投资控制表及指标控制表； （5）编制项目进度管理手册，编制项目总控进度及各阶段进度计划； （6）编制项目质量管理手册，进行各项工作质量分析、评估； （7）编制项目合同管理手册，分解分类项目合同； （8）编制HSE管理手册； （9）编制项目招标与采购管理手册，划分专业范围及招标合同包； （10）编制项目报建管理手册，分解分类项目报建工作； （11）编制项目档案、信息管理手册； （12）编制项目沟通管理手册； （13）编制项目风险管理手册、风险识别报告、风险应急预案； （14）编制项目收尾管理手册； （15）编制项目后评估管理手册
3	规划、方案技术咨询	（1）为规划、方案设计提供技术咨询服务； （2）组织和开展规划条件研究、设计需求研究和全过程设计需求管理

勘察及设计过程管理工作，主要包括管理策划、需求管理、成果审查、专项审查、变更管理与过程管控等。工作内容详见表4-13。

勘察及设计过程管理工作内容 表4-13

序号	类型	工作内容
1	管理策划	（1）协助委托人确定项目设计标准，限额设计，优化方案； （2）制定设计管理工作大纲； （3）明确设计管理的工作目标、管理模式、管理方法等
2	需求管理	（1）与项目使用单位进行沟通，将使用需求转化成设计需求参数条件； （2）在设计全阶段协调沟通用户需求； （3）协调项目使用单位对各阶段设计成果进行确认
3	成果审查	（1）组织对各阶段的设计图纸设计深度及设计质量进行审查； （2）审查审图意见，监督方案优化整改落实情况； （3）对勘察、设计成果文件进行审核、验收，并提出优化建议； （4）对设计方案及各专业系统和设备选型优化比选，并提交审查报告； （5）对设计方案提出投资评价建议

续表

序号	类型	工作内容
4	专项审查	（1）组织专项审查，组织协调各项专业评估； （2）协助委托人及相关责任单位对评估单位提出的意见进行修改； （3）组织配合前期阶段的各项服务类招标、签订合同并监督实施
5	变更管理	（1）审核设计变更的技术、经济合理性； （2）确认设计样板，组织解决设计问题及设计变更； （3）必要时开展价值工程解决设计变更问题
6	过程管控	（1）协助委托人确定各阶段设计单位，协助各阶段设计委托合同； （2）进行限额设计管理，组织设计单位按要求限额设计； （3）审核各设计单位进度计划，审核招标及采购周/月报； （4）督促设计单位及时处理施工中需设计解决的技术问题； （5）检查勘察、设计进度，对比分析进度计划，采取相应纠偏措施； （6）组织周/月进度例会以及专项勘察、设计会议，组织必要的专家论证会

施工和技术管理工作，主要包括施工准备、进度控制、质量控制、HSE 管理、技术优化管理、技术措施管理等。工作内容详见表 4-14。

施工和技术管理工作内容　　表 4-14

序号	类型	工作内容
1	施工准备	（1）组织设计交底，检查施工准备工作落实情况； （2）审查施工人员、设备、材料到位情况； （3）审核开工报告
2	进度控制	（1）确定进度管理总体目标及节点目标； （2）编制项目进度计划及控制措施； （3）分析影响进度的主要因素，对进度计划的实施进行检查和调整； （4）审核施工总承包单位及各专业施工单位进度计划； （5）每周/月对施工进度进行检查，制定进度纠偏措施； （6）审核施工进度周/月报，组织周/月进度例会以及专项会议
3	质量控制	（1）审核施工总承包单位及各专业施工单位施工组织设计； （2）审核监理组织架构，检查监理规划、监理细则是否齐全； （3）检查各专业施工单位施工质量； （4）督促监理单位全面履行监理权限内的质量管理职责
4	HSE 管理	（1）审核项目职业健康安全技术措施方案和环境保护计划； （2）督促监理单位全面履行监理权限内的相关职责

续表

序号	类型	工作内容
5	技术优化管理	（1）进行全过程、全方位的技术管理，实现生产要素在工程项目上的优化配置和动态管理； （2）及时解决施工过程中遇到的技术问题，合理提出优化技术方案
6	技术措施管理	（1）审核特殊结构、复杂技术、关键工序等技术措施和技术方案； （2）组织设计单位对监理和施工单位进行技术交底； （3）评价、分析，解决施工过程中出现的设计问题，优化设计方案； （4）对新技术、新工艺、新材料进行研究论证； （5）对重要材料、设备、工艺进行考察、调研、论证、总结； （6）对重点工序、重点环节的技术、质量进行控制； （7）提出技术角度的合理化建议或专项技术咨询报告； （8）处理建设过程中发生的重大技术质量问题

投资管理工作，主要包括管理策划、招标配合、过程动态管控、结算管理、决算跟踪协调和工作总结等。工作内容详见表4-15。

投资管理工作内容 表4-15

序号	类型	工作内容
1	管理策划	（1）确定投资控制目标，制订投资管理制度、措施和工作程序； （2）负责可研投资控制、初步设计投资控制、进度款审核、工程预决算等管理策划； （3）协助编制和办理年度投资计划、季／月度资金需求计划
2	招标配合	（1）参与甲供材料设备招标工作； （2）办理工程量清单复核报告审批手续； （3）检查督促工程量清单复核报告审核、设计变更及现场签证等，督促专业工程师及时办理设计变更、现场签证等审批手续； （4）检查催办专业工程师招标阶段的结算资料收集整理和归档情况； （5）在合同备案完成后7日内归档招标阶段结算资料
3	过程动态管控	（1）定期组织召开造价专题会议，解决造价问题争议； （2）负责、汇总项目投资情况并定期进行汇报和调整相关动态管理工作； （3）建立投资控制支付、变更等各种台账，督促完善设计变更等程序； （4）管理造价咨询单位，审核并且确认造价咨询单位成果的准确性； （5）审核工程进度款支付，审核工程变更及签证并送招标局等部门备案； （6）处理各类有关工程造价的事宜，定期提交投资控制报告； （7）按要求向委托人提供投资控制月报（双周报）； （8）配合组织协调工程实施工作

续表

序号	类型	工作内容
4	结算管理	（1）负责项目结算的总体安排，管控项目结算进度； （2）对项目工程造价进行经济指标分析，负责提交结算审核事项表； （3）协调各单位的结算分歧，必要时召集各方协调解决造价分歧； （4）审核结算款、保修款，协助办理审批手续； （5）管理咨询单位、监理单位的结算工作，检查催办结算工作，在咨询单位、监理单位的结算初审报告上签署意见； （6）办理结算资料的审批手续，配合审计局抽审； （7）参与结算资料整理归档，配合财务办理竣工决算
5	决算跟踪协调	（1）在工程项目所有结算完成后书面通知委托人财务部办理项目决算； （2）按委托人财务部门要求准备相关决算资料并配合决算审计
6	工作总结	在工程竣工验收后向委托人提交该项目的工程投资工作总结，并报送委托人资料室备案

由于项目主要建筑内容为医院，故对医疗工艺也有专项要求，医疗工艺管理工作主要包括计划管理与建设需求管理。工作内容详见表4-16。

医疗工艺管理工作内容　　　　　表4-16

序号	类型	工作内容
1	计划管理	（1）组织制定与项目进度匹配的医疗工艺咨询工作计划； （2）定期向委托人汇报工作计划执行情况； （3）对工期延误原因展开调查分析
2	建设需求管理	（1）组织进行需求调研，复核工艺咨询搜集的后台数据和分析资料； （2）组织医疗工艺咨询单位审核设计任务书、项目建议书、可研报告等，将审核意见反馈至设计单位并监督落实修改； （3）组织工艺咨询单位开展一、二、三级流程设计，组织设计成果审核确认； （4）督促工艺咨询单位提交医疗卫生流程专项复核意见，将意见反馈至设计单位，监督设计单位修改落实； （5）审核汇总医疗环境要求成果文件； （6）评估工艺咨询成果与使用需求、设计理念目标的匹配性、可行性； （7）对医疗工艺流程调试、验收、检测、认证过程进行管理； （8）组织召开医疗工艺咨询工作专题会议和评审会； （9）协调使用单位医疗设备采购和信息化建设与项目协同实施，搜集过程资料； （10）监督医疗工艺咨询单位工作与项目整体工作协同推进

本项目集群建设单位另有委托招标代理单位进行招标工作。全过程工程咨询招标及采购管理工作，主要包括招标采购准备、招标组织、资料审查与合同管理等。工作内容详见表 4-17。

招标及采购管理工作内容 表 4-17

序号	类型	工作内容
1	招标采购准备	（1）根据项目合同分解结构，协助委托人确定招标方案，制订招标计划； （2）协助委托人确定暂列金额、暂估材料、设备的发包方式及结算方式； （3）协助委托人对主要材料、设备进行选样、封样； （4）协助委托人审核招标过程资料； （5）对造价咨询单位编制成果的经济技术指标进行审核
2	招标组织	（1）协助委托人组织招标工作，提出招标工作计划； （2）协调招标代理单位等完成招标工作，编制相应技术要求； （3）向委托人提供各种新工艺、新材料、新设备的技术要求； （4）负责本项目招标清单及预算的编制工作； （5）组织答疑、补遗、澄清工作； （6）参与投标单位相关人员的面试、答辩等工作； （7）对投标方及其采购的设备材料进行调研
3	资料审查	（1）审查中标候选人技术标中的施工组织设计及技术方案； （2）审查材料设备的技术参数指标； （3）审查中标候选人商务标中的清单分项及投标报价； （4）提出存在的问题并提出合理的优化建议
4	合同管理	（1）负责项目的专业合同起草、谈判，协助签订； （2）对合同履约、变更、索赔、合同后评价进行管理； （3）对合同风险进行分析并制定应对措施； （4）监督合同内容实施

BIM 管理工作，主要包括组织协调、方案审核、模型管理与管线分析等。工作内容详见表 4-18。

BIM 管理工作内容 表 4-18

序号	类型	工作内容
1	组织协调	（1）组织落实项目 BIM 应用工作，实现对项目 BIM 实施的综合管理； （2）建立 BIM 实施的协调机制及实施评价体系； （3）管理项目 BIM 管理平台，规范 BIM 实施的软硬件环境； （4）基于 BIM 开展工程咨询工作，实现项目各参与方的协同

续表

序号	类型	工作内容
2	方案审核	（1）审核项目BIM总体实施方案和专项实施方案； （2）审核招标投标文件BIM专项条款、各项BIM实施标准； （3）审核项目BIM实施管理细则； （4）审查相关BIM成果，提交审查报告并负责成果验收
3	模型管理	（1）审查BIM相关模型文件，模型深度应符合各阶段设计深度要求； （2）审查BIM可视化汇报资料； （3）审查BIM工程量清单； （4）审查BIM模型"冲突检测"报告
4	管线分析	管线综合分析和优化调整，分析基于BIM的管线综合系统解决方案

计划总控管理工作，主要包括总体管控、计划编制与过程管控。工作内容详见表4-19。

计划总控管理工作内容　　表4-19

序号	类型	工作内容
1	总体管控	（1）研究构建项目进度计划体系（衔接机制、节点设置精度等）； （2）建立进度管理制度，统一管理标准、要求、岗位职能分工及责任目标
2	计划编制	（1）组织编制项目（群）总进度计划纲要、年总进度计划、月工作计划； （2）组织项目关键节点和关键线路的分析研究和实施策划； （3）对可能影响进度的专题事项提供咨询报告； （4）提交月度、季度、年度项目管理报告
3	过程管控	（1）审核各部门专项计划，审核各项目施工总进度计划、各专项计划； （2）督促各专业部门、各项目落实工作计划； （3）组织项目每月进度总控会议； （4）项目进度计划的跟踪、统计、检查、分析、考核和研判

报批报建管理工作，主要包括工作准备与工作实施。工作内容详见表4-20。

报批报建管理工作内容　　表4-20

序号	类型	工作内容
1	工作准备	（1）对项目建设需要开展的相关专题研究以及需要办理的相关手续进行梳理； （2）根据项目建设内容编制报批报建工作计划； （3）完成项目前期及工程建设期间的各项报批报建手续

续表

序号	类型	工作内容
2	工作实施	（1）办理工程前期的相关手续和报批工作； （2）办理临时用水、用电，负责工程竣工验收手续，取得项目竣工验收备案通知书等手续； （3）对各参建单位的报批报建工作进行协调管理

竣工验收及移交管理工作，主要包括竣工验收、移交管理与资料管理。工作内容详见表4-21。

竣工验收及移交管理工作内容 表4-21

序号	类型	工作内容
1	竣工验收	（1）协助设备、系统调试及初步验收，跟踪并落实整改情况； （2）组织相关参建各方办理项目专业验收和总体竣工验收申报手续； （3）协助进行项目专业验收和总体竣工验收，及时解决验收中的工程质量问题
2	移交管理	（1）负责项目移交工作的管理； （2）编制工程移交单及各方主体会签事宜，并移交委托方
3	资料管理	（1）保存能清楚证明与项目有关的电子文档资料直至项目移交； （2）对各单位工程档案的编制工作进行指导，督促各单位编制合格的竣工资料； （3）负责本项目所有竣工资料的收集、整理、汇编，竣工验收以及移交

后期评估管理工作，主要包括评估准备、编制报告、项目保修与资料管理等。工作内容详见表4-22。

后期评估管理工作内容 表4-22

序号	类型	工作内容
1	评估准备	项目使用阶段调研、分析
2	编制报告	编制或审核项目后评估报告
3	项目保修	（1）审核项目保修方案； （2）检查和记录工程质量缺陷，组织缺陷处理，监督修复过程并验收； （3）协助项目保修期满移交
4	资料管理	（1）将此阶段发生的相关电子文件上传至指定系统； （2）将各阶段各专业施工过程中相关纸质文件移交档案人员存档

4.3.3 蚌埠全咨项目集群管理取得成果

蚌埠全咨项目集群管理团队自 2019 年 6 月进驻现场以来，紧紧围绕该项目集群建设的核心目标，筹建、完善内部管理体系，强化对项目建设的监督管理和服务，协调控制完成各子项目阶段目标，该项目集群整体稳步推进，每季度业主满意度调查结果均为非常满意。入场第 3 个月即获得建设单位书面表扬，在 2020 年获使用单位书面表扬 4 次，管理成果得到多方面认可，在蚌埠市公共资源监督管理局重点项目标后履约检查中，得到全市通报表扬，在蚌埠市项目集群工程咨询方面树立了的口碑。

4.4 广东深圳·深职院全过程工程咨询项目集群管理实践

4.4.1 项目集群概况

广东深圳·深圳职业技术学院全过程工程咨询项目集群（以下简称深职院全过程工程咨询项目集群）位于广东省深圳市南山区，共包含 5 个子项目，使用单位为深圳职业技术学院（以下简称深职院）。5 个子项目分别位于深职院 4 个校区内，具体包括：西丽湖校区 A、B 栋学生宿舍工程（以下简称 A、B 栋项目）、留仙洞校区体育及配套设施工程（以下简称体育项目）、留仙洞校区 G 栋学生宿舍工程（以下简称 G 栋项目）、北校区一期工程（以下简称北校区项目）、华侨城校区整体改造工程（以下简称华侨城项目）。该项目集群总建筑面积 35.63 万 m^2，总投资约 27.5 亿元，各项目概况详见表 4-23。

深职院全过程工程咨询项目集群工程项目概况　　表 4-23

序号	项目名称	建筑面积（m^2）	计划投资（亿元）
1	A、B 栋项目	63100	4.24
2	北校区项目	99300	8.06
3	G 栋项目	76700	5.60

续表

序号	项目名称	建筑面积（m²）	计划投资（亿元）
4	体育项目	43500	3.60
5	华侨城项目	73700	5.96
合计		356300	27.50

该项目集群集学生宿舍、体育场、教学楼、实训楼、食堂等项目类型为一体，是一项关乎深职院"世界一流"职业技术大学建设与师生学习生活环境的重要民生工程，建设内容包括：可提供约4000个学生床位的学生宿舍楼2栋，可解决5000人就餐的食堂1栋，可提供2000个床位的食堂宿舍综合楼1栋，1万座的体育场看台1个，6个室内篮球场，1片标准田径场地，含诺贝尔奖（霍夫曼）实验室等的实训综合楼1栋以及1座按2000学生规模新建的包括教学楼、实验室、宿舍、田径场、运动馆等的新校舍。各子项目建设效果详见图4-4。

图4-4 深职院全过程工程咨询项目集群效果图

（a）A、B栋项目鸟瞰图；（b）A、B栋项目效果图；（c）G栋项目效果图；（d）体育项目鸟瞰图

图 4-4 深职院全过程工程咨询项目集群效果图（续）
（e）北校区项目（实训楼）效果图；（f）北校区项目（食堂宿舍）鸟瞰图；
（g）华侨城项目鸟瞰图；（h）华侨城项目效果图

4.4.2 全过程工程咨询工作内容

深职院项目集群由深圳市建筑工务署（以下简称深工务署）直属单位深圳市建筑工务署教育工程管理中心成立专门的项目组进行统一管理，采用管监一体化的全过程工程咨询服务模式。该项目集群整体为统一使用单位、建设单位，均采用统一的建设组织模式，均为高校校园建设。组织趋同、多项目并行、实施内容相近等特点为5个项目实施集约化、群体化管理提供了良好基础。全过程工程咨询服务能够将管理工作整合，通过制定项目程序化、模块化管理策略，使各子项目的管理都按照统一的框架实施，实现子项目管理的一致性和连续性，为建设单位建设管理工作提质增效。该项目集群全过程工程咨询服务由五洲·千城提供，服务内容主要包括项目管理、工程监理、创新策划管理与课题研究等。

项目管理工作内容，主要包括项目计划统筹及总体管理、报批报建管理、各专业专项管理、BIM管理、实验室工艺咨询管理、施工管理与竣工验收及移交管理等。具体要求详见表4-24。

项目管理工作内容　　　　　　　　　表4-24

序号	类型	工作内容
1	项目计划统筹及总体管理	（1）建立项目管理组织机构，明确各部门及岗位工作职责； （2）分解项目管理工作内容，制订项目管理工作程序及工作制度； （3）制订各阶段各岗位的人力资源计划； （4）根据项目实施情况进行动态调整； （5）协调项目各层面、各相关单位、各项工作关系； （6）协调项目外部关系
2	报批报建管理	（1）对项目建设需要开展的相关专题研究以及需要办理的相关手续进行梳理； （2）根据项目建设内容编制报批报建工作计划； （3）根据项目进展完成项目前期及工程建设期间的各项报批报建手续； （4）对各参建单位的报批报建工作进行协调管理
3	设计管理	（1）制定设计管理工作大纲，明确设计管理工作目标、管理模式、管理方法； （2）对项目设计过程的进度、质量、投资进行管理； （3）根据使用功能需求条件，分阶段、分专项对设计成果文件进行设计审查； （4）检查并控制设计单位的设计进度，检查图纸的设计深度及质量； （5）审查设计方案、装修方案及各专业系统和设备选型，提交审查报告； （6）协调使用各方对已有设计文件进行确认； （7）确认设计样板，组织解决设计问题及设计变更，预估设计问题影响等，必要时开展价值工程解决设计变更问题； （8）组织可能存在的前期阶段招标、签订合同并监督实施； （9）组织设计单位进行工程设计优化、技术经济方案比选并进行投资控制； （10）要求限额设计，以批复的项目总概算作为控制限额施工图设计
4	招标采购及合同管理	（1）根据项目特点对招标采购工作内容进行分解，制订招标采购计划； （2）编制招标文件和拟定设备材料的技术要求及参考品牌等； （3）对造价咨询单位编制成果的经济技术指标进行审核； （4）组织招标答疑与补遗编制、投标文件澄清工作； （5）审查、验证投标资料、投标样板，对投标方及其采购的设备材料进行调研； （6）参与投标单位相关人员的面试、答辩等工作； （7）审查中标候选人投标资料，提出存在的问题并提出合理的优化建议； （8）对合同风险进行分析并制定应对措施； （9）项目设计、咨询、施工、供货及相关专业合同起草、谈判，协助签订； （10）对合同履约、变更、索赔、合同后评价进行管理

续表

序号	类型	工作内容
5	进度管理	（1）确定进度管理总体目标及节点目标； （2）编制项目进度计划及控制措施； （3）分析影响进度的主要因素，对进度计划实施进行检查和调整
6	投资管理	（1）制订投资管理制度、措施和工作程序，做好各阶段的投资控制； （2）管理、协调造价咨询单位； （3）组织概算全面审查工作，配合发展改革委、评审中心的概算评审工作，配合管理设计单位限额设计； （4）协助委托人编制资金使用计划，进行投资动态控制，定期编制投资管理月报、年报及投资控制报告； （5）审核并且确认造价咨询单位咨询成果文件的准确性； （6）招标控制价报审，对超过概算项说明原因，并报委托人招标委员会批准； （7）审批工程进度款、结算款、保修款，审核工程变更及签证并备案； （8）建立合同、支付、变更、预结算等各种台账，督促完善设计变更等程序； （9）定期组织召开造价专题会议，解决造价问题争议，建立投资控制台账； （10）审核工程结算并配合报审计局审定，负责跟踪审计进度，及时反馈审计意见，参与结算资料归档，在工程项目所有结算完成后书面通知委托人财务部门办理项目决算，配合办理竣工决算； （11）在工程竣工验收后，向委托人提交投资工作总结并报送资料室备案
7	工程技术管理	（1）对工程建设过程中的技术措施和技术方案进行审核、评价、分析； （2）解决施工过程中出现的设计问题； （3）组织设计方案优化，对工程建设新技术、新工艺、新材料进行研究论证； （4）对重要材料、设备、工艺进行考察、调研、论证、总结，从技术角度提出合理化建议或专项技术咨询报告； （5）组织设计单位进行技术交底； （6）对重点工序、重点环节的技术、质量进行控制； （7）处理工程建设过程中发生的重大技术质量问题
8	档案与信息管理	（1）借助专业的信息管理平台，分类编码整理，高效管理工程项目信息，保存能清楚证明与项目有关的电子文档资料直至项目移交； （2）对参建单位工程档案的编制工作进行指导，督促各单位编制竣工资料； （3）协助项目所有竣工资料的收集、整理、汇编，进行档案资料移交； （4）借助先进平台，对工程建设过程信息进行高效管理
9	BIM管理	（1）协调管理委托人另行委托的BIM咨询单位组织落实； （2）对项目BIM实施综合管理，审核项目BIM总体实施方案和各专项实施方案，保证项目BIM价值的实现；

续表

序号	类型	工作内容
9	BIM 管理	（3）规范 BIM 实施的软硬件环境，管理项目 BIM 管理平台； （4）审核招标投标文件 BIM 专项条款、项目 BIM 实施管理细则、各项 BIM 实施标准； （5）审查 BIM 相关模型文件、BIM 可视化汇报资料、管线综合 BIM 模型成果、BIM 工程量清单、BIM 模型"冲突检测"报告； （6）管线综合分析和优化调整，分析基于 BIM 的管线综合系统解决方案； （7）建立 BIM 实施的协调机制及实施评价体系； （8）审查相关 BIM 成果是否符合深工务署《BIM 实施管理标准》《BIM 实施导则》的要求，提交审查报告并负责成果验收； （9）协调辅助 BIM 咨询单位申报国内外 BIM 奖项
10	实验室工艺咨询管理	（1）调研实验室工艺需求并形成需求文件； （2）复核实验室工艺设计质量、进度、深度是否满足各阶段要求； （3）对实验室工艺流程调试、验收、检测、认证过程进行管理； （4）对实验室工艺全过程管理及使用反馈调研形成最终成果报告
11	施工管理	对项目实施过程进行质量、进度、安全及文明施工管理
12	竣工验收及移交管理	（1）组织项目相关参建各方办理项目专业验收和总体竣工验收申报手续； （2）协助进行项目专业验收和总体竣工验收，及时发现工程质量问题； （3）负责项目移交工作的管理

工程监理工作，主要包括施工准备阶段管理、施工过程管理、合同信息协调管理、保修及后续服务管理等。具体要求详见表 4-25。

工程监理工作内容　　　　　表 4-25

序号	类型	工作内容
1	施工准备阶段管理	（1）根据项目具体要求，对项目进行整体策划，编制监理实施计划和方案； （2）参与招标工作，对材料设备的技术参数或品牌档次提出意见或建议； （3）参与中标候选人投标文件的复核工作，提出意见或建议
2	施工过程管理	（1）编制监理规划、监理实施细则； （2）熟悉设计文件，并参加图纸会审和设计交底会议； （3）参加第一次工地会议，主持监理例会并根据需要主持或参加专题会议； （4）督促承包人严格执行合同和国家工程技术标准； （5）协调委托人和承包人之间的关系； （6）审核承包人提出的施工组织设计、施工技术方案、施工进度计划、施工质量保证措施和施工安全保证措施，审核承包人选择的分包商；

续表

序号	类型	工作内容
2	施工过程管理	（7）检查施工承包人工程质量、安全生产管理制度及组织机构和人员资格； （8）检查施工承包人专职安全生产管理人员的配备情况； （9）审查工程开工条件，条件具备时签发开工令； （10）审核承包人提供的材料、构配件和设备的数量及质量； （11）审查施工承包人提交的工程变更申请，协调处理施工进度调整、费用索赔、合同争议等事项； （12）施工期间工程量的计量、工程款支付、审查工程变更、签证及其费用等； （13）控制工程进度、质量，督促、检查承包人落实施工质量、安全保证措施； （14）组织分部分项工程和隐蔽工程的检查、验收； （15）参与工程竣工验收
3	合同、信息协调管理	（1）做好合同管理的各项协调工作； （2）协助委托人和项目管理团队签订合同； （3）协助委托人和项目管理团队整理报批报建资料； （4）督促承包人整理合同文件和技术档案资料； （5）协助委托人和项目管理团队收集、整理、归档工程资料
4	保修及后续服务管理	（1）检查工程状况，参与鉴定质量责任； （2）督促承包人及时完成未完工程尾项、维修工程出现的缺陷； （3）督促承包人回访； （4）协助委托人收集、整理、归档工程资料
5	其他	（1）协助委托人和项目管理团队办理其他与工程相关的事宜； （2）《建设工程监理规范》GB/T 50319—2013 规定的其他事宜

关于创新策划管理与课题研究工作，建设单位未做出详细要求。全过程工程咨询单位在实施过程中主要进行了提出创新技术应用、智慧工地、绿色施工建设等策划方案，并监督相关单位实施；针对项目需求管理、建设组织模式、变更结算等专业管理；结合项目工作实际开展课题研究。目前已形成报告、手册、书籍等研究成果。

4.4.3 深职院全过程工程咨询项目集群管理取得成果

深职院全过程工程咨询项目集群管理团队通过专业化的管理队伍配备、标准化的管理模式和现代化的管理手段，积极发挥集成管理作用，在项目建设管理中取得比较瞩目的成效。截至目前，已获得广东省优质结构工程奖、深圳市优质结构工程奖、深圳市安全生产文明施工双优工地奖；得到深圳市住房城乡建设局第二季度"红榜"通报表扬。深职院全过程工程咨询项目集群管理团队在建设单位 70 多家咨询服务的检查评比中荣获综合履约前 3 名、季度监理质量安全综合排名第 3 名等好成绩；工作成果获建设单位肯定，获得深职院和深工务署教育工程管理中心、深职院后勤基建处等部门机构的书面表扬。

4.5 本章小结

五洲·千城是国内较早提出"建筑服务业"概念、最先实践全过程工程咨询的创新型企业，其一直在积极探索服务内容与管理模式的创新。"全过程工程咨询服务＋项目集群管理"是五洲·千城的创新服务模式，也是企业未来业务的发展方向之一。五洲·千城正在开展"全过程工程咨询服务＋项目集群管理"的项目实践及课题研究，并取得一定的研究成果与实践经验。本书通过总结"全过程工程咨询服务＋项目集群管理"的相关成果，旨在与业界分享交流，亦是践行企业的社会责任，推动咨询行业的发展，促进建筑业的转型升级，提升社会经济效益，这也是本书的初衷以及希望呈现的效果。

第5章　深职院全过程工程咨询项目集群管理案例

深圳职业技术学院全过程工程咨询项目集群（以下简称深职院项目集群）是深圳市建筑工务署首个采用"全过程工程咨询服务＋项目集群管理"模式的试点项目，也是五洲·千城管理创新的重点项目。为实现建设目标、提升项目管理效能与社会经济效益，五洲·千城在综合考虑项目特点、建设需求、管理目标等的基础上，运用利益相关者、项目治理等理论，从组织架构、管理模式、运行机制、配套措施等方面积极创新。本章将从统筹管理、勘察设计管理、招标采购管理、投资管理、工程监理、工程项目信息化管理、课题研究等工作内容，详细介绍五洲·千城在深职院全过程工程咨询项目集群管理中的方法、技术与操作创新。

5.1　统筹管理

项目集群管理涉及多个项目，协调工作量大，风险因素与约束条件多，需在明确管理范围的前提下，运用项目治理等理论与方法，通过统一筹划、安排、指挥，实现管理效益与建设投资效益的提升。深职院全过程工程咨询项目集群管理采取"循环反馈、动态调整、持续优化"的方式进行统筹管理，具体从组织结构、策划方案、过程管控、人才培育、党建引领五个方面介绍。

5.1.1　集群组织结构

1. 利益相关者识别与分析

利益相关者分析有助于全过程工程咨询单位厘清工程相关各方主体之间的

管理关系，为组织结构的确定充实依据。

（1）利益相关者识别

在建设工程项目中，利益相关者通常是指因工程建设获利或利益受损的相关方主体。深职院全过程工程咨询项目集群管理委托方为深圳市建筑工务署教育工程管理中心（以下简称深署教育工程管理中心），即深职院全过程工程咨询项目集群的建设单位。深署教育工程管理中心是深圳市建筑工务署（以下简称深工务署）的直属单位，深职院全过程工程咨询项目集群建设组织管理受深工务署相关职能处室的监督管理，详见图5-1。

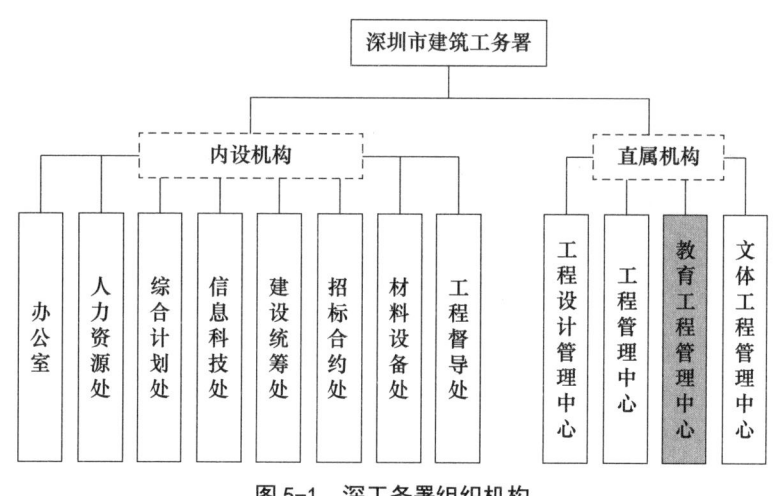

图5-1　深工务署组织机构

五洲·千城深职院全过程工程咨询项目集群团队（以下简称集群咨询团队）于2018年11月进场，受建设用地、可研修编、房屋拆除、周边环境等影响，进场时各项目建设条件不同、进展不一，如表5-1所示。虽然单个项目建设周期一般为2~3年，但是按照总控计划要求，最晚开工的华侨城项目将于2023年底竣工，前后历经5年时间。因此，集群咨询团队的投入、专业配备等随着各项目的进展动态调整，确保充分匹配建设需求，同时充分发挥人力资源效用。

深职院项目集群总建筑面积约35.6万 m^2，总投资约27.5亿元，5个项目分别立项，各自独立平行发承包，包括设计、咨询、施工、供货商在内的上百家单位共同参与建设，组织体系庞大，如表5-2所示。

全过程咨询单位进场时各项目建设进度 　　　表 5-1

项目编号	项目名称	建筑面积（m²）	总投资（亿元）	建设阶段
1	A、B 栋项目	63100	4.2434	施工图完成，总包招标
2	北校区项目	99300	8.0636	可研批复，准备初步设计
3	G 栋项目	76700	5.6042	可研修编，准备初步设计
4	体育项目	43500	3.6002	可研批复，初步设计
5	华侨城项目	73700	5.9608	可研批复，方案设计

深职院项目集群主要参建单位一览表 　　　表 5-2

项目	单位	名称
深职院项目集群	使用单位	深圳职业技术学院
	建设单位	深圳市建筑工务署教育工程管理中心
	全过程工程咨询单位	浙江五洲工程项目管理有限公司
	工程质量检测单位	深圳市建设工程质量检测中心
A、B 栋项目	勘察单位	湖南省勘测设计院
	设计单位	深圳市华筑工程设计有限公司
	施工总承包单位	中国建筑一局（集团）有限公司
G 栋项目	勘察单位	河南省地矿建设工程（集团）有限公司
	设计单位	建设综合勘察研究设计院有限公司
	施工总承包单位	中建一局集团建设发展有限公司
体育项目	勘察单位	深圳市市政设计研究院有限公司
	设计单位	深圳市华筑工程设计有限公司
	施工总承包单位	中建一局集团建设发展有限公司
北校区项目	勘察单位	深圳市勘察研究院有限公司
	设计单位	广东省建科建筑设计院有限公司
	施工总承包单位	中国建筑一局（集团）有限公司
华侨城项目	勘察单位	深圳市工勘岩土集团有限公司
	设计单位	广东省建科建筑设计院有限公司
	施工总承包单位	上海建工集团股份有限公司

（2）利益相关者分析

利益相关者分析是确定项目组织结构的重要一环。根据利益相关者对项目决策等影响程度的不同，可划分为核心利益相关者与重要利益相关者两大类。核心利益相关者是指与本工程建设直接相关且对工程建设目标产生主要且直接影响的利益群体，如建设单位、使用单位、全过程工程咨询单位、施工总承包单位、设计单位、材料及设备供应商等。重要利益相关者是指对工程目标无直接影响，但其言论、行为等会对工程建设目标产生间接影响的利益群体，在深职院项目集群中主要体现在建设主管部门、交通管理部门、财政部门等，详见表5-3。

深职院项目集群利益相关者分析　　　　　　表5-3

类型	利益群体	具体描述	利益相关事项
核心利益相关者	使用单位	深职院后勤基建处、相关学院	使用需求、项目使用时间、进度、质量、安全
	建设单位	工务署、署教育工程管理中心	各项目使用时间、质量、总投资
	施工总承包单位	各项目施工总承包单位	施工质量、安全、进度、成本、利润
	设计单位	各项目设计单位	设计质量、进度、成本、利润
	材料及设备供应商	与建设单位直接签订承包合同的分包单位和设备供应商	分包质量、安全、进度、成本、利润
重要利益相关者	深工务署职能部门	深工务署下设职能部门	工程质量、进度、安全、投资等监督检查
	建设主管部门	深圳市住房和建设局、各区域住房和建设局	建设手续办理、建设行为监管、主体质量监管
	投资主管部门	深圳市发展和改革委员会	建设资金拨付、立项及概算批复
	交通管理部门	深圳市交通管理部门	路口开设、交通影响评价
	施工图审查机构	各项目施工图审查机构	施工图审查

在深职院全过程工程咨询项目集群管理中，全过程工程咨询单位与各利益相关方之间的相关关系如图5-2所示。

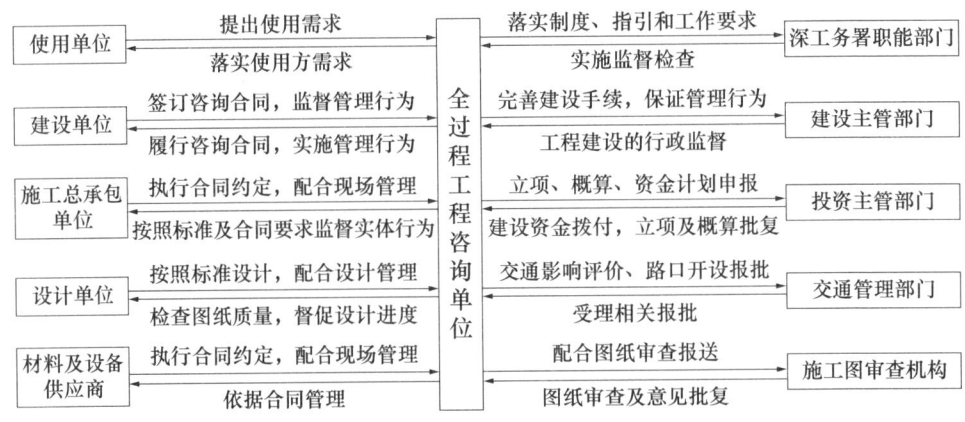

图 5-2 利益相关者分析图

2. 项目组织结构构建

（1）构建的基本原则

组织结构形式直接决定了全过程工程咨询服务开展的方式，影响着管理过程中的信息传递和指令落实。构建科学合理且有效率的项目组织结构是深职院全过程工程咨询项目集群管理服务的基础前提与核心工作。项目组织结构应综合考虑建设工程特点、建设规模、发承包模式、建设单位服务需求、参建单位合同结构以及项目定位等实际因素，遵循目标一致性、权责统一性、分工合理性和权利适度性的原则构建。

① 目标一致性。项目组织结构构建是为了实现项目最终目标，即按照合同要求实现委托方目标要求及相关各方的满意。项目集群组织结构应以实现整体目标为前提，且有利于各子项目目标实现。

② 权责统一性。权利是管理的前提，责任是权利的约束，两者相互依存，组织结构形式的选择需综合考虑权利和职责的统一。例如项目集群经理是经企业和建设单位授权，行使项目管理权利，履行项目管理职责的自然人，项目组织中各层级管理人员的职责权限则需要项目集群经理授权。

③ 分工合理性。工程项目的建设是多领域、多专业、多单位共同参与实现的，因此需建立科学合理且分工明确的组织结构，有利于提高项目集群管理效率。

④ 权利适度性。组织结构形式的选择需考虑集权与分权相结合，集中不集权，分权不分散。合理集权有利于保证组织的统一领导，适当分权则有利于激励下属的工作积极性。

（2）深职院项目集群组织结构

组织结构需明确组织内部包含的各种因素及其相互关系，一般包括部门结构、人员结构、权利结构、目标结构等，是项目治理制度框架的基础保障，是实施治理的关键。深职院项目集群整体组织结构可使项目各参建方服从统一安排形成的责、权、利关系；集群咨询团队组织架构可合理、科学地分配各部门的权利、义务，明确职责范围与相互关系，加强信息沟通与互相监督，从而为项目建设目标实现提供保障。

① 项目集群整体组织结构。

根据全过程工程咨询委托合同内容，集群咨询团队综合深工务署管理架构，同时充分考虑利益相关者需求，将深职院项目集群整体组织结构分解为三个层级，如图5-3所示。

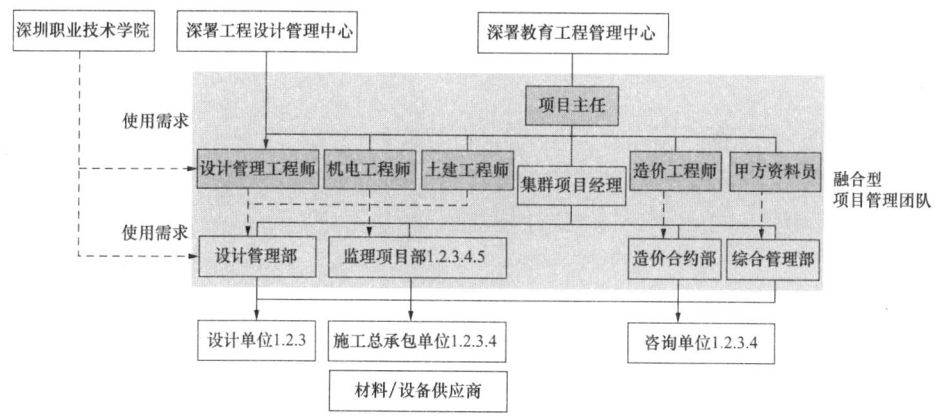

图5-3 深职院项目集群整体组织结构

第一层是由深署教育工程管理中心、深署工程设计管理中心与深圳职业技术学院共同组成，是集群核心的"决策层"，主要负责统筹集群总体建设目标，制定管理方针，及时发现管理环节问题，下达整改指令。

第二层是以深署教育工程管理中心深职院项目集群建设管理组（以下简称

深署教育工管中心项目组）和集群咨询团队为主体的"管理层"，主要负责跟踪、落实使用单位需求，执行深工务署各项管控制度，采用创新管理方法确保项目集群总体建设目标的实现，协调各参建单位，同时针对已偏离的目标及时采取纠偏措施。

第三层是以施工总承包单位、设计单位、咨询单位、材料及设备供应商等参建单位为主体的"执行层"，具体负责按照合同、图纸、管理层要求完成项目设计、施工、供货及安装等内容，严格执行管理方指令，及时反馈现场问题。

② 全过程工程咨询团队类型。

在全过程工程咨询项目集群管理实施过程中，全过程工程咨询团队的定位决定了工作汇报流程和对接端口。根据全过程工程咨询服务的特征，配合不同组织力量和专业化程度的建设单位服务需求，通常可以将全过程工程咨询团队定位划分为三种模式：管理型模式、融合型模式、咨询型模式，如图5-4所示。

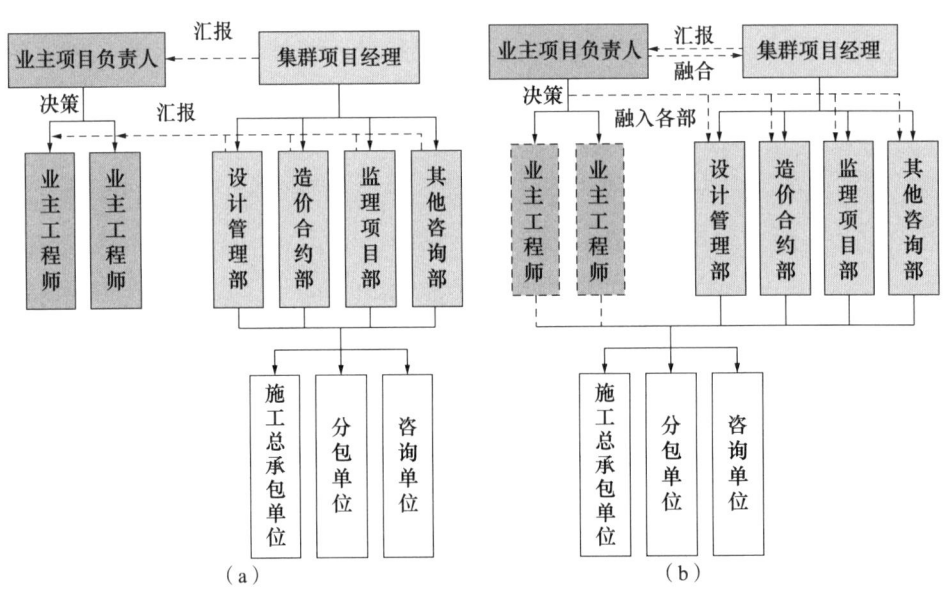

图 5-4 全过程工程咨询团队类型
（a）管理型模式；（b）融合型模式

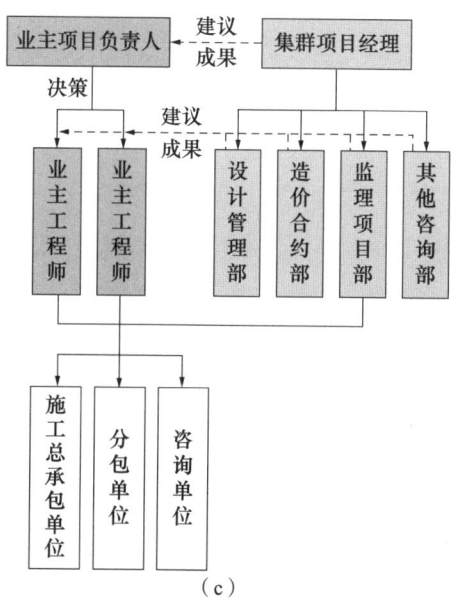

图5-4 全过程工程咨询团队类型（续）
（c）咨询型模式

管理型模式：通常适合自身未参与和承担过类似规模项目，经验缺乏的建设单位。其管理能力和专业能力相对较弱，且基建管理制度不健全。全过程工程咨询团队侧重协助建设单位治理项目，建立和完善基建管理制度体系，强化综合管理和协调，提供专业化服务。

融合型模式：通常适合具有类似规模项目的管理经验，专业性较强的建设单位。其管理能力及专业能力较强，相关基建管理制度、流程健全，但基建管理人员投入力量不足，需要全过程工程咨询团队补充和充实。全过程工程咨询团队将及时补位，与建设单位基建团队充分融合，强化项目执行，提供专业化服务。

咨询型模式：通常适合具有类似规模项目的管理经验，综合管理能力较强的建设单位。其管理能力及专业能力较强，相关基建管理制度、流程健全。在一定的专业技术领域管理方面缺乏经验，对专业咨询服务有需求。全过程工程咨询团队突出提供专业化咨询服务，强化执行和工作效率。

深职院项目集群建设单位为深署教育工程管理中心，是专业的政府工程建设管理机构，管理人员专业能力强，但其投入本项目人员少，专业人员兼岗多项目。同时，其归属单位深工务署具备比较完善的基建管理制度和监管制度。因此，全过程工程咨询团队在深职院项目集群中定位融合型模式，在建设管理过程中与建设单位充分融合。

③ 集群咨询团队组织架构。

集群咨询团队明确融合型模式定位，基于深职院项目集群利益相关者较多、参与各方组织和沟通较多、信息源较多、信息传递路径较长、存在交叉指令等复杂性，集群咨询团队管理人员在配备时重点考虑"系统""全面""充足"三个方面。

集群咨询团队与五洲·千城各机构之间共同构成强矩阵项目部模式，依托项目管理中心对项目经理的高度授权和支持，杭州千城·建筑集团股份有限公司（以下简称千城设计院）、五洲·千城投资咨询部门（以下简称五洲造价公司）、五洲·千城工程监理部门（以下简称五洲监理公司）、浙江五洲工程项目管理有限公司深圳分公司（以下简称深圳分公司）、博士后工作站对项目的专业支撑，达到强化专业水平、提升管理效能的目的。集群咨询团队对应配置设计管理部、造价合约部、监理项目部，综合管理部和专家顾问五个部门，见图5-5。组织结构各专业配备齐全，强化各团队之间的横向连接，有效实现各项目信息互通、资源共享，充分发挥项目集群集约优势。

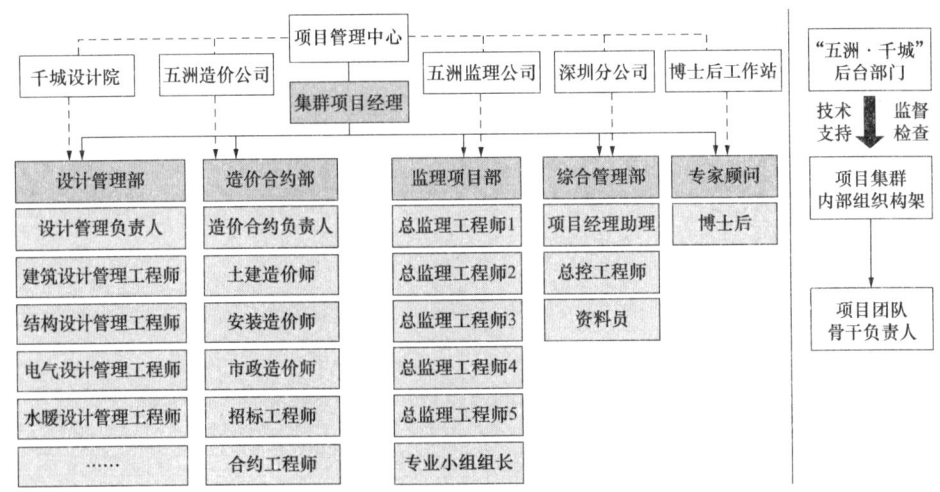

图5-5 全过程工程咨询集群团队内部组织架构

在深职院项目集群施工建设阶段，设计管理部、造价合约部、综合管理部与集群各项目的监理项目部之间，集群咨询团队与施工总承包单位之间均形成相互连接的协作架构。集群咨询团队内部协作架构如图 5-6 所示，集群咨询团队与施工总承包单位之间协作架构如图 5-7 所示。深圳职业技术学院全过程工程咨询项目集群项目经理（以下简称集群项目经理）对各部门负责人和 5 位总监理工程师进行考核。监理项目部执行项目固定岗位和集群共享岗位制度，项目固定岗位位于单个监理项目，集群共享岗位为深职院项目集群 5 个项目共享，5 位总监理工程师在集群项目经理统一协调下，保持高效的沟通，内部人员分工明确，较大地提高了深职院项目集群各项目管理人员的利用率和专业管理水平。

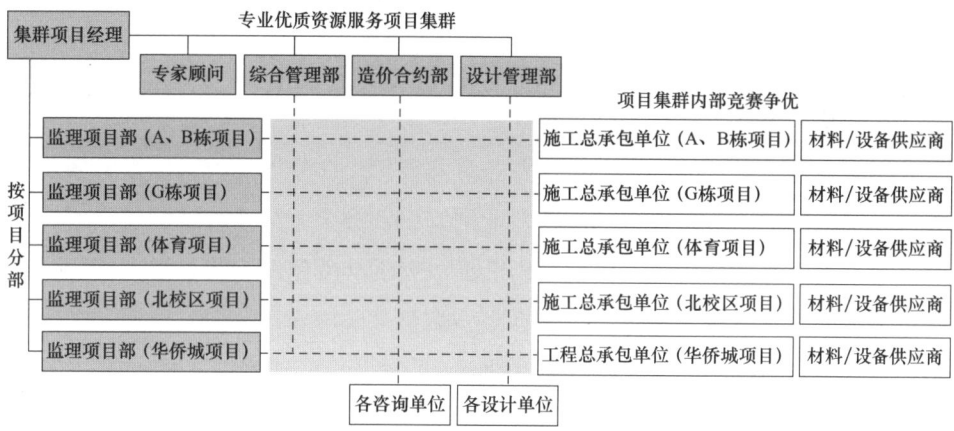

图 5-6 集群咨询团队内部协作架构

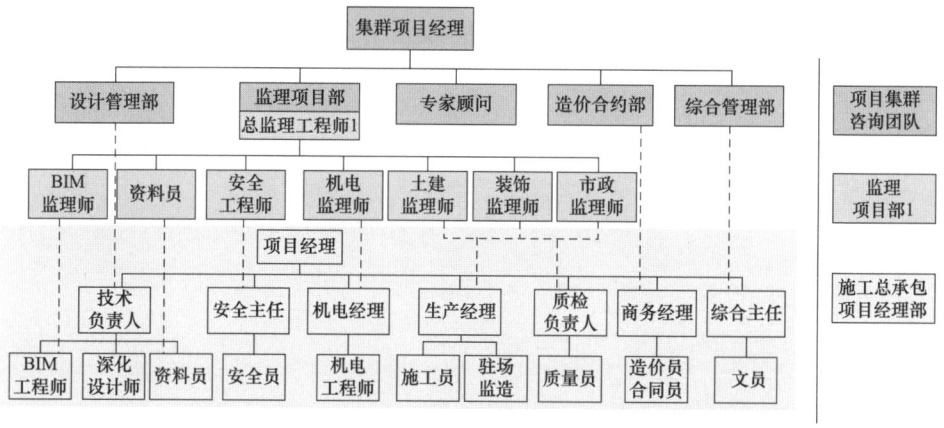

图 5-7 集群咨询团队与施工总承包单位之间协作架构

在图5-6的协作架构中，集群5个监理项目部与综合管理部、造价合约部、设计管理部之间通过搭建矩阵式组织结构，实现信息互通、专业支撑和资源共享，借助多专业优势实现对集群各项目的"集约化管理"。

当进入施工建设阶段后，管理重心由前期管理逐步转向以监理项目部为主导的现场管理。图5-7的协作框架更有利于集群咨询团队各专业与施工总承包单位有效对接，设计管理部对接技术负责人，造价合约部对接商务经理，综合管理部对接综合主任，这一协作框架充分发挥了集群咨询团队"专业广、人员多"的优势，有效缓解了总监理工程师的管控压力，使其可以将更多的精力投入到安全、进度、质量管理过程中。在监理工作推进过程中，设计管理部、造价合约部、综合管理部也可以为总监理工程师的决策提供支持。

④项目集群组织架构特点。

深职院全过程工程咨询项目集群管理组织架构具有以下特点：第一，总体组织架构分层设立，五洲·千城后台各专业部门提供技术支持，层级分明，职责分工明晰。第二，集群咨询团队专业配置比较齐全，有效缓解了建设单位管理人员配备不足的压力。通过设立内部横纵向的矩阵组织，集群咨询团队可有效打通各项目之间的沟通壁垒，更有利于信息共享的实现。第三，管理人员分批投入，与各项目建设进度相契合，管理人员之间可形成"传、帮、带"效应，有利于管理人员能力和专业性的整体提升。第四，在项目进入施工建设阶段后，设计管理部、造价合约部、综合管理部作为各监理项目部的协助部门，为总监理工程师决策提供支持，协助处理招标、造价、设计问题，增强各监理项目部的专业性，更有利于复杂问题的处理。

（3）集群咨询团队岗位职责：

组织架构为管理的有效实施制定"流程"，而岗位职责分工则为管理实施提供"约束"。根据深职院全过程工程咨询项目集群管理组织架构，集群咨询团队梳理了各岗位的岗位职责和主要工作内容，如表5-4所示。

深职院全过程工程咨询集群管理职能分工表   表5-4

类型	部门/主要成员	主要工作内容
五洲·千城后台支撑	项目管理中心	负责为项目启动、实施、收尾等管理工作提供后台支持，组建全过程工程咨询项目团队，保障实现项目目标。根据五洲·千城项目管理办法监督检查项目部各阶段工作成果。定期组织学习交流，促进团队能力提升
	千城设计院	负责为集群设计管理提供技术支持，协助审查设计单位初步设计及施工图设计成果，检查图纸深度及质量，参与重大技术问题处理
	五洲造价公司	负责为集群造价管理提供技术支持，审查造价咨询单位概算文本及施工图预算工程量清单和招标控制价，参与重大造价变更处理，参与审核工程结算以及重大合同索赔争议处理
	五洲监理公司	负责为集群监理工作提供技术支持，审查监理规划及各监理实施细则，参与重大质量安全问题处理，代表公司巡查集群各项目季度/月度检查项目质量、安全文明、内业资料等成果
	博士后工作站	参与集群相关课题和专著，指导课题调研、成果编制，牵头和审核专著编写工作
	五洲深圳公司	依托分公司资源，为集群提供专业技术支持，审核项目策划，对项目集群管理目标、质量目标、进度目标、投资目标进行科学管控，按月度检查项目质量、安全文明、内业资料等成果
项目核心团队	集群项目经理	负责项目目标管理，制定工作程序及相关管理制度，控制项目总体计划；负责项目团队机构管理、制定考核奖罚制度等；组织协调项目各层面参建单位关系，共同协作确保目标实现；参与各项重大问题决策，组织问题解决方案编制和落地，为决策层和使用单位提供技术支持；负责项目团队主要经济、技术、管理等成果的审批
	综合管理负责人	组织编制项目总控计划、设计阶段控制计划、招标采购控制计划、施工阶段控制计划，督促二级计划的编制和控制；负责管理项目集群建设过程中的各类资料及归档；编制项目集群各项管理方案、管理制度，并进行过程监督实施；负责项目联合党支部日常相关工作及文化宣传工作；组织协调相关会议，负责会议纪要编制及发放
	设计管理负责人	编制设计管理工作大纲、设计阶段控制计划，明确设计管理的工作目标和措施，明确内部设计管理工程师职责与分工；对接协调建设单位、使用单位与设计单位，落实使用功能需求；负责建设期各阶段的报批报建工作；组织各阶段各专业设计图纸（文件）审查，协调限额设计、技术交底，配合集群其他团队工作，管理BIM咨询单位工作

续表

类型	部门/主要成员	主要工作内容
项目核心团队	造价合约负责人	主动对接深署教育工程管理中心造价合约部、深署设计管理中心合约部，负责本项目的投资控制、招标采购、合同管理。依据分工内容设立投资管理组、招标采购组，开展具体工作事项
	A、B栋项目总监理工程师	经公司授权代表公司完成相关监理工作，组织监理部日常工作，接受各级监管机构的监督，各总监理工程师受项目集群项目经理协调管理；参与项目集群策划、施工图审核等并提出合理化意见；配合造价合约团队，参与招标文件编制，对施工承包界面、材料设备技术参数和品牌档次提出建议，对中标候选人投标文件进行复核；组织编制监理规划，审批监理实施细则，参与图纸会审和设计交底会议；主持日常监理例会和各项现场专题会议，处理现场日常协调工作；审核承包人提出的施工组织设计、施工技术方案、施工进度计划、施工质量保证措施和施工安全保证体系，审核承包人选择的分包商；检查施工承包人质量、安全生产管理制度及组织机构和人员资格，检查现场工程实体质量与安全文明生产措施投入；审查施工承包人提交的工程变更申请、签证，协调处理施工进度调整、费用索赔、合同争议等事项；组织分部分项工程和隐蔽工程的检查、验收，做好监理相关原始资料的收集、整理、归档，协助组织工程竣工验收；保修期间定期质量回访，如出现质量缺陷进行调查分析并确定责任归属，审核修复方案，监督修复过程并验收
	G栋项目总监理工程师	
	体育项目总监理工程师	
	北校区项目总监理工程师	
	华侨城项目总监理工程师	

5.1.2 集群策划方案

1. 集群策划方案编制

策划方案是统筹管理思想的进一步深化，为全过程工程咨询项目集群管理提供实施依据和路径，具有先行引领作用。为实现深职院全过程工程咨询项目集群管理目标，指导全过程工程咨询服务高效有序开展，集群咨询团队进场并在全面了解集群情况后，集群项目经理集中核心骨干团队，获取公司项目管理中心及各专业后台支持，组织编写项目集群策划。深职院全过程工程咨询项目集群管理策划方案主要考虑以下几方面：通过需求识别项目集群整体情况，明确深职院项目集群定位，分层级分类别梳理建设目标；通过对组织结构工作制度和工作流程的进一步细化明确,划分各岗位在不同项目中的角色职责,理顺项目实施过程中的指令、协调、沟通关系;通过各项目的重点难点及建设目标实施路径的明确,对各个项目之间的综合协调与资源调度优先级排序;通过总控计划与各项目标的管控分析,明确各阶段管理工作的重点与考核要求;通过标准化与创新管理提升全过程工程咨询服务。各部分内容详见表 5-5。

深职院全过程工程咨询项目集群策划主要内容　　　表 5-5

序号	策划项	具体内容
1	项目概况	各项目投资规模、建设规模、建设内容、进展情况
2	总体目标定位	项目集群总体定位、建设目标、建设理念
3	重点难点分析	项目建设重点难点、各专业管理重点难点
4	建管模式及组织架构	建设管理实施方案及管理总体架构
5	项目总控计划	项目集群及各项目关键节点计划
6	招标策划及设计管理	招标方式、招标范围、招标内容、招标组织等; 设计管理目标及措施
7	投资与进度管控	项目总投资分析及管控的主要措施; 总进度计划编制及进度目标实现的主要措施
8	质量与安全管控	质量目标及质量管控措施; 安全文明管控目标、安全风险分析及防范措施
9	合同管理与履约评价	合同研究分析策划与履约评价体系构建
10	信息化与标准化管理	数字化、智慧化、标准化建设措施
11	创新思路	创新管理的主要目标及措施
12	党建引领与廉政建设	党建组织策划、党建与业务工作融合措施

2. 管控目标与要点分析

为更好的管控深职院项目集群建设目标,集群咨询团队通过研究招标文件、合同等基础资料,结合建设单位、使用单位的建设与使用需求,梳理集群在投资、进度、质量、安全、运维、创新六大方面的管控目标,并通过目标分解逐步深化为涵盖各阶段目标和控制要点的三级管控清单,确立"自上而下层层分解,自下而上层层保证"的目标管理方针,如表 5-6 所示。

深职院项目集群管控目标与管控要点　　　　表 5-6

管控方面	管控目标			管控要点
	一级目标	二级目标	三级目标	
投资	全过程投资	设计阶段投资	工程概算	初步设计深度、工程量、定额及指标、材料设备询价、其他费用取费标准
		招标阶段投资	施工图预算	概算指标分解、施工图深度、工程量清单、工程定额、材料设备询价
		施工阶段投资	进度款支付	资金支付计划、工程计量、合同约定
			变更及签证	变更流程、签证手续、合同约定、材料设备询价
		结算阶段投资	结算、决算	结算审核、决算初审
进度	项目整体进度	项目年度进度	单项工程交付节点	进度计划编制、审核、检查、纠偏
质量	项目建设质量	设计质量	方案设计	设计任务书落实情况、专家工作坊评审、设计方案比选、主要指标复核
			初步设计	设计完整性、设计标准符合性、特殊专业设计（实验室、厨房）
			施工图设计	设计深度、是否满足招标文件及招标控制价编制要求、专家论证、施工图审查程序
			设计变更	变更依据、对相关专业影响
		施工质量	材料质量	材料进场报验、第三方检测、材料抽检、见证取样、平行检验
			构件质量	驻场监造（预制构件）、出厂检测、进场复验、第三方检测、平行检验
			设备质量	驻场监造（重要设备）、出厂检测、进场复验、第三方检测、平行检验
			工艺质量	施工组织设计审查、施工方案审查与交底、平行检验、验收流程及质量
安全	施工安全	施工现场安全	设备安全	施工机械设备进场检查、日常巡检、专项检查、人员持证上岗
			人员安全	三级安全教育、安全技术交底、日常巡检、安全防护设施、夜间施工照明
			风险管理	危险性较大分部分项工程清单、风险源辨识、应急演练、应急储备物资
		场外安全	校内安全	施工场地分离、车辆专人引导
			校外安全	车辆运输安全
运维	使用者满意度	使用者需求	建筑功能	学生、教师等使用者需求识别与分析
创新	集群建管模式	深职院集群管理总结	管理经验	论文、专著以及相关标准

3. 集群策划方案评审

为使深职院全过程工程咨询项目集群管理策划方案更加完善，项目集群建立了严谨的策划方案评审流程，如图5-8所示。首先，由集群咨询团队编写项目策划方案，并进行策划方案的内部自查后，报请深署教育工管中心项目组与五洲·千城项目管理中心审查。深署教育工管中心项目组和五洲·千城项目管理中心组织专家评审并给出评审意见后，由集群咨询团队根据专家评审意见对项目策划方案进行修改与完善，直至方案审查通过。随后，将修改后的策划方案上报深署教育工程管理中心评审，评审通过后提请深署策划管理委员会审定，最终以深署策划管理委员会审定的项目策划方案作为全过程工程咨询工作开展的指导和依据。

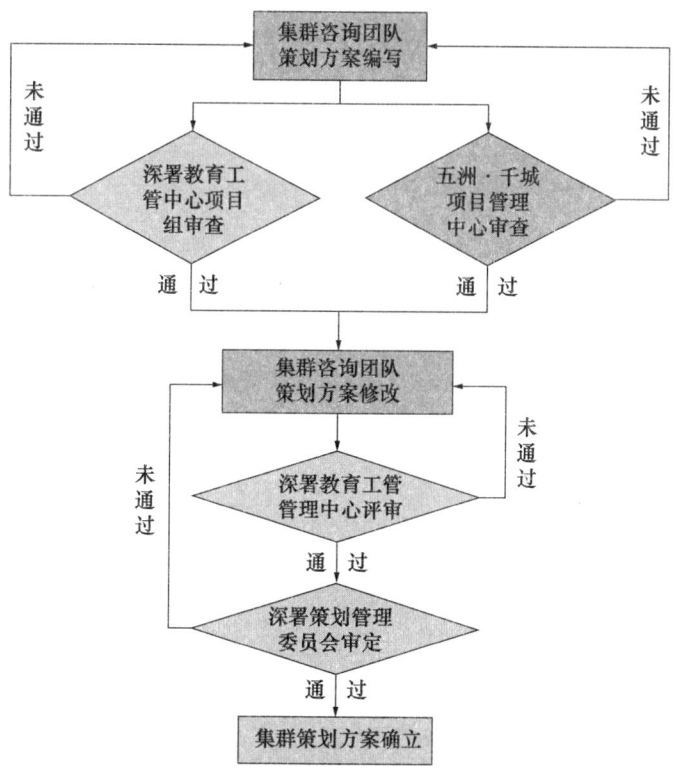

图5-8 集群策划方案评审流程

5.1.3 集群过程管控

过程管控是项目建设目标实现的重要保证。深职院全过程工程咨询项目集群管理从管控流程、管控制度、管控机制以及管控措施四大方面建立完善的集群过程管控体系。

1. "前—中—后"全过程管控

基于全过程管理理论，以参建单位履约开始、进行与结束为分界，建立"事前—事中—事后"全过程的管控流程。

（1）事前管控要点

事前，指在各参建单位开始履约之前。事前管控内容主要有两大块：一是针对参建单位的管理制度宣贯，例如深工务署主要管理制度、现场管理要求的宣贯；二是集群咨询团队内部合同交底，借助合同交底使集群各部门充分了解中标单位情况以及招标文件和合同约定，为审核实施方案与计划等奠定基础。事前管控的目的是更有效地做好事中管控，使事中管控更具针对性、合理性。

（2）事中管控要点

事中，指各参建单位开始履约直至履约结束之前。事中管控是管控最重要的阶段，包括对表5-6中投资、进度、质量、安全、运维、创新等各方面的管控，其管控要点详见表5-6。事中管控充分应用组织协调、管理措施、管理制度等有效管控手段，借此达到提升服务质量、实现建设目标的目的。

（3）事后管控要点

事后，指各参建单位履约结束之后。事后管控主要是组织对参建单位的最终履约评价，要求编制各单位工作范围内的实施总结，积极处理价款结算和款项支付等工作，并有序地组织相关单位退场和移交。此阶段管控要点为履约评价和总结以及进度款支付。通过履约评价和总结，系统的评价、分析管控过程中的不足和有效经验，形成工作指引用以指导后续项目工作。

2. "奖惩并行"的管控制度

为激励参建单位，除项目管理常规管理制度外，另从"奖""惩"双向增设竞赛争优机制、专业监督机制、警示预告制度。

（1）竞赛争优机制

考虑到集群项目参建单位众多，为进一步激发参建单位的积极性，设立竞赛争优机制，设立"质量""安全""进度"三大类竞赛内容，以及"流动红旗""警示黄旗"两大竞赛结果。评价依据"深圳市建筑工务署季度质量、安全"评分及排名结果，竞赛结果与履约评价相挂钩，从而激发参建单位的履约积极性，促进质量管理、安全管理和进度控制的效能。

（2）专业监督机制

集群咨询团队抽调专业人员组成专业监督巡检小组，如土建巡检小组、机电巡检小组、安全巡检小组、资料巡检小组等，采取定期与不定期相结合的方式，对各子项目进行专项随机巡视检查。根据巡检现场情况进行评价，并形成巡检报告在集群咨询团队内部通报，对优秀创新做法给予鼓励推广，对有缺陷、有问题的做法建立销项台账，将责任落实到人，督促整改。

（3）警示预告制度

警示预告制度是指基于履约评价管理制度，当全过程工程咨询单位发现参建各方不能严格履行合同，例如施工单位存在质量问题、安全隐患、进度滞后或者存在其他不配合管理的行为时，由集群咨询团队向承包人签发履约警示预告单，并按合同规定进行经济处罚。

3. "层次分明"的管控措施

深职院全过程工程咨询项目集群管控措施还体现在会议协调、制度约束、监督检查等方面。除日常的监理例会、设计例会、专题会以外，通过组织质量、安全、进度总结大会，通报各项目进展、问题和特色亮点，各主体参建单位之间充分沟通、交流、学习，提升各项目的管控质量。此外，加强制度约束和现场巡查，集群咨询团队在集群管理制度框架下，对各专业管理制度进行深度优化并确保其实施可行性,以此规范各参建单位的履约行为,使深职院项目集群总体平稳运行。以下主要介绍集群分类管控和分级处罚制度措施。

(1)分类管控措施

根据表 5-6 中的管控目标,针对投资、进度、质量、安全、运维、创新六个方面,分别制定具有可操作性的管控措施。以投资管控措施与进度管控措施为例分析:

① 投资管控措施。投资管控措施主要为动态警示。动态警示是指根据工程概算分解,制定单项投资预警措施,从施工图预算、招标控制价、投标报价、过程联系单控制、争议处理、工程结算各环节进行投资预警。通过动态投资预警,有助于实时掌握投资完成情况,以便及时采取纠偏弥补措施,确保项目结算控制在工程概算范围内。

② 进度管控措施。进度管控措施主要为进度推进会。进度推进会是在日常例会、专题会议、集群总结会以外,每月定期组织的进度专项会议。进度推进会主要工作为:根据总控计划分解到月度计划,进行工期研判分析,紧盯关键线路,把控关键节点,严肃处罚措施,制定纠偏方案,压实主体责任,确保围绕总控计划如期完成。

(2)分级处罚措施

分级处罚措施是指当参建单位存在履约质量下降或违约行为时,集群咨询团队可采取的一系列违约认定和处罚措施。分级处罚措施主要包括履约警示处罚、经济处罚、法定代表人约谈、停标处罚等。根据履约质量下降或违约行为造成的后果严重程度,实施分级处罚。例如程度较低时采用履约警示处罚和经济处罚;存在严重质量、安全问题或者严重履约问题时,采取法定代表人约谈及停标处罚。

5.1.4 集群人才培育

人才始终是生产资源中的第一要素。人才培育以及队伍建设对集群项目管理至关重要。深职院全过程工程咨询项目集群管理建立了一套比较完善的人才建设体系,主要包括全员化内部学习机制与梯队化人才培育模式。

1. 全员化内部学习机制

（1）设定考核性学习内容

为了提升专业人员的专业知识与专业技能，根据项目特点及各专业知识、能力、素养要求，设计专业针对性的学习内容，并将学习过程与学习结果相结合作为考核评价标准，鼓励全员学习。主要包括两大方面：一是利用五洲·千城已有的"魔学院平台"，结合深职院项目集群特点，设定设计、BIM、造价、监理、招标等专业学习内容，将"魔学院平台"平台学习积分、学习测验成绩作为考核标准。二是各专业自行组织的内部学习与考试，如监理内部学习，将设计图纸、监理程序、施工工序、深工务署要求等内容形成考试题目，定期组织项目监理部专业人员进行内部学习，以学习测验得分作为评价标准，督促人员学习。

（2）建立交流性学习平台

为促进项目间、专业内部的经验交流分享，以及普适性知识全员学习，建立交流性学习平台，主要包括：

① 公司层面组织的交流学习活动。例如五洲·千城深圳分公司组织的"全过程工程咨询项目沙龙"，分公司领导、项目经理、专业负责人等共同参与，探讨全过程工程咨询项目管理经验，分享优秀管理方法，提升管理效能；例如分公司各专业组定期组织的专业提升和交流会议。

② 项目层面组织的交流学习活动。例如集群咨询团队建立的全体成员学习培训会，该学习培训会每周三定期举行，学习内容主要为政策文件与标准解读、管理理论与方法学习、专业知识与技术技能分享三大类，同时鼓励大家进行爱好和工作收获分享。

此外，还积极鼓励员工参与深工务署或深署教育工程管理中心组织的优秀项目经验交流会，学习（效仿）其他项目的优秀做法、先进工艺和管理经验。

（3）制定鼓励性学习政策

为鼓励员工积极学习，制定了一系列鼓励学习政策，例如鼓励员工参与执业资格考试，若通过执业资格考试，报销报名费用并给予工资提升；例如鼓励员工开展课题研究以及论文撰写，给予研究经费支持以及相关奖励。

2. 梯队化人才培育模式

为建立科学合理的人才梯队以及保证人才储备，建立梯队化人才培育模式，主要从层级性培养制度与师徒制培养方式两个方面开展工作。

（1）建立层级性培养制度

构建"项目负责人—储备干部—高潜人员—管培生—实习生"五层级的人才培育制度，通过青年发展联盟、星洲计划、春笋计划、新星计划训练营等不同培养计划，选拔人才结构上不同梯队的优质青年进行人才培养。

（2）实行师徒制培养方式

创新式建立"课题导师—项目导师"双轨的师徒制培养方式，即通过与高校合作，聘请高校研究人员担任课题导师指导选拔人员参与课题研究，同时聘请具有项目经验的老员工担任项目导师，传授项目实践经验。通过这种双轨式的师徒制培养，提升培养对象理论联系实践的能力，促进其知识、能力、技能、素养的多位一体。

5.1.5 集群党建引领

党建引领是深职院全过程工程咨询项目集群管理的重要抓手。深职院项目集群参建单位多，坚持"围绕项目抓党建，抓好党建促发展"的党建目标，发挥党员基数大的优势，使党建工作成为工程建设的"导航仪"。通过丰富多样的"党建＋"活动，加强团队的思想建设、廉政建设和制度建设，凝聚参建各方力量，努力实现"打造百年的精品，传承千年的品牌"的美好愿景。

1."双架构"组织形式

深职院项目集群临时党支部的设立目标是服务项目建设。为有效推进项目基层党组织共建下的党建与业务"双融双促"机制，深职院项目集群临时党支部采用"双架构并行"组织，分别为党组架构和纪检架构。党组架构是在深工务署党委统筹领导下，联合建设单位、使用单位各机关处室部门、全过程工程咨询单位以及各项目其他参建单位设立的集群联合党建机构，按照项目分设5个党小组。纪检架构是由项目集群各参建方共同组建纪检监察小组，负责纪律监督工作，同时由群众自行选举、推举纪律监督员，负责配合纪律监察小组开展日常项目纪律检查工作，充分接受群众监督。

2. "双中心"责任制度

完善健全制度和阵地建设是项目党建工作开展的基础。深职院项目集群临时党支部密切联系各建设单位和紧密联系群众，设立围绕以"项目建设为中心"和"以人民为中心"的双中心责任制度。在项目建设过程中同步部署党建工作，将党建工作计划融入项目建设计划中，做到党建工作与项目工作同步开展、互相促进。在阵地建设方面，各项目均规划办公区域用以建设党建会议室、电子阅览室（图书室）、文体活动室、运动场等党群活动中心，因地制宜抓好党建阵地建设，营造浓厚党建氛围。

3. "双目标"党建活动

深职院项目集群党建工作与目标管理紧密贴合，"党建＋安全""党建＋质量""党建＋进度""党建＋防疫""党建＋关怀"等"党建＋"活动贯穿项目集群建设始终。例如"党建＋安全"活动，围绕安全管理目标展开，各参建主体共同签署安全生产责任书，成立党员安全先锋检查组，确立围绕安全抓党建，抓好党建促安全的"党建＋安全"管理方针。在后续的日常管理过程中，安全先锋检查组成为安全管理的关键一环，在安全隐患排查、工人安全教育、安全主题宣讲、安全规章制定等诸多方面充分发挥党员先锋模范带头作用，安全管理形式有较大程度的改变，也较好地提升了安全管理质量，见图5-9。

在防疫防控形势比较严峻的2020年，深职院项目集群临时党支部充当疫情防控的排头兵，一方面积极严格落实人员入场检测、体温监测和核酸检测，确保项目劳动力配备充足，工期不受影响；另一方面积极组织防疫安全教育培训，储备和发放防疫物资，同时建立应急响应机制，组织防疫应急演练。自2020年4月至2021年4月，在深职院项目集群临时党支部的带领下，项目集群始终保持"日常消杀全覆盖,核酸检测全覆盖、疫苗接种全覆盖",积极响应国家和地方疫情防控要求,在确保项目有序推进的同时,极大地提升了项目集群凝聚力。

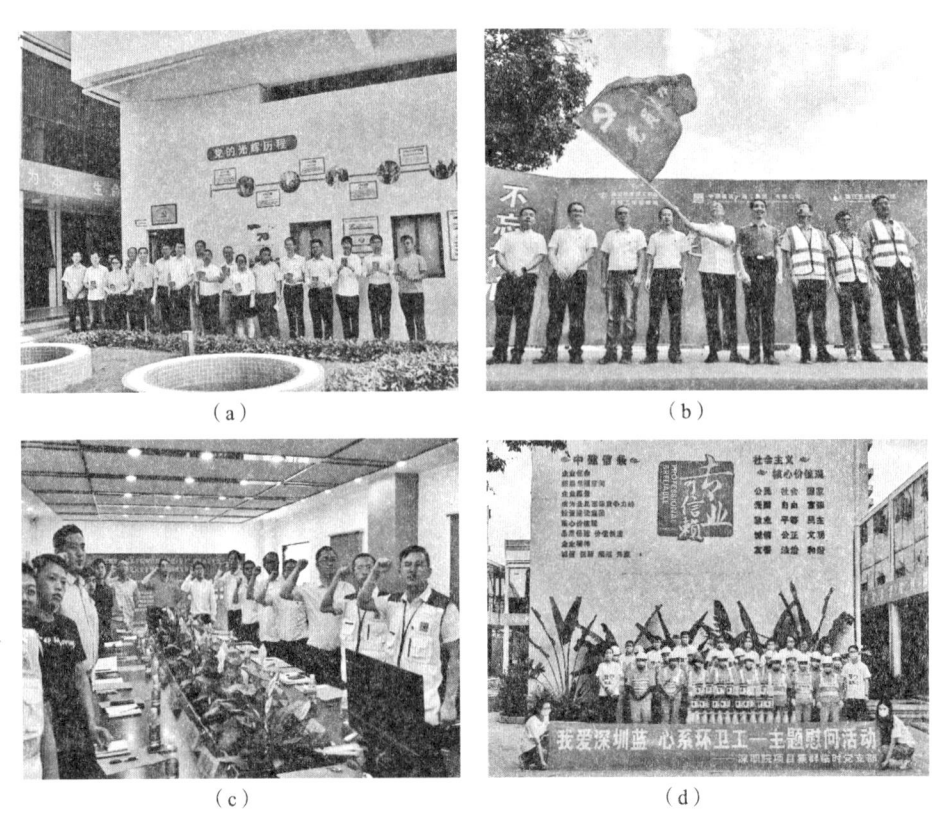

图 5-9 "党建+活动"展示

(a)党支部成立;(b)党建促生产誓师大会;(c)"党建+安全"专题活动;(d)党建慰问活动

深职院项目集群临时党支部将各项目流动党员组织起来,一方面发挥临时党支部在质量安全管控工作中攻坚克难的战斗堡垒作用和党员先锋模范作用;另一方面发挥党员在项目与工人之间的桥梁纽带作用,改善劳务作业人员的工作环境、生活环境,并全力保障深职院项目集群的安全生产活动,从而达到党建促生产的成效。

5.2 勘察设计管理

勘察设计是工程项目建设活动中非常关键的一个环节，包含建设工程勘察和建设工程设计两大部分内容。建设工程勘察是指根据建设工程要求，查明、分析、评价建设场地的地质地理环境特征和岩土工程条件，编制建设工程勘察文件的活动。建设工程设计是指根据建设工程要求，对建设工程所需的技术、经济、资源、环境等条件进行综合分析、论证，编制建设工程设计文件的活动。

勘察设计管理是指勘察设计管理方为保证建设工程的顺利进行、满足使用者使用需求而对勘察设计活动采取的一系列有计划、有组织的统筹、协调、监管行为。勘察设计管理通过对勘察设计活动的过程管控，使设计进度满足项目进度要求；通过对各阶段勘察设计成果文件的质量管控，实现建筑功能目标和建设项目投资管控目标；通过对勘察设计专项管控，提升建设项目社会效益，如环保节能。

在全过程工程咨询项目中，全过程工程咨询团队为勘察设计管理方，对建设工程实行全过程勘察设计管理工作，即从决策阶段直至使用阶段的勘察设计活动管理。为更好地实现设计管理目标，深职院项目集群勘察设计管理通过优化设计管理组织架构、细化全过程设计管控要点、统一项目集群设计标准、共享设计管理资源、实时传递设计管理经验等方式提升管理效能。

5.2.1 集群模式的设计管理组织架构

深职院项目集群包含同一高校中相互独立又相互关联的 5 个项目。因此，在充分分析 5 个项目进度要求的基础上，征得使用单位与建设单位同意后，全过程工程咨询单位根据设计管理服务内容和深职院项目集群特点，组建了一个适合深职院项目集群的设计管理部。

1. 集群设计管理部

深职院项目集群设计管理部由项目集群设计管理负责人、各专业设计管理工程师与报建工程师组成，并在五洲·千城技术咨询后台、深圳分公司设计管理后台和专家顾问共同支持下，组成深职院项目集群设计管理团队，如图 5-10 所示。设计管理部由集群项目经理直接领导。

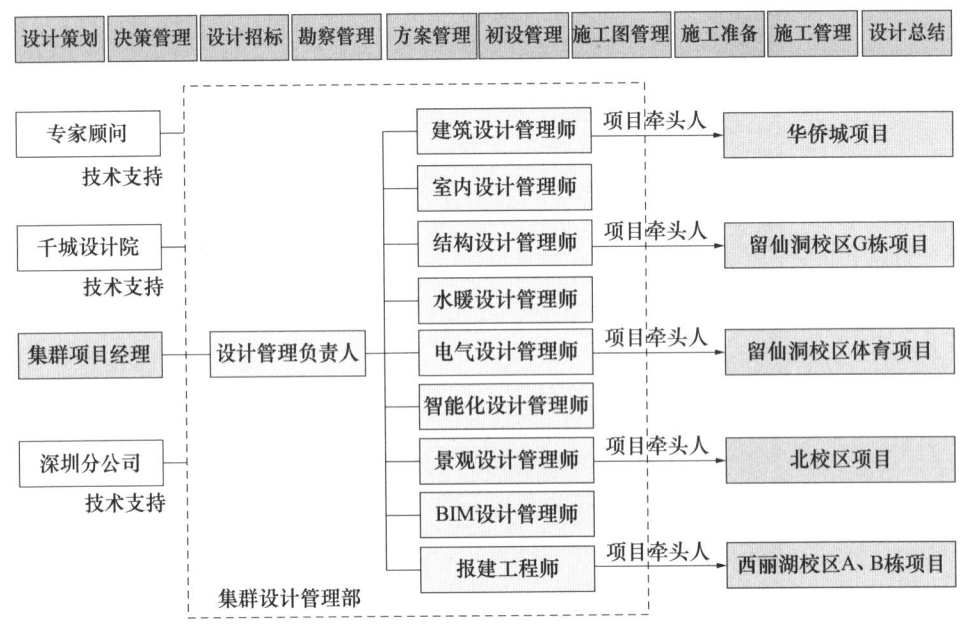

图 5-10　深职院项目集群设计管理部组织架构

设计管理部各岗位有明确的职责分工。设计管理负责人对项目集群设计管理工作负责，岗位职责主要有：组建设计管理部，制定部门管理制度，制定设计进度表和资源需求表，审核设计咨询成果文件，统筹安排项目集群设计管理工作，负责部门外的工作沟通和协调。各专业工程师接受设计管理负责人的统筹安排，负责项目集群的专业设计管理工作，岗位职责主要有：参与技术咨询文件的编制、咨询或设计成果文件审查，参与相关专业会议并提出咨询意见等。5 个项目分别指定 1 名专业工程师为项目牵头人。项目牵头人负责主持常规设计管理工作，并向设计管理负责人反馈信息，岗位职责主要有：（1）负责设计过程管控，包含项目全过程与设计相关的管理工作统筹或配合；（2）参与项目的报批报建工作；（3）组织各项目技术资料编制或审核；（4）组织设计成果文件（图纸、报告、计算文件等）审查；（5）配合其他专业部门工作；（6）资料整理和归档等。

2. 设计管理支持团队

为提升各项目设计管理的效能，公司构建了三个层级的设计管理支持团队，包括五洲·千城专家顾问团队（以下简称专家顾问）、千城设计院总师办（以下简称总师办）、深圳分公司设计管理组（以下简称设计组）。

专家顾问为各项目设计管理中存在的重点难点问题提供技术咨询意见。总师办配备专职审图师，负责各项目技术咨询文件和设计成果文件的审查。设计组负责监督检查项目设计管理工作，协助解决设计管理工作的重点难点问题，指导技术咨询文件的编制，协助设计成果文件审查等。相对"前端"的项目设计管理团队，设计管理支持团队被称为咨询"后台"。

3. 设计管理运作模式

深职院项目集群设计管理工作采用集中分散制的设计管理运作模式。集中分散制的核心思想是指"集中"管理设计管理人员和"分散"执行设计管理工作。

以工作制度、岗位职责等为依据，设计管理负责人对项目集群设计管理人员进行"集中"管理，并根据各项目需求统筹安排工作。设计管理负责人利用公司信息管理平台监管各项目设计管理情况，利用通信软件搭建虚拟沟通平台，通过设计管理例会了解各项目信息，协调部门内部工作，讨论重点难点问题等。

集群各项目设计管理工作是相互联系但又相互独立的。设计管理部成员需"分散"至各项目执行具体工作。为保障各项目设计管理工作有条不紊地进行，集群项目经理会同设计负责人，选定1名与项目特点相匹配的项目牵头人全程跟踪相应项目设计管理工作。例如为介入工作时处于方案设计阶段的华侨城项目指定建筑设计管理师为项目牵头人；为建筑结构类型复杂的体育馆（场）项目指定结构设计管理师为项目牵头人。项目牵头人反馈各项目信息至设计管理部，设计负责人根据项目需求调动各专业工程师和设计支持团队支持该项目的设计管理工作。

全过程设计管理工作对管理人员的专业技术知识、管理水平和服务意识有较高要求，能满足要求的复合型人才资源有限。不同阶段的工作重点不同，各工作任务的人才需求也不同。为了根据各项目需求合理匹配设计管理人员，设计管理部将全过程设计管理工作内容进行归纳分类（报批报建、勘察设计过程管理和技术咨询），并对各类工作内容进行举例说明，如表5-7所示。其中，报批报建工作由报批报建工程师负责，并在项目牵头人和各专业工程师的配合下开展工作。勘察设计过程管理工作由各项目牵头人负责，在各专业工程师的支持下开展工作。技术咨询的工作内容由设计负责人带领项目牵头人和各专业工程师，在设计管理支持团队的支持下开展工作。

全过程设计管理清单　　　　　　　　　表5-7

建设项目过程	工作内容	设计管理主要工作内容		
		报批报建	勘察设计过程管理	技术咨询
研究和决策阶段	建设意图	(1) 协助项目建议书申报； (2) 协助可行性研究申报； (3) 协助环境影响评估、交通影响评价、节能评估、水土保持方案、地质灾害危险性分析等文件申报； (4) 编制报批报建进度计划		—
	调查研究		(1) 设计管理策划； (2) 编审设计管理进度计划； (3) 审核设计进度计划	需求调研、识别和分析，并编制概念设计任务书（需求转化）
	立项阶段			(1) 项目建议书审核； (2) 可行性研究审核
勘察设计阶段	勘察	—	跟踪现场勘察作业、报告撰写进度	(1) 勘察方案审核； (2) 初步、详细勘察报告审核
	方案设计	(1) 组织工程规划许可证、人防、消防、燃气、水土保持等文件申报； (2) 配合概算申报	(1) 需求管理； (2) 组织或参与各项会议； (3) 跟踪落实批复、会议、评审意见； (4) 组织设计优化工作； (5) 组织专项技术论证； (6) 组织材料样板确认； (7) 其他日常管理工作	(1) 协助各阶段设计任务书编审； (2) 各阶段设计成果文件审核； (3) 各特殊专项设计文件审核
	初步设计阶段			
	施工图设计阶段			
施工阶段	施工前准备	(1) 组织新工艺、新材料考察； (2) 组织施工许可证申报； (3) 组织绿色建筑设计标识申报	(1) 配合编制招标投标文件； (2) 组织设计交底和图纸会审	—

续表

建设项目过程	工作内容	设计管理主要工作内容		
		报批报建	勘察设计过程管理	技术咨询
施工阶段	施工阶段	—	（1）设计变更管理； （2）现场施工配合； （3）组织效果落地检查； （4）配合组织关键隐蔽工程验收	变更文件审核
	竣工验收	（1）组织消防验收申报； （2）组织竣工验收	（1）配合编制建筑使用说明书、房屋维修手册等； （2）组织设计文件整理和归档	竣工图审核
使用阶段	运营维护	组织绿色建筑运行标识申报	（1）设计管理总结； （2）使用后评估	—

注：报批报建工作应根据当地相关主管部门的要求组织实施。

5.2.2 集群模式全过程设计管理要点

基于合理的项目集群设计管理组织架构，把控项目集群模式下的全过程设计管理要点，是提升设计管理工作效能的关键。

设计管理负责人组织设计管理部成员，通过调研业主需求，研究国家、地方政策文件和传统设计管理工作内容、管控要点等，结合招标文件和合同要求，按项目建设阶段梳理项目集群全过程设计管理要点。设计管理要点包含设计管理策划、决策阶段管理、设计招标管理、勘察管理、方案设计管理、初步设计管理、施工图设计管理、施工准备阶段设计管理、施工阶段设计管理、设计管理总结、设计管理增值服务 11 个方面，如表 5-8 所示。

全过程工程咨询模式下的勘察设计管理要点　　　　表 5-8

阶段	名称	重点工作内容	管控要点
决策阶段	设计管理策划	编制项目集群设计管理总体进度计划；编制设计管理策划文件	项目条件分析；策划定位；设计策划文件的进度、质量管理；建立内外沟通协调机制

续表

阶段	名称	重点工作内容	管控要点
决策阶段	建议书编制管理	组织项目建议书的编写、审核；协助项目建议书的申报	同类项目考察；使用需求调研与确认；项目场地条件调研；建设目标细化；项目建议书编写的质量和进度管理
	可行性研究管理	组织可行性研究报告的编写、审核和申报；协助环境影响评估、交通影响评价、节能评估、水土保持方案、地质灾害危险性分析等文件申报	资料分析；补充调研；重点难点分析和关键信息确认；可行性研究报告编写的质量和进度管理；相关报批报建工作进度把控
勘察设计阶段	配合设计招标	配合造价合约部优选发包方式；编制设计任务书；协助招标文件和设计合同编写；设计合同管理	确保设计任务书内容与确定的项目条件和需求一致；招标文件和合同重点内容把控
	勘察管理	配合造价合约部进行勘察单位招标或委托；参与勘察合同签订；审核勘察方案；勘察成果审查和勘察成果文件分发和归档管理	审核勘察方案；跟踪现场勘察作业和报告撰写进度；组织初步勘察报告和详细勘察报告的审查
	方案设计管理	编制方案设计任务书；组织召开设计前交底沟通会、方案设计过程沟通交流；组织方案设计中期汇报评审会；跟踪落实修改中期评审会修改意见；组织方案设计内审和外审，落实评审会修改意见；组织工程规划许可证申报；方案报批稿归档	对使用需求进一步梳理和确定；方案设计的进度、质量和投资管理；相关报批报建工作进度把控；方案材料样板确认
	初步设计管理	编制初步设计任务书（含限额设计指标）；组织召开设计前交底沟通会、初步设计过程沟通交流；组织初步设计内审和外审；落实初步设计评审会修改意见；配合初步设计概算申报；组织消防、人防等报批；初步设计文件归档	初步设计任务书技术要点把控；组织论证超大空间、特殊技术、特殊工艺的可实施性；组织新技术、新工艺、新材料、新产品考察和认证；协同各分项设计（室内、景观、幕墙、泛光等）和其他专项方案的设计；配合概算申报、修改；设计优化；初步设计的进度、质量和投资管理
	施工图设计管理	编制施工图设计任务书；组织召开设计前交底沟通会；施工图设计过程沟通交流；组织施工图图纸内外审查；落实修改审图修改意见；组织各专项和审查；施工图成果分发和归档	施工图设计任务书技术要点把控；组织特殊专项技术论证；材料样板确认；施工图设计的进度管理；协同审查限额设计情况；施工图审查

续表

阶段	名称	重点工作内容	管控要点
施工阶段	施工准备阶段设计管理	组织施工许可证、绿色建筑设计标识申报等；配合编制招标投标文件；组织图纸会审和设计交底	招标文件专业技术要点把控；图纸会审进度和要点把控；各专业重点难点部位交底
	施工阶段设计管理	督促二次深化设计；设计变更管理；样板选材及设备选型；组织设计现场巡检；重点难点问题组织专家设计论证会；施工过程设计资料归档	二次深化设计审核；设计变更管理制度和流程的制定和宣贯、变更文件审核、分发和台账整理；配合解决现场施工重点难点问题；组织效果落地检查；配合编制建筑使用说明书、房屋维修手册等；配合组织关键部位设计验收（地基与基础分部工程、消防验收、竣工验收等）；竣工图审核
	设计管理总结	梳理设计管理工作；设计管理总结文件的编制、审核	设计管理流程总结；设计技术问题总结
使用阶段	设计管理增值服务	组织绿色建筑运行标识申报、使用后评估	绿色建筑运行标识申报资料符合申报要求；确认使用需求落实情况；根据使用者的反馈，收集和分析建筑各项性能数据进行使用后评估

1. 决策阶段设计管理

（1）设计管理策划

设计管理策划是全过程项目集群设计管理工作的全局性计划。在着手编制设计管理策划文件之前，应先依据整体进度计划和各项目具体情况，制定项目集群设计管理总体进度计划，并按进度计划把控设计管理工作关键节点。

编制设计管理策划文件前，应先分析项目集群条件、明确策划定位、建立内外沟通渠道。设计管理策划文件的编制应按进度计划进行。设计管理策划文件内容包含项目概况、项目条件分析、项目设计管理总体工作计划、设计质量控制策划、设计进度控制策划、设计目标控制策划、项目设计风险分析与对策、设计文件及信息管理策划、项目沟通策划等。设计管理策划大纲参见表5-9。

设计管理策划大纲　　　　　　　　　　表 5-9

序号	策划项	策划内容
1	项目概况	—
2	项目条件分析	—
3	项目设计管理总体工作计划	（1）基本原则和方针； （2）合同规定的项目管理范围与设计管理责任； （3）设计质量、投资、进度目标； （4）实施的组织形式； （5）设计阶段的划分和阶段目标； （5）功能需求分解； （7）设计工作内容和成果分解； （8）设计专业界面划分； （9）设计管理实施要点
4	设计质量控制策划	—
5	设计进度控制策划	—
6	设计目标控制策划	—
7	项目设计风险分析与对策	—
8	设计文件及信息管理策划	—
9	项目沟通管理策划	（1）设计管理对外沟通方式和途径； （2）设计管理内部信息流转和反馈； （3）项目协调办法

（2）决策阶段管理

① 项目建议书：

项目建议书是重要的前期策划成果与决策依据。在此阶段，设计管理部应组织项目建议书的编写、审核，并协助项目建议书的申报。在着手编制项目建议书之前，设计管理部应组织或督促相关单位进行同类项目考察、使用需求调研与确认、项目场地条件调研、开发政策要点分析、建设目标细化等工作。设计管理部负责跟进项目建议书编制进度，并对其进行质量审核。设计管理部应组织各方进行联合评审，并协助建设单位将修改完善的项目建议书报项目所在地发展改革部门审批。

同类项目考察。考察内容主要包括同类项目特征、发展趋势、使用功能、外观造型、优缺点、造价指标、技术特点、建设工期、运营情况等，并形成考察报告。

使用需求调研与确认。设计管理部应协同集群咨询团队相关人员，根据建设单位的发展规划和实际需求，采取科学的调查手段（如问卷调查、座谈会、案例研究、专家咨询等方式），拟定项目功能需求。在需求调研中应贯彻用户理念，除征求建设单位管理人员意见外，还须征求最终使用人员的意见。

项目场地条件调研。设计管理部应协同集群咨询团队相关人员摸清场地边界条件，了解项目土地权属和相关手续办理事宜，明确是否存在征地拆迁、产权不清晰等情况；对土地现状、周边市政设施等情况进行实地调研，明确是否存在市政设施不到位、是否存在需要保护或迁移的市政管线设施、是否在机场限高区内、是否存在不良地质条件和危险边坡治理等情况。明确环境保护、水务、林业、海洋、地铁、高速公路、机场、LNG、高压线等保护线范围内的相关规定。调研完成后，设计管理部应对以上因素可能造成的投资增加、建设周期延长等情况做出充分评估。

建设目标细化。设计管理部应初步确定项目的功能需求、建设内容、建设规模、投资规模及建筑档次，提出项目的建设目标（质量、投资、进度、安全、环境保护等要求），提出项目建设贯彻环境保护、绿色、可持续的理念和设计要求。

② 可行性研究报告：

在可行性研究报告编制前，设计管理部应组织各单位进行前期资料分析、补充调研、论证项目定位。设计管理部应推动建设单位确定可行性研究报告编制单位，并参与可行性研究报告的编制。设计管理部应把控可行性研究报告编写进度。对可行性研究报告阶段成果文件，设计管理部应组织各方联合评审，必要时应组织专家评审。可行性研究报告经过充分论证并经建设单位确认后，由报批报建人员协助使用单位报发展改革部门审批。同时，设计管理部应协助建设单位进行环境影响评估、交通影响评价、节能评估、水土保持方案、地质灾害危险性分析等文件的报批报建工作。

前期资料分析。可行性研究报告编制前，各单位应分析前期项目资料，如项目建议书及其批复文件、前期相关会议纪要、建设用地批复文件等。在资料分析的基础上，明确项目定位、项目规模、投资、使用需求、工作计划等内容。

补充调研。调研工作的重点主要有：贯彻最终用户理念，与使用单位沟通，了解项目需求、特点和难点；开展场地踏勘，了解场地现状，即了解场地涉及的城市规划、水文地质情况、场地内的自然特征、建筑物和构筑物、市政配套设施和交通设施、苗木等；调研同类项目，了解其主要专业特点和技术难点，了解其实施、运营过程的经验、教训。

论证项目定位。主要应明确以下内容：项目建设标准，根据国家、地方的相关标准、政策，对项目建议书及批复的投资匡算进行评估，对项目用地面积、建筑面积、建设规模、工程建安造价指标进行系统分析，并根据对项目场地与项目功能、规模的分析，判断投资控制的方向和可能出现的疑难问题；充分评估项目的可实施性，明确项目的设计质量、投资、进度、安全目标；督促使用单位落实项目用地红线及用地指标。

2.勘察设计管理

（1）配合设计招标

在设计招标阶段，设计管理部应配合造价合约部优选发包方式、编制设计任务书、协助招标文件和设计合同编写，并在后期按设计合同进行合同履约管理。

优选建设单位发包方式。设计招标正式启动前，设计管理部应与造价合约团队协同评估不同设计招标方式的优缺点，向建设单位推荐最佳的项目设计发包方式（如平行发包、设计总承包和设计联合体等）。

设计管理部需编制项目设计任务书。设计任务书编制应满足以下要求：① 设计要求以已批准的项目前期文件为依据；② 项目建设标准拟定、功能空间布置、土地等资源的节约合理利用、环境保护、节能减排、智能化和工艺、技术、材料、设备的选用都应遵循国家城乡规划和经济产业结构规划，符合国家标准，并体现技术的先进性和可持续性；③ 设计任务书内容应充分、全面，明确表达建设单位对项目建设的要求；④ 对建设工程项目的功能要求及其描述是设计任务书的重点；⑤注重各阶段设计成果文件质量、深度要求的规定。

协助招标文件和设计合同的拟定。设计管理部应预见设计过程和实施目标控制中可能出现的各类风险，提出相应的管理措施和管理要点。重点应明确以下内容：①设计工作范围；②设计完成时间期限；③设计成果质量和深度要求；④设计成果提交方式和提交数量；⑤设计单位违约处罚条款，设计管理可建议在设计招标阶段增加对设计单位的履约评价考核；⑥设计费支付条件、支付时间节点和支付比例。

（2）勘察管理

设计管理部在勘察阶段的主要工作内容有勘察单位招标或委托、参与勘察合同签订、审核勘察方案、勘察成果审查和负责勘察成果文件分发和归档管理。在此阶段，设计管理应重点审核工程勘察单位编制的勘察方案的可行性、精确性是否满足勘察任务书和相应设计阶段的要求，提出审核意见。勘察任务实施和编制勘察报告期间，设计管理应跟踪现场勘察作业和报告撰写进度。勘察报告是工程设计的基础资料，设计管理应组织各方对勘察成果文件进行审查，并跟踪审查意见的修改和审定。

（3）方案设计管理

在方案设计阶段，设计管理应重点结合报批相关要求对方案设计进行管理。方案设计阶段设计管理主要工作内容有资料收集和整理分析、编制方案设计进度计划、编制方案设计任务书、组织召开设计前交底沟通会、方案设计过程沟通交流、组织方案设计中期汇报评审会、跟踪落实修改中期评审会修改意见、组织方案设计内审和外审、落实评审会修改意见、组织工程规划许可证申报、方案报批稿归档等，工作内容及成果详见表5-10。

方案设计阶段设计管理主要工作内容 表5-10

序号	工作内容	工作描述	成果输出
1	资料收集和整理分析	对资料进行收集和整理分析，明确方案设计阶段设计条件、设计要求和投资控制要求	—
2	编制方案设计进度计划	审核并把控方案设计控进度计划	—

续表

序号	工作内容	工作描述	成果输出
3	编制方案设计任务书	编制项目方案设计任务书	方案设计任务书
4	组织召开设计前交底沟通会	组织召开设计前沟通会，明确项目总体设计周期、人员、双方职责及工作流程及其他需明确的事项。制定项目人员通讯录	设计前沟通会纪要；通讯录
5	方案设计过程沟通交流	在设计过程中与设计师进行沟通交流，定期填写设计动态跟踪表，向业主汇报设计进度及过程中的问题，重要事项需以设计业务联系单形式留痕	设计进度动态监控文件；设计管理跟踪落实文件
6	组织方案设计中期汇报评审会	组织业主、运营及其他相关职能部门对方案进行中期评审，对方案整体方向进行评审，以确保方案总体的正确性	方案中期评审会纪要
7	跟踪落实修改中期评审会修改意见	根据中期评审会议纪要落实修改意见，并完成设计方案评审文本	设计方案评审稿文本
8	组织方案设计内部评审会	对评审稿文本由公司内部设计院专业工程师（含估算部分）进行内审，形成内审意见并提交业主与设计单位，要求设计单位限时回复	方案设计内审意见
9	组织方案设计外部评审会	组织以规划各职能部门及专家参与的外部方案评审会，对方案进行评审	方案评审会议纪要
10	落实评审会修改意见	跟踪落实规划部门出具的评审意见，督促设计单位完成修改，形成方案设计报批稿	方案设计报批稿文本
11	组织工程规划许可证申报	将修改后的方案设计报批文本送规划局	方案设计批复
12	方案报批稿归档	将方案设计过程中所有成果文件归档，建立归档目录	文件归档目录

方案设计阶段设计管理的管控要点在于组织使用单位、建设单位和设计单位进一步梳理和确定使用需求，结合评审会专家意见对方案进行优化和细化，把控方案设计进度，组织各方审查方案成果文件，并组织工程规划许可证的申报等报批报建工作。

(4)初步设计管理

初步设计阶段设计管理主要工作内容有资料收集和整理分析、编制初步设计进度计划、编制初步设计任务书(含限额设计指标)、组织召开设计前交底沟通会、初步设计过程沟通交流、组织初步设计内审和外审、落实初步设计评审会修改意见、配合初步设计概算申报、组织消防和人防报批、初步设计文件归档等,工作内容及成果详见表5-11。

初步设计阶段设计管理工作步骤 表5-11

序号	工作内容	工作描述	成果输出
1	资料收集和整理分析	对资料进行收集和整理分析,明确初步设计阶段设计条件、设计要求和投资控制要求	—
2	编制初步设计进度计划	审核并把控初步设计进度计划	设计进度计划(初步设计)
3	编制初步设计任务书	编制项目初步设计任务书	初步设计任务书
4	组织召开设计前交底沟通会	组织召开设计前沟通会,明确项目总体设计周期、人员、双方职责及工作流程及其他需明确的事项	设计前沟通会纪要;干系人员信息表
5	初步设计过程沟通交流	在设计过程中与设计师进行沟通交流,定期填写设计动态跟踪表,向业主汇报设计进度及过程中的问题,重要事项需以设计业务联系单形式留痕	设计进度动态监控表;设计管理跟踪落实表
6	组织初步设计内部评审会	对评审稿文本由公司内部设计院专业工程师(含概算部分)进行内审,形成内审意见并提交业主与设计单位,要求设计单位限时回复	施工图设计内审意见
7	组织初步设计外部评审会	组织以政府各职能部门及专家参与的外部方案评审会,对方案进行评审	初步设计评审会议纪要
8	落实初步设计评审会修改意见	跟踪落实外部评审会出具的评审意见,督促设计单位完成设计修改	初步设计报批稿文本
9	配合初步设计概算申报	将修改后的初步设计报批文本送发展改革委	初步设计及概算批复
10	初步设计文件归档	将方案设计过程中所有成果文件归档,建立归档目录	文件归档目录

在初步设计阶段，设计管理的管控要点有：① 组织初步设计任务书的编写和审核工作，把控设计技术要点。② 对于超大空间、特殊技术、特殊工艺等应充分论证其可实施性。③ 对新技术、新工艺、新材料、新产品进行必要的论证。④ 装修设计方案建议在初步设计阶段确定，主要包括装修风格、色彩、主要材料及一些细部处理方案，主要装修材料应提供材料尺寸、材料样板及对应的单价。公共空间（走廊、门厅、卫生间等）须使用防滑、耐久、优质的装修材料。⑤ 景观、幕墙、泛光等分项设计及医疗专项设计方案应在初步设计阶段同步开展，在初步设计完成前完成相关分项设计及专项设计的设计方案。⑥ 配合造价工程师完成概算，并配合建设单位进行概算申报、修改和根据概算批复对比分析并组织建筑设计优化等工作。⑦ 把控初步设计文件编写进度。⑧ 组织各方审查初步设计成果文件，跟踪审查意见修改。

（5）施工图设计管理

施工图设计阶段设计管理主要工作内容有资料收集和整理分析、编制施工图设计进度计划、编制施工图设计任务书、组织召开设计前交底沟通会、施工图设计过程沟通交流、组织施工图设计内审、跟踪施工图设计外部审图、落实修改审图修改意见、组织各专项设计工作开展、施工图成果分发和归档，工作内容及成果详见表5-12。

施工图设计阶段设计管理工作步骤　　　　　　　表5-12

序号	工作内容	工作描述	成果输出
1	资料收集和整理分析	对资料进行收集和整理分析，明确施工图设计阶段设计条件、设计要求和投资控制要求	—
2	编制施工图设计进度计划	审核和把控施工图设计阶段进度计划	—
3	编制施工图设计任务书	编制项目施工图设计任务书	施工图设计任务书
4	组织召开设计前交底沟通会	组织召开设计前沟通会，明确项目总体设计周期、人员、双方职责及工作流程及其他需明确的事项	设计前沟通会纪要；干系人员信息表
5	施工图设计过程沟通交流	在设计过程中与设计师进行沟通交流，定期填写设计动态跟踪表，向业主汇报设计进度及过程中的问题，重要事项需以设计业务联系单形式留痕	设计进度动态监控表；设计管理跟踪落实表

续表

序号	工作内容	工作描述	成果输出
6	组织施工图设计内审	由公司内部设计院专业工程师进行内审,形成内审意见,并提交设计院回复	施工图设计内审意见
7	跟踪施工图设计外部审图	将完整施工图送有资质的审图单位审图	审图报告
8	落实修改审图修改意见	结合内审意见、审图意见等修改意见,督促设计单位完成最终版施工图	终稿施工图
9	组织各专项设计工作开展	根据总控设计计划及主体设计资料,组织和督促各专项设计的完善工作	各专项设计施工图
10	施工图成果分发和归档	将施工图设计过程中所有成果文件分发和归档,并建立图纸收发台账和归档目录	文件归档目录;图纸台账

施工图成果文件是工程建设施工的依据。在施工图设计阶段,设计管理应重点关注设计任务书技术要点、设计图纸深度和质量、限额设计的完成情况等。

施工图深度必须符合现行国家规定《建筑工程设计文件编制深度规定》。设计成果和服务须满足施工招标和现场施工要求。设计单位应按要求提供设备、装修材料样板,供施工招标时选定带参数的招标样板。

为了提高施工图图纸质量,设计管理人员应组织多角度的施工图审查工作。督促设计院进行施工图内部校审、对设计文件进行审核,在有条件的情况下组织审图机构进行施工图审查等,并同步运用BIM技术审图。BIM技术审图是指根据项目情况,针对管线碰撞、复杂部位节点、专业深化设计等内容,有效采用BIM技术,减少设计各专业间、管线间的碰撞,有效消除错漏碰缺。另外设计管理人员应根据各方提出的审查文件跟踪图纸问题的修改情况。通过精细化的设计管理,能有效减少设计变更。

为了有效控制投资目标,设计管理人员应组织施工图设计团队在分析限额指标的基础上进行限额设计。施工图预算不允许超过概算批复投资指标。原则上不能对概算批复的功能、面积及分项投资指标进行调整,必须调整时,应组织专家论证并报发展改革委、规划等部门批准。

3. 施工阶段设计管理

（1）施工准备阶段设计管理

施工准备阶段设计管理主要工作内容有组织施工许可证、绿色建筑设计标识申报等；配合编制招标文件；组织图纸会审和设计交底。在施工准备阶段，设计管理应重点把控招标文件的专业技术要点，组织图纸会审和设计交底工作，记录和跟踪有关问题的处理。

在图纸会审和设计交底时，设计管理一般重点关注以下内容：① 设计成果是否符合现行国家和行业有关法规和规定，施工图纸是否经过设计单位各级人员签署，图纸是否齐全，是否分批提供。② 对照设计合同技术条款，审查设计工作范围有无差异，检查技术标准和要求有无不满足。③ 场地设计、建筑设计是否与建设实际自然条件和社会环境一致。④ 结构设计是否与工程地质条件紧密结合，是否符合抗震设计要求。⑤ 设备说明书是否详细，与标准、规程是否一致，施工图与设备、特殊材料的技术要求是否一致。⑥ 各专业设计接口是否协调一致，各工程组成部分设计接口是否有误，是否有设计遗漏。⑦ 选用的建筑材料、建筑构配件和设备是否详细注明规格、型号、数量、性能等技术指标。⑧ 结构构件的预埋件、预留孔洞等位置是否正确，钢筋构造图是否清楚，各部分节点详图绘制是否清晰。⑨ 各类管沟、支吊架等专业间是否协调统一，工艺、给水排水、消防、暖通、强弱电、通风等综合管线及设备装置布置是否合理。

（2）施工阶段设计管理

施工阶段设计管理主要工作内容有资料收集、组织施工图交底、督促完成二次深化设计、设计变更管理、样板选材及设备选型、组织设计现场巡检、重点难点问题组织专家设计论证会、施工过程设计资料归档等，见表5-13。

施工阶段设计管理工作步骤　　　　表5-13

序号	工作内容	工作描述	成果输出
1	资料收集	收集项目相关资料，如招标版施工图、详勘报告、施工合同、招标文件等，建立文件资料目录及图纸台账，并随时更新相关资料	图纸台账；文件资料目录

第5章 深职院全过程工程咨询项目集群管理案例

续表

序号	工作内容	工作描述	成果输出
2	组织施工图交底	将通过审图的施工图发放至施工单位查阅,并要求施工单位形成书面答疑文件,组织设计院做好图纸交底工作,内容包括图纸答疑、设计意图、主要施工工艺陈述、重点难点部位技术交底等	施工图交底纪要
3	督促完成二次深化设计	对于需要进行二次深化设计的工作内容,督促施工单位尽快安排落实并组织二次深化相关评审会	二次深化评审纪要
4	设计变更管理	结合业主方设计变更制度与造价管理,共同制定相应设计变更流程。汇总设计变更信息,并整理设计变更台账	设计变更台账
5	样板选材及设备选型	对样板材料、细部大样进行现场评审,并作为后续大面积施工的依据和试验;参与重要设备的选型,确保满足设计要求	样板选材确认单
6	组织设计现场巡检	对于重要项目节点及隐蔽工程,组织设计进行现场巡检,确保设计有效落地,并完成巡检报告,跟踪整改现场出现的问题	巡检报告
7	重点难点问题组织专家设计论证会	对于工程中出现的重点难点问题,组织专家设计论证会解决技术难题	设计论证会会议纪要
8	施工过程设计资料归档	将施工过程中所有成果文件归档,建立图纸台账以及建立归档目录	文件归档目录;图纸台账

施工阶段设计管理应重点配合现场需要和发现的问题进行设计管理。在施工阶段,无论是二次深化设计导致原设计修改,还是解决现场问题时需做出的设计完善或修改等,只要涉及设计成果文件内容的修改,均需落实至设计变更中。设计变更图是实施施工更改的依据,也是计算相应变更造价增减的依据。设计变更的完成涉及施工单位、建设单位、设计单位、造价和审计部门等,工作流程烦琐且复杂。此阶段设计管理需重点关注设计变更的管理。

变更管理主要工作内容如下:① 设计管理作为设计变更的管理主体,应对设计变更事项的必要性和合理性进行评估。② 设计管理应负责设计变更申请审查、变更方案比选、论证,配合投资管理部完成变更费用的审核,必要时组织专家评审。③ 设计管理负责组织设计变更原因分析,加强工程变更控制,及时总结经验教训，建立变更台账，分类梳理并及时将总结变更涉及的设计共性技术问题。④ 设计管理应引导参建各方优化技术方案，提出节省投资和缩短工期的变更。⑤ 设计管理应协同造价合约部和设计单位按变更管理流程要求，发起工程联系单、预变更单和变更事项等流程，并审核相关内容。

设计管理控制设计变更应注重以下要点：① 事先分析预测项目范围的变更原因及其可能性，事先控制能够引起工程变更的因素和条件，按合同约定细化设计变更管理办法。② 了解跟进项目实施的中间过程和动态，在施工过程设计管理中，慎重审阅处理设计变更要求提出方的变更意见，防止出现不利于目标实现和不合理的变更，避免随意频繁变更导致项目施工实施的混乱和失控。③ 识别提出的设计变更的必要性、适用性及可行性，分析审定执行设计变更对工程质量、工期和费用的影响。包括对已安装部分或其他设计输出的影响及应采取的措施。④ 变更后应及时合理调整项目设计管理的实施计划，并进行相应的工程进度、质量、价款和资源的跟进。⑤ 加强设计变更的文档管理，所有设计变更都必须有书面文件和记录，并有相关方代表签字。

4. 使用阶段设计管理

（1）设计管理总结

设计管理人员在项目交付后，应梳理项目集群的设计管理工作，并编写设计管理总结。设计管理总结主要包括设计管理流程总结和设计技术问题总结。

设计管理流程总结。设计管理流程总结需要分阶段详细梳理设计管理全部管理工作和配合其他管理模块工作内容及流程，同时还应重点对项目推进工作中设计管理遇到的问题和困难进行详细说明和总结。总结项目设计管理推进经验和教训，对项目设计管理流程和工作内容提出优化意见和建议。

设计技术问题总结。设计管理需要对项目前期和设计过程中遇到的技术问题进行总结，重点对没有提前预估的问题造成的设计修改调整以及设计各专业重点难点问题进行总结和汇总，为后续类似项目设计管理提供借鉴。设计技术问题总结梳理主要包括：① 项目各阶段各方设计审核意见和修改情况；② 设计过程中设计修改调整原因及内容；③ 同类项目设计重点和要点；④ 设计通病分析；⑤总结变更涉及的设计共性技术问题。

（2）设计管理增值服务

一般情况下，项目交付使用后，设计管理终止。为更好地服务建设单位和使用单位，项目集群设计管理部在使用阶段提供组织绿色建筑运行标识申报和使用后评估等增值服务。

5.2.3 基于使用需求分析的标准设计

实现使用单位的使用需求，是建设活动的目标之一。深职院项目集群的5个项目均为高校类建筑，主要涉及学生宿舍综合楼、食堂、体育场（馆）、实训综合楼、教学综合楼、图书馆等类型。

1. 使用需求分析

为提升建筑设计质量和提高建设效率，全过程工程咨询单位针对使用需求进行了专题研究。首先，组织使用需求调研。设计管理人员组建调研小组，在分析类似建筑资料的基础上，按不同建筑类型和调研对象设置调研清单或调查问卷。调研小组组织了5个项目的调研（实地考察、使用者访谈和学生问卷调研等），收集各建筑的使用需求资料。其次，调研小组对调研数据进行整理和分析，梳理了学生、老师、相关楼栋使用者和管理者的使用需求。再次，形成使用需求分析报告，并以研究成果指导深职院项目集群使用需求识别、分析和确认等工作。

项目集群的5个项目均为同一使用单位，且同一类型建筑在多个项目中重复出现，例如学生宿舍综合楼出现在4个项目中，故对项目集群各项目实行基于使用需求分析的标准设计。在进行使用需求分析的基础上，设计管理人员根据各项目特征深入分析了项目集群各项目类似的使用需求，提炼同一类型建筑的使用需求。由深署教育工管中心项目组组织全过程工程咨询单位多次走访使用单位，会同相关学院、部门领导商讨各项目的具体需求，统一部分使用需求及其设计标准。例如，统一地下室停车充电桩配置需求、学生宿舍智能化设计需求、食堂厨房设备需求、实训楼荷载需求、教室智能化设计需求和苗木配置需求等，实现项目集群部分需求的设计标准化。

2. 学生宿舍设计标准化案例

通过对学生宿舍使用需求调研与分析，对深职院学生宿舍设计建立设计标准。具体实施步骤为：第一步，使用需求调研。设计管理部与校方基建处和宿舍物业管理单位对接访谈，并通过学生满意度调查收集需求信息。设计管理人员实地考察宿舍使用现状，询问宿舍管理中存在的问题和建筑改造信息。第二步，数据整理和分析。在专业人员指导下，设计管理部整理分析数据。第三步，使用需求分析。以调研结果为基础，设计管理部针对深职院项目集群进行使用需求分析，提炼相似设计要求并整理分类。第四步，组织需求协调会，统一设计标准。例如在智能化设计方面，对门锁、太阳能热水系统、冷热水表、电表、网络等进行设计标准的统一。

5.2.4 集群模式的设计管理资源共享

1. 人力资源共享

集群咨询团队通过设立合理的设计管理组织架构和统筹分配设计管理工作任务，实现了深职院项目集群各项目之间的设计管理人员人力资源共享。这种人力资源共享不仅实现了人力资源集约化，还能让设计管理部内部通过知识集成解决项目重点难点问题，即"集中力量办大事、办难事"。

2. 信息资源共享

设计管理的工作内容繁多且复杂，对设计管理人员的专业知识、技术和管理经验有较高的要求。为了实现各项目设计管理工作统一管理、整体管理水平提升和发挥项目集群设计管理优势，项目集群设计管理部制定了信息资源共享机制。

（1）确定统一领导、人人有责的制度；（2）建立设计管理信息资源共享经济激励和惩罚机制；（3）借助公司信息化管理平台和"即时通信工具"，实现一体化设计管理；（4）利用互联网平台实现知识和经验资料共享；（5）建立共享材料和设备品牌库（表）。

"统一领导，人人有责"是指设计管理部成员之间的资源共享，由设计管理负责人制定管理制度并提出具体要求；同时，设计管理部与其他部门或其他单位之间的信息传递，也由设计管理负责人统筹安排。内部资料来源于设计管理部成员，提供者需确保资料准确。对于内部资料的流转，人人有保密义务。

信息资源共享由两部分组成。首先是有信息资源，之后才是资源共享。建立设计管理信息资源共享经济激励机制，有利于提高设计管理人员提炼、总结和分享知识和经验的积极性；建立惩罚机制，对不按时反馈设计管理工作信息的人员有鞭策作用。

为实现项目集群5个项目的统筹管理，设计管理部借助公司信息化管理平台实现一体化设计管理。信息化管理平台设立5个项目目录，按各项目设计管理工作内容提出设计管理要求。设计管理部负责人、项目牵头人、各专业工程师均开通5个项目的查看和编辑权限。设计管理工作的时效性要求高，故除了信息化管理平台外，设计管理负责人、项目牵头人还通过电话、微信、QQ、腾讯会议等"即时通信工具"共享设计管理相关信息。

为提高整体技术管理水平，设计管理部通过将设计管理经验资料上传至网络平台、录制教学视频上传学习平台（如魔学院课程、公司OA文档中心、百度云盘）等方式共享知识和经验。通过学习考核的方式，促进设计管理人员的知识学习。

在设计阶段，各方需根据设计效果选出意向材料，为招标采购、预算编制及后续中标人选样提供依据和参考。施工单位进场后参照样板提供实物样品，经各方确定后进行样板间施工。有的新技术、新工艺、新材料或设备产品需组织各方考察后再选择实施类型。项目集群5个项目的部分建筑材料和设备相似，其使用单位和建设单位一致，让统一考察和共同决策成为可能。在选样过程中，需组织利益相关者（建设单位、使用单位、全过程工程咨询单位、各项目设计单位）进行材料与设备考察。考察完成后，设计管理部撰写考察报告，并组织各方进行讨论和决策。符合要求的供应商将纳入项目集群品牌库，实现资源共享。

3. 预制内隔墙资源共享案例

为提高建造效率，保证工程质量，满足装配式建筑要求，设计管理部统一组织深署教育工管中心项目组、各项目使用单位、设计单位进行预制内隔墙的考察。在对比分析多种预制内隔墙的吊挂力、隔声、耐火极限、抗压强度、密度、观感质量、造价等，选定蒸压加气混凝土板（ALC板）、蒸压陶粒混凝土空心墙板作为考察对象。在考察4家ALC板生产厂家和3家蒸压陶粒混凝土空心墙板生产厂家以及这7家单位的实践项目后，由设计管理部牵头撰写考察报告。考察使各方了解了蒸压加气混凝土板（ALC板）和蒸压陶粒混凝土空心墙板在国内建筑项目的应用情况。通过组织专题会议，各方以考察报告为基础，讨论生产厂家的管理水平、二次深化设计的能力、生产规模、产品品质控制能力、项目实际观感和安装质量、综合单价等情况，确定了预制内隔墙材料参考品牌库。

5.2.5 集群模式的设计管理经验传递

深职院项目集群均为高校类建筑，在勘察设计方面有很多相似点。设计管理经验的快速传递能有效减少共性问题的发生，提高管理效能。为实现设计管理经验的有效传递，设计管理部制定了经验分享和交流学习机制，以及导师引领的人才培养模式。

1. 经验分享与交流学习机制

（1）虚拟工作群

设计管理部利用"互联网通信工具"，通过虚拟工作群交流、召开网络会议等方式，即时分享经验信息和开展重点难点问题实时讨论。设计和设计管理工作都有很强的时效性，即时分享经验能快速传递信息。例如某个项目设计管理人员遇到或发现某个问题，相关管理人员将问题描述、图纸或图片信息等即时分享至虚拟工作群，提醒其他各项目设计管理人员规避类似问题。设计管理人员通过虚拟工作群或网络会议的方式进行实时讨论。问题解决后，提问者将解决方案分享至虚拟工作群。

（2）负面清单制度

在深职院项目集群建设初期，设计管理负责人即要求设计管理部建立变更签证负面清单。在各项目按进度陆续开展过程中，各专业陆续更新变更签证负面清单。在设计阶段图纸审查时，相关设计管理人员针对易产生变更的设计问题进行重点审核。设计管理部每周定期组织召开例会，针对设计变更问题进行梳理和分析。实践证明，负面清单传递的设计管理经验，能有效减少后续项目的类似问题。

（3）学习交流活动

设计管理部每两周召开一次部门内部学习交流会。定期交流学习会采用轮流主持的方式。主持人提前准备学习资料，例如某个专业技术知识学习、个人工作经验分享、重点难点问题解决方案等。另外，设计管理部积极参加社会上组织的专题学习交流活动，例如参加住房建设局组织的标准宣讲会、优秀典范工作考察学习等。

（4）经验分享奖励办法

为提高设计管理人员分享经验的积极性，设计管理负责人制定了一套奖励办法。每季度进行一次经验分享评优，设置经验分享积极者、受欢迎经验分享奖等，对获奖者予以奖励。

2. 导师引领的人才培养模式

设计管理对管理人员的专业技术水平、管理经验有较高要求。为培养设计管理人才，项目集群设计管理部利用部门内部资源和公司资源开展导师引领活动。导师引领活动通过自愿报名、自选导师、自由开展、集中总结的方式开展。导师引领"新人"快速熟悉项目情况、梳理设计管理思路和协助解决重点难点问题。"新人"是指参与项目集群设计管理工作的新员工，也指设计管理经验不足的设计管理人员。

3. 设计优化经验传递案例

在深职院 A、B 栋项目样板间检查后，使用方对宿舍提出更细节的要求，产生一系列优化变更。A、B栋项目的卫生间淋浴花洒直对卫生间门，在样板间联合检查时，检查人员提出使用淋浴时水容易从门底缝溅至宿舍内，故设计进行优化调整。A、B栋项目宿舍床位采用上床下桌的形式，每个床位仅学习桌下方的墙面上设置五孔插座。在实际使用中，学生经常私拉插排到床上充电。考虑拉结插排存在漏电或引发火灾等安全隐患，使用方提出优化设计的要求。参照其他优秀工程做法，确定在床铺旁的墙面上增设USB插座。后续各项目的宿舍在设计时考虑卫生间用水和宿舍间用电的细节需求，避免后期产生相似设计变更。

5.2.6　全过程设计管理的集群模式优势

传统的设计管理主要以设计阶段和施工阶段的管理为重点。全过程设计管理是综合的、一体化咨询服务，以实现项目价值为目标。相较于传统模式，全过程设计管理服务范围更广、更全面。它不仅是服务内容的延伸，管理角度也从提供设计管理服务转变为主动管控项目全过程设计及相关工作。全过程设计管理贯穿项目全过程，能减少项目前后期信息不对称，有利于设计意图贯彻实施（需求落实、设计效果落地等）。设计管理咨询团队与其他专业咨询团队同属于全过程工程咨询单位，能打破传统模式中存在的单位和专业之间的壁垒，实现各专业间的协同工作。例如，在华侨城项目概算批复金额较申报金额减少近7000万元的情况下，为确保项目主要建设功能的实现，集群项目经理组织造价合约部对概算指标进行分解和对比，并提出投资优化建议。设计管理部以指标对比分析成果为依据，组织各专业（建筑、结构、电气、智能化、给水排水、暖通、景观、室内、幕墙）进行限额设计复核和设计优化。最终，在不影响建筑功能和结构安全的前提下，将施工图预算降至概算批复指标以下。

集群模式下的全过程设计管理，通过设立设计管理"总部"统筹资源，能集约化人力资源和集中力量攻坚克难。通过共享资源和经验传递整体提升项目集群设计管理水平和管理效能。通过主动研究共性需求，实现各项目部分设计内容标准化。除此之外，集群模式下的全过程设计管理为工作"前置"和服务"后延"提供了基础条件。

传统模式下的设计管理过程中，会出现由于人员配置不到位、技术人员不熟悉项目情况等原因造成工作处理不及时而影响设计进度。设计管理工作"前置"实现了工作无缝衔接，能有效避免上述问题。例如，在全过程工程咨询单位介入华侨城项目之前，建设单位委托某前期咨询单位提供方案至初步设计阶段的设计咨询服务。借助项目集群设计管理人员集中管理的优势，设计管理人员能够在项目启动初期便熟悉项目信息，提前介入项目方案设计和初步设计阶段的设计管理工作，配合前期咨询单位进行方案设计跟踪、初步设计图纸审查、初步设计优化等工作，及时处理前后期的"交叉"工作。例如，校区内保留建筑的结构需进行部分拆除和整体加固设计（以下简称加固设计），加固设计需进行专家论证。当时正值疫情防控期间，而华侨城项目概算申报已刻不容缓。在这种背景下，全过程工程咨询单位迅速组织设计人员返回项目部，全力配合深署教育工管中心项目组和前期项目管理单位，主持召开专家论证会，跟进图纸修改进度及意见，为华侨城项目概算申报赢得时间。设计管理服务"后延"能有效提升项目管理效能。在施工过程中，集群模式下的全过程设计管理以集中分散制模式深入参与施工阶段设计管理工作。例如，积极跟进现场施工进度，确保设计效果落地；与其他专业部门协同工作，解决因现场条件变化、施工工艺限制或设计不完善等引发的现场问题，协同处理变更，并为其他工作提供技术支持等。

5.3 招标采购管理

建设工程招标采购是招标（采购）人就施工、货物、服务等内容以招标公告的形式发布招标通知，提出要约邀请，引发投标人递交投标文件，由招标人按照国家法律法规的相关规定以及招标文件的相关约定，择优选定中标人，并由招标、投标双方签订承包合同的一种经济活动。招标采购通常贯穿工程建设实施阶段全过程，是工程建设的关键环节之一。

深职院项目集群招标采购依托深工务署招标采购管理体系实施，集群招标采购管理在适应深工务署招标体系的同时，还须实施"流水招标"，以满足集群各项目"分批建设"的需求，招标体量大、招标节点多、质量把控难、进度要求高是集群招标采购管理的重点难点。为了确保集群招标采购管理工作的顺利推进，集群咨询团队在前期阶段开始策划，优化招标采购管理组织架构，梳理各阶段管理要点，同时针对上述重点难点逐条制定应对措施。

5.3.1 集群模式的招标采购组织架构

深职院项目集群5个项目开工时间不同，建设内容相似，各项目之间关联性较强，且集群咨询团队专业配备比较齐全，可协助招标工作开展，保证招标成果质量。集群咨询团队将造价合约部划分成投资管理组和招标采购组两个专业小组，由造价合约负责人统筹管理。招标采购组由招标工程师担任组长，三名招标员分别负责施工、货物、服务三个业务板块。招标采购工作在深职院项目集群投资管理组、综合管理部、监理项目部的协助下开展，并在五洲·千城招标代理公司、深圳分公司的支持下实施招标采购管理，如图5-11所示。

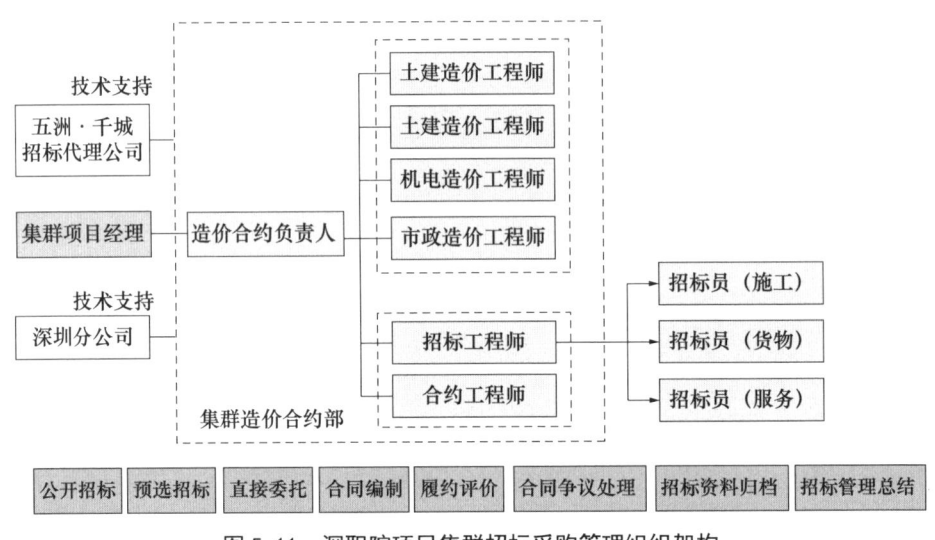

图5-11 深职院项目集群招标采购管理组织架构

在该组织架构下，集群招标、造价、合约等工作由造价合约负责人集中管理。其中，招标工作由招标采购组牵头实施，实施内容包括公开招标、预选招标、直接委托、合同编制、履约评价、合同争议处理、招标资料归档、招标管理总结等内容。在招标实施过程中，投资管理组配合完成估算、预算、清单、控制价的编制和复核工作，集群其他专业团队发挥"智囊"作用，提供经验支持。招标工作重点难点由集群项目经理协调，五洲·千城招标代理公司和深圳分公司提供技术支持，上述组织系统有效地保证招标管理的高效能、高质量实施。

5.3.2 集群模式的招标采购管理要点

全过程工程咨询招标采购管理主要涉及五个阶段，分别是招标策划阶段管理、招标准备阶段管理、招标实施阶段管理、合同谈判阶段管理和合同实施阶段管理，各阶段管理要点详见表5-14。

招标采购管理工作要点　　　　　　　　表5-14

序号	阶段	管理要点	成果输出
1	招标策划阶段	项目基础资料分析整理，编制招标策划，合理划分标段，明确招标节点，梳理招标内容和重点难点，结合各专业进度编制招标总控计划	招标策划书；招标规划；招标总控计划
2	招标准备阶段	充分调研现场情况，熟悉工程图纸，掌握场地情况。招标方案、招标文件充分满足建设单位需求，商务、技术条款设定合理完善，新材料、新工艺充分调研	单项招标节点计划；材料设备选用表；招标方案；招标文件
3	招标实施阶段	各项环节及时跟进，保证答疑补遗、控制价准确性和时效性，及时整理招标成果文件	答疑补遗文件；招标控制价文件；评定标资料；中标通知书
4	合同谈判阶段	合同条款经双方确认，不得违背招标投标文件实质条款订立合同	合同协议书；合同管理台账
5	合同实施阶段	及时进行合同交底，注重履约评价的及时性和合理性，提前分析合同风险，及时处理合同争议和纠纷	合同交底记录；履约评价报告；合同风险分析报告；索赔意向书；合同补充协议；相关会议纪要

随着集群各项目的陆续开工，招标采购管理的难点也逐步呈现，在其他专业配合下，招标采购管理完成一点一滴的经验积累，总结招标采购不同阶段的管理内容、要点、成果及经验。

1. 招标策划阶段管理

（1）招标策划阶段管理内容

招标策划是招标管理的顶层设计，在开展招标工作之前，应结合项目特性、项目管理要求制定比较详细的招标策划。招标策划编制可围绕基础资料梳理、编制招标规划、计划和重点难点分析三个方面开展。

① 基础资料梳理：招标策划编制前，首先应充分熟悉场地环境、周边交通和人文环境、市场环境和政策及法规环境。其次应充分调研建设单位（使用单位）需求，建立需求管理台账，同时掌握目前已签订的合同情况。基础资料的梳理可为后续招标策划编制提供支撑，也可有效地保证招标策划内容的完整性和合理性。

② 编制招标规划、计划：招标规划是招标工作的指导性文件，主要包含招标工作包 WBS 分解、合同结构分解、招标方式分析、招标界面划分等内容。招标计划是招标工作的实施性文件，应结合施工总进度计划、设计进度计划、报批报建计划等其他专业计划进行编制，主要包括招标总控计划、年度招标计划和季、月、周招标计划等，一般情况下，招标策划阶段编制的招标计划准确性受各专业进度影响较大，准确性不足，需要在招标实施阶段结合项目进度动态调整，及时纠偏。

③ 重点难点分析：招标管理重点难点分析是招标策划的主要内容之一，应结合招标工程特征和前期已搜集的基础资料进行分析，重点难点可按阶段逐层分解，例如招标方案阶段重点难点、招标文件编制阶段重点难点。也可按照内容进行分解，例如商务标条款重点难点、技术标条款重点难点等。在全过程工程咨询模式下，招标管理重点难点分析宜充分借助其他专业力量，以保证分析结果的全面性，同时也可以有针对性地制定应对措施。

在深职院项目集群招标策划阶段，招标采购组根据上述内容编制了《深圳职业技术学院项目集群招标管理策划》，以深职院 A、B 栋项目为例，简要介绍招标策划的编制思路和成果。

（2）招标策划阶段管理案例

招标策划编制前，招标采购组首先结合集群咨询团队与使用方的沟通成果，初步明确使用方需求，通过资料查阅和数据统计，掌握了在此之前的合同情况。其次，招标采购组梳理了施工、货物、服务三大类的招标子项，明确各类子项的招标范围、招标方式、计价方式，详见表5-15。同时，由投资管理组协助通过概算分解的形式，初步确定各招标子项的估算额。最后，结合各专业计划节点形成招标总控计划和年度招标计划，经内部审核且逐级向建设单位汇报后，确定并实施。

招标子项工作梳理　　　　　　　　　　　　　　　表5-15

类别	拟招标项	拟招标范围	招标方式	计价方式
服务类	基坑监测	基坑工程监测，包括支护结构内力和变形监测、土体深层变形监测、地下水位监测及周边既有建（构）筑物监测	直接委托	固定单价
	周边建筑物检测	对3倍基坑深度或3倍降水深度范围内的建（构）筑物、设备设施等进行裂缝及结构体系调查	直接委托	固定单价
	主体沉降监测	通过科学的监测手段，对基础结构的安全状态做出评价，主要包括建筑物沉降观测、抗浮锚杆上浮监测	直接委托	固定单价
	地基基础检测	工程桩（灌注桩、管桩）承载力检测	直接委托	固定单价
	基坑支护检测	基坑支护工程检测，包括支护桩、锚索、锚杆等	直接委托	固定单价
	防雷检测	对项目内所有建筑物的防雷装置的接地电阻值、等电位连接、浪涌保护器等进行检测	预选招标	固定总价
	工程保险	包含建筑（安装）工程一切险保险、第三者责任险及其他附加险的保险服务	预选招标	固定费率
	安全巡查	对实体工程现场安全文明施工进行定期安全巡检、不定期抽查，并形成每次检查报告、阶段性检查评估和总结，向建设单位或委托管理人汇报负责，对检查报告进行集中式讲评	直接委托	固定单价
	现场影像摄制服务	工程范围内的建设项目现场影像摄制服务，并负责按合同要求完成有关后续服务工作，包括固定时段或固定地点拍摄、机动时间段拍摄、特殊技术拍摄，提供拍摄成果等	预选招标	固定单价
	BIM实施顾问服务	工程项目BIM实施准备工作、工程项目施工阶段BIM应用管理工作、工程项目施工阶段BIM实施成果的总结与推广及其他工作	预选招标	固定单价

续表

类别	拟招标项	拟招标范围	招标方式	计价方式
服务类	水土保持监测	水土流失监测、水土保持工程监测、水土流失防治效益监测、水土保持验收工作	预选招标	固定单价
	室内环境检测	严格按照国家、深圳市现行标准要求，对室内氡、甲醛、氨、苯、甲苯、二甲苯、TVOC等污染物含量进行检测	预选招标	固定总价
施工类	建安工程施工总承包	主体结构工程（不含钢结构工程）、屋面工程、普通装饰工程（抹灰，门窗，地下室、消防楼梯、设备房等装饰）、通风空调（不含洁净空调）、给水排水、电气工程、消防工程、室外工程、拆除工程、绿化迁移、土石方工程、基坑支护工程、地基基础工程、幕墙工程、绿化工程、智能化工程、外线及变配电工程、消防设施工程、白蚁防治、BIM建设、景观工程	公开招标	固定单价
	精装修工程	首层门厅、过道、架空层、二层书院、三层书院、电梯厅、公共卫生间、标准层过道、宿舍（包括无障碍宿舍）、楼梯间（墙面、踢脚线、踏步、扶手、休息平台）、固定家具、BIM建设（实施承包范围内的BIM建模及应用工作，服从BIM咨询单位的管理）	公开招标	固定单价
货物类	防水工程	地下室防水工程、屋面防水工程、外墙防水工程、卫生间防水工程、其他防水工程	预选招标	固定单价
	电梯设备	垂直电梯（13台）设备的供货及安装与服务（包括运输、安装、产品保护、调试、验收、培训、技术支持、售后保障及质量技术监督部门验收等），与施工总承包及其他承包单位的相关配合工作	预选招标	固定单价
	人防工程	负责人防工程（含人防建筑防护设备、人防水工程、人防电工程、人防通风空调工程）的材料、设备制造或采购、安装、施工、验收、保修	预选招标	固定单价
	木门	木门生产、供货、安装及保修等	预选招标	固定单价
	钢质门	钢质门生产、供货、安装及保修等	预选招标	固定单价
	卫浴产品	卫浴产品供货及售后服务	预选招标	固定单价
	瓷砖	瓷砖产品供货及售后服务	预选招标	固定单价
	智能门锁	宿舍入户门在线式电子门锁采购、安装及保修期服务	简易公开招标	固定单价

续表

类别	拟招标项	拟招标范围	招标方式	计价方式
货物类	泛光照明	泛光照明图纸深化设计、开关电源设备、装饰灯具、配管、电气配线、接线盒、送配电装置系统、电缆（甲供）安装等	简易公开招标	固定单价
	电缆	电缆生产、供货及售后服务	预选招标	固定单价
	变压器	负责项目变压器生产、供货及售后服务	预选招标	固定单价
	外墙涂料	建筑外墙涂料产品供货和涂料工程施工	预选招标	固定单价
	防火门	防火门生产、供货、安装、验收、保修等内容	预选招标	固定单价

2. 招标准备阶段管理

（1）招标准备阶段管理内容

从招标启动到发布招标公告这一阶段即为招标准备阶段。该阶段全过程工程咨询工作内容主要包括场地踏勘、图纸熟悉、节点计划、招标文件四项工作内容。最终呈现的结果是系统、完善的招标文件，其既是招标人实施管理的基础，也是投标人了解项目情况的重要资料之一。

① 场地踏勘。场地踏勘时应对现场环境、周边环境和水文地质情况进行深入了解，重点关注邻近建筑物情况、地下管线情况、场内遗留设施及迁改情况。必要时，应根据施工图纸和控制点测放出基坑支护边线、地下室边线，更加详细地分析施工对周边建筑、管线的影响情况。踏勘结论也可为清单及控制价编制、图纸调整及投标人施工技术方案编制提供依据。

② 图纸熟悉。充分熟悉设计图纸，了解技术标准及要求，有利于提高招标工程界面划分的合理性。在图纸熟悉的同时可就设计图纸中拟采用的特殊材料、特殊设备提前进行梳理并有针对性地进行考察，论证其实施的可行性和便利性。

③ 节点计划。招标准备阶段应编制详细的招标节点计划，用以指导招标工作的具体实施，协调相关单位按照既定节点提供成果资料。招标节点计划应根据招标工作进展据实调整，当招标计划存在偏差时应及时纠偏，当招标节点计划存在严重偏差时，宜重新编制。

④ 招标文件。招标文件是整个招标工作的核心，其既是投标人编制技

标、商务标、资信标等投标文件的依据，也是招标人实施管理的基础，对招标投标双方都具备约束力。招标文件编制需要遵循合法性、公平性、互利性原则，文字描述严谨规范，内容翔实有据，兼顾项目质量、进度、投资、创优要求及可能存在的特殊要求。招标文件应明确招标范围、界面划分、质量标准、评标办法、定标办法、技术要求、商务条款、违约处罚、投标文件组成、合同计价方式、合同特殊条款等内容。同时，为了便于投标人尽快熟悉项目总体情况、有针对性地编制技术标文件，宜将项目重点难点分析列入招标文件中。

招标准备阶段工作比较繁杂，尤其对于施工总承包工程、装修装饰工程等公开招标项，招标准备阶段需要同时对接更多利益相关方，历时相对较长，更能集中体现招标准备工作的价值和意义。以深职院北校区一期项目施工总承包招标为例，说明招标准备工作的实施过程和价值体现。

（2）招标准备阶段管理案例

北校区一期项目施工总承包工程位于深职院北校区，建设内容主要包括新建一栋实训楼、一栋学生宿舍食堂综合楼、门卫及连廊，新建总建筑面积约9.93万 m^2。招标准备阶段，招标采购组针对现场进行详细踏勘并测放两栋单体的基坑边线、地下室边线。在现场踏勘中招标采购组发现，该项目现场施工场地狭小，邻近建筑较多，场内存在较多遗留建筑待迁移，实训楼地下存在通信光缆、强电电缆、综合楼邻近110kV高压线路等不利的场地因素，且上述因素对工期、施工布置、施工质量、安全管理等影响较大，现场踏勘情况如图5-12所示。

（a）

（b）

图5-12 现场踏勘图

（a）实训楼场地航拍；（b）综合楼场地航拍

第5章 深职院全过程工程咨询项目集群管理案例

图 5-12 现场踏勘图（续）

（c）实训楼基坑内箱变；（d）实训楼基坑外箱变；（e）实训楼周边建筑；（f）综合楼周边建筑；
（g）实训楼通信光缆；（h）综合楼邻近高压线路

踏勘结束后，招标采购组结合现场踏勘结论和图纸分析，综合各专业意见形成踏勘初步结论，用以协调各方解决现存问题。同时，有针对性地编制重点难点分析，在招标文件中提醒投标人重点关注，踏勘情况详见表5-16。

踏勘情况分析 表 5-16

序号	踏勘情况	注意事项
1	实训大楼位于校园内部，西侧为市政道路，可作为施工主要道路	出入口是否可以直接使用需校方明确，如使用需与交通部门沟通路口开设事宜
2	实训楼北侧邻近已有建筑，基坑支护形式为旋挖灌注桩，已有建筑距离围护桩最近距离仅 2.67m	施工期间可能造成影响，监测单位需同步进驻，提前沟通，考虑已有建筑结构检测和部分迁移
3	实训楼南侧道路两旁苗木需迁移，否则将影响施工车辆及大型机械进出	苗木迁移建议纳入此次招标范围，总价包干
4	实训楼北侧、西南侧现存临建未拆除，且现场混凝土路面未破除，影响土壤氡浓度检测	需施工总承包单位场地平整并进行路面破除后方可动工
5	实训楼场内存在多处建筑需迁移，如临建用房、微型消防站等	迁移及拆除费用单独列项，总价包干，预算编制考虑风险费用
6	实训楼场地东南侧有通信光缆，影响基坑作业	需提前委托单位完成迁移手续
7	实训楼场地西侧（红线范围内）有户外环网柜，经放线测量，其距离支护桩仅 5m	需委托电力迁改单位完成迁移
8	实训楼场内配电柜，经放线测量，位于地下室范围内	列入施工总承包迁改范围
9	综合楼场内存在苗木、临时设施需拆除、迁移	纳入施工总承包范围，费用单独列项
10	场地东侧邻近 110kV 高压线	提醒投标人主体施工期间总平面布置考虑其影响。水平方向投影面积两侧各 5m 范围、竖向距高压线最低点 5m 等区域内不得搭建板房，不得开挖，且现场吊装如塔式起重机、汽车式起重机需在安全距离以外设置
11	综合楼施工期间需使用校内道路，考虑人车分流，避免影响校内师生的正常学习、生活	施工车辆进出需借助校内道路，需重点考虑施工分离、人车分流、专人引导等措施，路面破损修复费用提醒投标人综合考虑
12	场地周边暂无用地可供承包人搭建临时设施	招标时考虑异地租赁费用，提醒投标人安排专人管理工人上下班
13	周边邻近居民区、学生宿舍	提醒投标人严格控制施工时间，避免扰民，总工期计算时考虑该因素影响

综合上述分析，明确招标节点，详见表 5-17。

招标节点计划　　　　　　　　　　　　　表 5-17

拟招标项	工作内容	计划完成时间
施工总承包	招标方案	2019.10.10
	招标文件	2019.11.15
	招标控制价	2020.12.15
	招标公告	2020.1.6
	截止投标	2020.2.2
	评标	2020.2.10
	定标	2020.2.20
	中标通知书	2020.2.28
	合同协议书	2020.3.16
电力迁改	定标	2019.11.30
通信线路迁改	定标	2019.11.30

本工程于 2020 年 1 月 6 日发布招标公告，在全国疫情防控的严峻形势下，深职院实行封闭式管理，投标人无法进入现场踏勘。招标采购组在招标文件中采用大量的航拍、实拍等展现招标工程整体情况，同时整理重点难点分析 21 条，涉及场地、安全、质量、防汛、交通、装配式、BIM 等多方面内容，为投标单位编制投标文件提供比较充分的基础和依据。

3. 招标实施阶段管理

深职院项目集群招标形式主要涉及公开招标、预选招标和小型工程简易招标三种方式。不同招标方式下，招标实施阶段的工作内容和管控要点存在较大程度的差异。

（1）公开招标

公开招标时，招标公告发布即进入招标实施阶段，该阶段工作比较繁杂，各项工作之间衔接紧密。全过程工程咨询单位作为非招标主体，主要工作是协助深署教育工程管理中心办理该阶段相关手续，组织相关会议等，具体详见表 5-18。

招标实施阶段工作内容　　　　　　　表 5-18

主要阶段	全过程工程咨询单位工作内容
发布招标公告	整理招标文件、招标图纸、招标清单，协助招标公告信息填报
招标文件补遗	招标文件、图纸、清单调整时，协助发布招标补遗文件
招标文件答疑	整理投标人质疑，会同建设单位、设计单位、造价咨询单位等回复投标人质疑，负责编制答疑文件和修正招标文件，督促图纸、清单调整
招标控制价公示	协助建设单位发布招标控制价公示文件
截止投标	在招标文件约定截止投标时间，下载投标人递交的资格审查文件、业绩文件等
投标人资格审查	按照招标文件约定方式进行投标人资格审查，会同建设单位完成资格审查，编制并呈批资格审查报告
※过多投标人淘汰（如需）	协助收集入围淘汰定标基础资料
开标	开启投标人递交的技术标文件、商务标文件
评标	抽取评标专家进行商务标、技术标评审
※清标（如需）	按照招标文件要求，将各投标人的投标文件内容进行摘录，形成"预清标汇总表"
※答辩（如需）	协助建设单位进行会议组织
定标	协助收集、呈批定标基础资料，协助组织定标会议
中标人澄清和廉政约谈	起草相关文件，协助会议组织
中标人公示	协助建设单位完成中标人公示

（2）预选招标

预选招标分为预选母工程招标和预选子项目委托，共涉及供货、服务、施工三大类、42 个预选招标项。预选母工程招标是指深工务署采用公开招标的形式，确定不少于 3 家预选供应商，与其签订 2~3 年预选合作协议，这些预选供应商共同构成深工务署预选库。预选子项目委托是指在预选母工程合作期内，按照约定的委托方式从预选库中确定中标人，由其具体负责项目的供货、服务或施工工作。

预选母工程招标主要由深工务署职能处室负责，全过程工程咨询招标管理服务内容主要涉及预选子项目委托，各阶段工作内容详见表5-19。

预选招标各阶段工作内容表　　　　　　　　　　　　　　　表5-19

主要阶段	全过程工程咨询单位工作内容
招标估算	审核造价咨询单位编制的招标估算
招标公告	通过深工务署工程管理平台招标投标版块呈批招标公告
定标	跟进招标呈批流程，当采用抽签形式确定中标人时，协助抽签会议组织，通知投标单位，定标后及时组织中标单位进场对接
中标公示	中标通知书编制、呈批、打印、盖章、发放

（3）小型工程简易招标

小型工程简易招标是快速确定中标人的一种招标形式，包括简易公开招标、邀请招标、直接委托三种形式。当采用简易公开招标和邀请招标方式时，招标投标双方无须编制复杂的招标文件和技术标文件。相较于常规的公开招标，这类招标的招标公告发布时间短，最短仅需5个工作日，招标效率更高。但其招标金额相对受限，即当招标工程金额未达到《必须招标的工程项目规定》（国家发展改革委令第16号）中规定的招标或采购限额时可以采用。简易公开招标、邀请招标各阶段工作内容详见表5-20、表5-21。

简易公开招标各阶段工作内容　　　　　　　　　　　　　表5-20

主要阶段	全过程工程咨询单位工作内容
编制上会方案	将拟招标范围、定标方式、合同特殊条款等形成上会材料
招标领导小组会审核	根据审核意见调整招标方案
招标估算	审核造价咨询单位编制的招标估算
发布招标公告	协助招标公告发布，向各投标人提供招标资料
截止投标	在招标文件约定截止投标时间，收取投标人递交的纸质投标文件
资格审查	按照招标公告约定方式进行投标人资格审查
定标	协助建设单位确定中标人
发放中标通知书	中标通知书编制、呈批、打印、盖章、发放

邀请招标各阶段工作内容　　　　表 5-21

主要阶段	全过程工程咨询单位工作内容
编制上会方案	将拟招标范围、拟采用的定标方式、合同特殊条款、拟邀请单位资信材料等汇总形成上会材料
招标领导小组会审核	根据审核意见调整招标方案
招标估算	审核造价咨询单位编制的招标估算
发布投标邀请函	协助向投标单位发布投标邀请函，向各投标人提供招标资料
截止投标	在招标文件约定截止投标时间内，收取投标人递交的纸质投标文件和投标承诺书
定标	协助建设单位确定中标人
发放中标通知书	中标通知书编制、呈批、打印、盖章、发放

直接委托是指无须经过招标程序，直接确定中标人的招标方式。在深职院项目集群招标实施过程中，燃气监理、一般工程检测、市政道路工程检测、管线迁移均采用直接委托形式招标。直接委托各阶段工作内容详见表 5-22。

直接委托各阶段工作内容　　　　表 5-22

主要阶段	全过程工程咨询单位工作内容
招标估算	审核造价咨询单位编制的招标估算
中标公示	中标通知书编制、呈批、打印、盖章、发放

4. 合同谈判阶段管理

在确定中标人且中标通知书发出后，即进入合同谈判阶段。在该阶段，全过程工程咨询单位主要负责合同协议书编制、合同内容的沟通协调，督促中标人履约保函、预付款保函办理等内容。在合同协议书编制时，应确保合同的准确性和完整性。为便于合同后期查阅和信息追溯，招标采购组在深职院项目集群参建单位合同协议书编制时，通常将法人证明书、法定代表人授权书、拟派管理人员一览表、主要施工机械设备表、答疑补遗文件等内容作为合同协议书附件。

5. 合同实施阶段管理

合同协议书签订后，中标单位进场，开始按照合同履行约定义务，行使相关权利，即进入合同实施阶段。全过程工程咨询单位在该阶段主要工作是监督发承包双方是否按照合同约定执行、是否存在违约行为等，例如违法分包审查、人员到岗审查、进度、质量、进度目标完成情况考核、劳动力及机械配备审查、合同支付审查等均属于合同实施阶段管理的工作内容。除上述内容外，合同实施阶段管理还包括履约评价管理、合同纠纷及索赔管理工作内容。

（1）履约评价管理

深职院项目集群履约评价管理主要依托深工务署履约评价管理制度，是在合同规定的履约时间内，就承包人履约表现情况进行季度、年度、阶段、最终评价的一种合同管理方式。履约评价结果分为优、良、中、合格、不合格五个档次，评价数据统一汇总至深工务署工程管理平台，经过分析和计算后，可得出每个单位的履约优良率。优良率的高低直接影响承包人的投标、定标和合同款支付额。在此制度基础上，全过程工程咨询单位对各项履约评分表进行深化并制定履约警示预告制度，进一步加强了对承包人履约的约束。

（2）合同纠纷及索赔管理

合同实施过程中可能出现影响合同正常履行主观、客观及不可抗力因素，上述因素共同构成合同风险。合同风险管理可通过风险辨识、风险分析、风险应对和风险监控实现。

当合同风险已无法妥善规避时，即容易产生合同纠纷和索赔。在工程建设中，合同纠纷普遍存在，其产生原因也有很多，例如工期延误、进度款支付滞后、合同转包、违法分包等。工程建设相关的合同纠纷及索赔通常具有涉及面广、诉讼标的大、索赔金额高、专业性较强等特点，管理难度较大。

深职院全过程工程咨询项目集群管理过程中，重视对各专业过程资料的归档、整理，其对合同纠纷或索赔事项处理有着至关重要的作用。同时，在与各参建单位对接过程中，集群咨询团队针对可能造成合同纠纷和索赔的事项始终保持较高的敏感度，当发生合同纠纷和索赔事项时，会在第一时间会同相关方协商，确保纠纷处理的及时性，降低问题升级的可能性，同时对纠纷及索赔事件的合同依据、相关记录、索赔背景及索赔权利进行分析，论证索赔的合理性。此外，对于纠纷事项建立统计台账，及时总结经验，避免同类问题发生。

5.3.3 集群模式的打包招标模式创新

打包招标是指将两种或两种以上施工、货物、服务合并为一个标的包进行招标，继而确定一个中标人的招标方式。打包招标比较适用集群管理，该招标形式有利于减少招标工作时间，节约招标成本，提高项目管控效能。当多数小型工程采用打包招标时，更有利于吸引综合实力强的单位。以G栋项目、体育项目两个项目打包招标为例，介绍打包招标的实施思路、管控要点以及取得的成效。

针对深职院项目集群重复招标项多的特点，集群咨询团队在策划阶段便持续探索减少招标界面、节约招标时间、提升管理效能的方式。G栋项目、体育项目位于同一校区、同一地块且两个项目进度相对一致、交付时间相近，经过对图纸、地质条件和场地条件的进一步分析发现，两个项目地质条件基本相同，且可共用一条施工通道。基于以上特点，招标采购组有针对性地编制了两个项目打包招标的招标策划，经过与建设单位讨论后实施。

施工总承包打包招标是两个项目建设的开端，为了更好地实现打包招标，招标采购组对前置条件进行详细的摸底：

（1）设计方面，两个项目均已完成初步设计，正在进行施工图设计，设计进度前后相差2个月，因设计单位不同，出图时间需要进一步协调。

（2）清单编制方面，两个项目造价咨询单位不同，由于招标挂网仅能发布一份招标清单，因此需要两家造价咨询单位充分沟通，保证相同清单项的单价和计费方式保持高度一致，以避免中标人不平衡报价，产生违法分包风险。

（3）资质要求方面，两个项目建设规模均为"建筑工程施工总承包二级资质"及以上单位可以承接，满足打包招标要求，但由于两个项目单独立项，因此需要分开签订合同，独立办理施工许可证和结算手续。

在充分分析上述条件后，招标采购组会同设计管理部和投资管理组商讨出图计划、清单编制计划等，同步召开招标工作协调会，邀请两个项目设计单位、造价咨询单位共同参与。各方将拟招标项、重点难点事项等进行充分讨论，在招标文件编制过程中，招标采购组充分与各方沟通，确保各类条款设定的一致性。

经过施工总承包打包招标的经验积累，参建各方已建立良好的配合机制，为后续打包招标的顺利落地提供有力保障。目前两个项目已实现施工总承包、园林景观、人防、防火门采购及安装、瓷砖、卫浴、铝板顶棚、开关插座、防雷检测、工程检测、工程保险、BIM咨询等16项打包招标。打包招标方式也提高了深职院全过程工程咨询项目集群管理效能，主要体现在：

（1）打包招标确定同一中标人，便于建设单位、全过程咨询单位的管理和施工协调、配合，减少了施工阶段的争议和扯皮情况的出现。同时，本工程打包招标减少了建设单位、全过程咨询单位、施工总承包单位的管理人员投入，一套班子可同时管理两个项目，最大限度地实现管理资源的节约和经济性。

（2）在打包招标的驱动下，两家设计单位通过逐轮优化，使得两个项目外立面、景观、装修风格等更加契合，提升项目美感。在功能方面，两个项目地下室打通，使得地下交通更加流畅，智能化、机电等专业通过双方设计师的进一步沟通，功能衔接更加紧密。

（3）打包招标提升了招标总额，吸引了优秀的施工企业参与投标，有利于项目质量、安全、投资等管理目标的实现。

（4）打包招标更有利于施工各个阶段的场地布局和施工管理，能够有效地缓解场地条件限制带来的压力。

5.3.4 集群模式的招标采购管理优势

深职院项目集群各项目建设内容具备相似性，且均依托深工务署招标管理体系，招标工作存在一致性和共通性。各子项目分批投入建设，同一类型的招标在集群实施过程中重复多次，为管理经验的积累和招标工作的改善、提升创造便利条件，这一特点是单一项目招标管理不具备的。集群咨询团队专业配备相对齐全，各专业衔接紧密，有利于提升招标采购的专业化程度。

1. 制定集群招标控制计划

招标管理在项目管理中起到承上启下的作用，如何确保现场进度不受招标工作的影响，是需要招标管理重点把控的。深职院项目集群具有各项目分批开工建设的特点，项目集群招标管理工作具备一定的连续性。基于此，招标采购组参照施工流水作业的方式，采用流水招标的形式。

招标采购组首先将集群各项目总控计划进行细部分解，并进行施工工序模拟，继而在施工总承包招标前，即初步形成包含三级节点的施工进度计划，在此基础上进一步完善招标节点计划。针对每一个招标项，均根据施工进度计划预留足够的招标时间、施工准备时间和机动时间。随后，将集群各项目招标节点计划进行汇总，将处于相近时点的招标项予以合并，同时推进，并以网络图形式绘制形成集群招标控制计划。

2. 建立招标经验复制机制

相较于单个项目招标采购，深职院项目集群招标采购具有"招标工作量大、重复招标项多"的特点，且招标采购采用流水招标形式，此前招标经验积累可为后续招标提供帮助。基于此，招标采购组将招标过程中的各类问题按照工程类别、招标方式、问题类型、发生时间、涉及专业等进行分类记录。当招标采购相关问题涉及其他专业时，及时采用电话、微信、邮件等形式，抄送并告知团队其他专业人员，各专业共同参与修改、调整，招标经验可延伸至造价管理、现场管理、设计管理。

同样，其他专业管理经验也可反馈到招标管理环节，例如在现场管理阶段，多数管理问题可直接反映出招标文件条款的编制是否合理，招标控制价编制也可反映出招标界面划分是否清晰，达到"以点带面"的管理成效。在管理后续同类招标项时，前期的招标经验、做法可直接复制，在提升招标工作效率的同时，也提高了招标成果质量。招标经验的可复制性在深职院项目集群人防工程、装修工程及施工总承包招标中均有不同程度的体现。

（1）人防工程招标

在A、B栋项目人防工程招标过程中，招标采购组了解到深圳市民防办（后并入深圳市住房和建设局）于2018年发布《深圳市民防办关于进一步明确人防工程平战转换有关要求的通知》（深民防办〔2018〕99号），要求防护单位平时通行口部位采用"双向受力防护密闭门（GSFMG）"。了解到该信息后，招标采购组立即知会集群咨询团队其他专业同事，一方面要求 A、B 栋项目设计单位修改图纸，另一方面通知投资管理组同事启动询价流程，同时请监理项目部告知施工总承包单位修改内容及缘由，保证了人防工程招标的顺利推进。此次人防招标经验也为后续 4 个项目的人防图纸设计、人防材料询价提供了依据和基础数据。

（2）装修工程招标

装修工程作为项目重要的招标项之一，与工程各参建单位的界面多有交叉。以 A、B 栋项目为例，设计做法中的"陶粒混凝土回填"由施工总承包单位施工。进入装修阶段，同一宿舍房间内，防水单位负责防水层施工，施工总承包单位负责陶粒混凝土回填，装修单位负责饰面砖铺贴，防水保护层第一道工序由施工总承包施工，第二道及以上工序由装修单位施工。三家单位交替作业，进度、质量控制难度加大，"扯皮"、争议时有发生。

集群咨询团队将此经验归纳总结后，在后续项目的装修招标中，重新梳理招标界面，将宿舍范围内的卫生间陶粒回填和防水保护层全部交由装修单位施工，施工总承包单位仅负责结构楼板和找平层施工，并做好结构闭水试验后移交装修单位，每层工序完成，均签发界面移交清单，在减少作业面交叉的同时也有效避免了争议的发生。

（3）施工总承包招标

在项目进入施工阶段后，施工总承包与专业分包之间大多存在"总包配合费"的争议。在深工务署施工总承包招标文件范本中，与施工总承包单位相关的服务费用共有 3 笔，分别是总包管理服务费、临时设施使用费和发包人供应（甲供）材料设备保管费。

① 总包管理服务费是指施工总承包单位对建设单位发包的专业工程实施统筹管理而发生的费用，包括对专业工程的进度安排、施工现场管理协调、竣工资料汇总整理等，该费用以指定承包专业工程的合同价为基数乘以推荐费率（1.5%～3.5%）按实计取，费率由投标人自行填报，由建设单位直接支付给施工总承包单位。

② 临时设施使用费是指承包人使用施工总承包单位现场设施所需支付的费

用，包括脚手架、垂直运输设备等使用费及施工总承包单位和专业工程承包人约定的其他费用，该费用以指定承包项目合同金额扣减设备费为基数乘以推荐费率（0~3%）按实计取，由指定承包人支付给施工总承包单位。

③ 发包人供应（甲供）材料设备保管费是指施工总承包单位对发包人供应的材料设备（甲供材料设备）进行保管服务及现场管理所需的费用，该费用以甲供材料合同价为基数乘以推荐费率（材料1%~2%，设备0.5%~1.5%）按实计取，由建设单位直接支付给施工总承包单位。

临时设施使用费在施工总承包招标文件中给定了费率区间，由施工总承包单位和分包单位在此区间内自行协商，但在预选母工程招标时，也已给出明确的临时设施使用费费率，导致施工总承包单位和预选单位之间争议不断。了解到该情况后，招标采购组对各预选母工程的临时设施使用费费率进行核对，对于其他没有明确临时设施使用费费率的分包工程，由集群咨询团队会同深署教育工管中心项目组确定，并在招标文件中予以明确，详见表5-23。此外，在招标文件中明确约定如施工总承包单位超出表5-23范围收取分包单位临时设施使用费的处罚措施，在集群施工总承包招标过程中有效规避了此类问题。

总包配合费费率设定　　　　　　　表5-23

序号	专业工程名称	计费基数	招标人给定费率
1	装饰装修工程（室内精装修）	合同总价	1.5%
2	人防工程	合同总价	1.5%
3	电梯工程（不含设备费）	安装费用总价	2%
4	木门工程	合同总价	1%
5	钢质门	合同总价	1.5%
6	外墙涂料工程	合同总价	1%
7	防水工程	防水工程结算价	1%
8	防火门工程	合同总价	1%
9	铝合金门窗工程	合同总价	1%
10	园林绿化工程	合同总价	1.5%
11	跑道及球场面层工程	合同总价	1.5%

3. 专业小组协同招标管理

招标管理质量提升需要多专业共同参与，在全过程工程咨询项目集群管理模式下，咨询管理团队的人员配置更容易实现"数量多、专业广"，更有助于保证招标成果的高质量交付。

深职院项目集群招标管理是由设计管理部、造价合约部、监理项目部共同参与完成。以招标文件编制为例，招标采购组根据招标文件范本进行内容填充，参考以往工程案例搭设包含"设计标准""商务条款""施工技术要求"在内的招标文件框架，投资管理组、设计管理部、监理项目部负责内容审核并补充完善。在整个招标进程中，招标管理可以得到其他专业的技术支持，招标管理输出的成果更加系统、全面。

全过程工程咨询项目集群管理模式下，各专业之间也可以招标为"媒介"，进行比较充分的信息沟通和交流，更加系统、全面地了解项目各方面的进展，同时也可以吸收多方面专业知识，达到管理人员综合管理能力提升的目的，这是单一项目管理难以实现的。

5.4 投资管理

建设投资是为完成工程项目建设，在建设期内投入且形成现金流出的全部费用，包括工程费、工程建设其他费和预备费三部分。投资管理是以建设单位为管理主体的建设投资管理。全过程投资管理是指在建设工程投资决策、设计、招标、施工及竣工验收各个阶段，把建设项目投资的发生控制在批准的投资限额以内，随时纠正投资偏差，力求合理使用各项资源，以保证项目各阶段投资管理目标的实现，从而达到建设项目投资控制目的。工程投资控制是动态的，并贯穿于项目建设的始终。

全过程工程咨询投资管理与传统造价咨询存在明显不同，传统造价咨询工作是单一的、被动的、碎片化的，仅对工作成果负责，不能主动地对目标进行管理；而全过程工程咨询投资管理工作是全方位的、事前主动的、全面系统的，以建设单位管理目标为导向，对建设单位投资目标负责。

随着我国经济的发展、政府投资决策体系的完善，政府建设投资对标准化和高效率更加注重，深工务署以"实现政府工程高质量发展"为目标，也进一步对投资管理工作提出要求。设计一套优秀的组织架构，发挥集群智力优势，把控全过程投资管理工作要点，收集集群前期项目内部工作经验，实现协同发展，提高后续项目工作价值，是集群项目全过程投资管理工作必须解决的问题。

5.4.1 集群模式的投资管理组织架构

在确定投资管理组织架构时，集群咨询团队经过充分地考虑和讨论。首先，从公司角度，五洲造价公司以及深圳分公司投资管理组均能够为本项目提供后台支持。其次，从项目角度考虑，集群内项目开工时间有先后，集群项目投资占比较大的项目类型为教学楼、宿舍、食堂，各项目之间具有重复性，因此需考虑设定机制收集各项目经验，为后续项目提供支持。基于以上考虑，投资管理组织架构设置如下：

由造价合约部负责项目集群整体的投资管理、招标采购和合同管理。造价合约部设负责人1名，下设土建、机电、市政、招标合约四个小组，每个项目配置一名牵头人，负责该项目对接协调工作，同时该人员作为项目集群的造价专业工程师，支持项目集群内各项目的造价专业审核工作，形成矩阵管理模式，造价合约部组织架构如图5-13所示。

深职院项目集群为项目管理与监理一体化的全过程工程咨询项目，投资管理人员需兼顾工程监理与项目管理两个方面的投资管理工作，需要全范围严控工作质量，保证工作效率。同时，为更好地发挥集群先行项目指导优势，造价合约部在管理过程中，通过合理地制定工作实施方案，注意工作过程中的案例、资料积累，使管理工作体系化、制度化。

1. 集群投资管理团队

集群内部由一名具有政府投资管理经验的资深造价工程师作为投资管理总

负责人，审核集群各项目投资管理重大工作，并向深工务署、五洲·千城汇报工作。每一个项目各分配一名造价工程师作为牵头人，处理项目一般工作，并在总负责人的协调下处理其他项目专业问题。

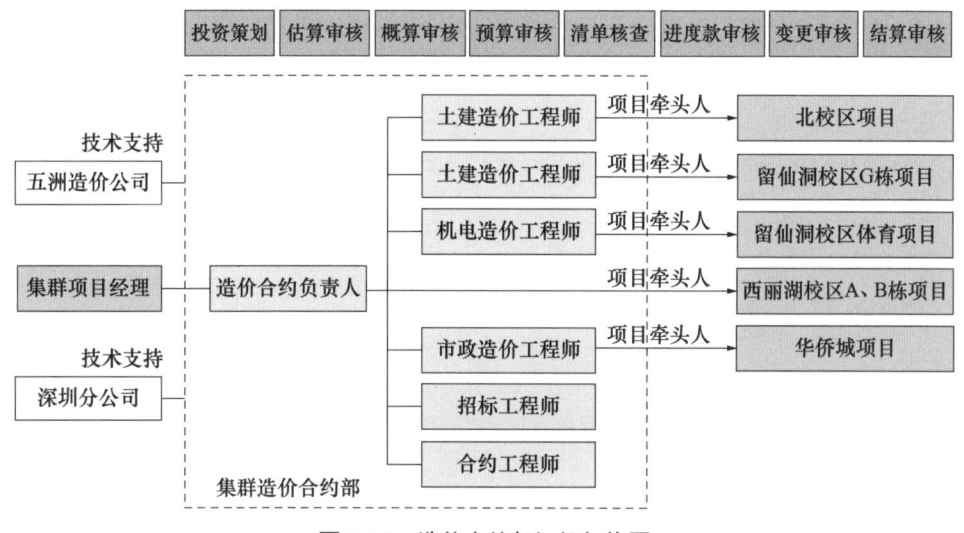

图 5-13　造价合约部组织架构图

2. 投资管理支持团队

集群造价合约组织架构遵循五洲·千城"精前端、强后台"的发展战略，五洲造价公司以及深圳分公司为集群造价合约部提供技术支持。例如，五洲造价公司基于高效的工作流程，利用丰富的造价指标数据为前端工作人员提供概算指标指导及图纸优化建议；深圳分公司投资管理组卓越的人才优势，保证工程量清单及招标控制价评审按时保质完成。

3. 投资管理运作模式

集群投资管理团队采用集中分散的投资管理运作模式，实现工作的高效运转。在日常工作中，各项目均由造价工程师作为牵头人负责处理一般性工作。当遇到如概算申报审核、施工单位大量变更审核时，投资管理组长通过统筹分配各项目工程师，发挥项目集群优势，必要时造价负责人协调后台提供支持，为各项目工作完成提供充分保证。这种工作模式在北校区项目概算编制审核工作中得到集中体现。

北校区项目概算投资8亿元。概算编制审核工作项目组要求1个月内审核并修改完成，若按照传统项目2名工程师配合工作，势必会影响概算编制审核的深度和全面性。造价合约部发挥项目集群统筹管理优势，在集群内部组织其他项目造价工程师参与审核工作。各项目造价工程师均对全部集群项目熟悉，能够迅速上手进行审核工作。同时，发挥五洲·千城"精前端、强后台"优势，在深圳分公司造价合约部内部选择有经验的造价工程师参与审核工作，这种模式在概算编制审核工作中得到深署教育工管中心项目组的积极反馈。审查工作不仅从全局角度审核概算编制工作，而且还发现很多重要细节问题，如表5-24所示，有效地保证了概算申报文件的质量。

北校区项目概算编制审核造价合约部审核意见　　　　表5-24

序号	部分	审核意见	后续进展
1	厨房、卫生间区域结构降板	未考虑降板区域回填做法，建议与设计院复核确认是否漏项	与设计单位沟通后明确了相关做法
2	支护工程	清单计取时考虑入岩增加费的长度为锚索整体长度的一半，是否合理？	复核后修改了相关做法
3	现场零星拆除、清运	混凝土构件拆除：根据现场施工，应该为现浇钢筋构件拆除，请复核	复核后修改
4	工程计价费率	未按最新取费标准计取，应按深建价〔2018〕25号、建办标函〔2019〕193号计取	复核后修改
5	水泥砂浆等级	砂浆等级均为M5，定额均套取M7.5	复核后修改

5.4.2　集群模式全过程投资管理要点

全过程工程咨询投资管理通过决策策划、投资估算、项目经济评价分析、方案比选、限额设计、概预算管理、招标投标管理、合同管理、施工工程量计量、工程变更管控以及竣工结算等方法对各项目开展投资控制。将总投资控制在批复概算内，是投资管理的核心目标。

建设项目投资控制目标的设置,随着工程项目建设实践的开展分阶段设置。具体来讲,投资估算是设计方案选择和进行初步设计投资控制的目标;设计概算是进行施工图设计投资控制的目标;施工图预算或建安工程承包合同价是施工阶段投资控制的目标。以上有机联系的阶段目标相互制约、相互补充,前者控制后者,后者补充前者,共同组成项目投资控制的目标体系。各阶段投资管理工作目标和工作内容及管控要点详见表5-25。

投资管理各阶段工作内容　　　　　　　　　表5-25

阶段	工作目标	工作内容	管控要点
策划及前期阶段	(1)投资估算反映的建设规模、建设标准、建设内容与项目建议书的投资匡算相符; (2)投资估算编制文件完整,不存在多项、漏项,投资估算的编制方法正确;投资估算的编制依据符合法律、法规及其他规定要求; (3)投资估算指标、各项费用定额及取费标准符合相关规定	(1)配置项目投控人员,编制项目投资控制与资金管理的程序文件,编审投资估算; (2)识别与评估项目投资控制风险因素,制定应对策略,建立风险控制指标和预控措施; (3)编制项目投资控制规划; (4)制定年度投资建议计划	(1)投资估算指标选择; (2)指标选取正确性
设计阶段	(1)一般情况下概算不超过投资估算,概算符合项目建设需求; (2)概算编制文件完整,概算计价文件中的工程量与图纸匹配,经济技术指标合理、单价合理; (3)项目实施阶段的工程造价(包括施工图设计阶段、施工阶段等)总和不超过概算	(1)审查设计招标文件,核实合同限额和设计限额;按项目或合同分解结构分解概算限额,制定投资控制责任表; (2)技术方案与主材设备经济比选; (3)概算、施工图预算对比分析与优化建议	(1)概算编制审核; (2)限额设计
招标阶段	(1)项目各专业工程的招标控制价总和不超过概算; (2)招标控制价编制资料完整,控制价计价文件中的工程量与招标图纸匹配;各招标文件之间界面划分清晰	(1)合同策划、招标范围、风险范围、合同计价方式及主要合同条款审查; (2)工程量清单界面管理;工程量清单、招标控制价审查; (3)投标报价分析、施工技术方案与报价相关性审查	(1)商务条款编制与评审; (2)招标控制价编制审核; (3)中标候选人澄清

续表

阶段	工作目标	工作内容	管控要点
施工阶段	（1）建设实施投资不超过概算； （2）资金使用有计划，资金支付情况符合合同约定； （3）工程变更严格按标准执行	（1）工程量清单核对与缺漏审核； （2）工程款与其他费用支付审核；工程变更价款审核；合同索赔预控与处理；分段工程结算办理； （3）编制资金使用计划，工程量、资金支付、变更台账的建立； （4）动态投资控制计划，投资偏差分析与超限预警	（1）清单核查； （2）投资动态控制； （3）变更管理
竣工阶段	（1）结算满足财政评审要求； （2）工程结算资料的完整性、真实性； （3）结算编制工作计划合理完善； （4）确保工程结算按时保质完成	（1）核对工程变动情况，审查竣工图纸；审查工程结算资料的完整性、真实性； （2）汇集及审查甲供设备、材料表； （3）工程结算审核；工程结算款支付审核； （4）编制已完工程造价指标表；投资控制工作总结	（1）分段结算； （2）竣工结算

1. 决策阶段投资管理

全过程工程咨询招标工作通常是在项目建议书批复后进行。在决策阶段，全过程工程咨询单位造价合约部工作主要围绕着可行性研究报告编制审核工作。

投资估算是设计任务下达的投资限额，对后续概算批复起着控制性作用，在投资审批趋紧的背景下，概算批复一般不会超过投资估算批复金额。在投资估算编制工作中，首先要注意选取可比工程之间的选择及换算、调整，其次是注意选取的指标是否能够反映工程特点、满足标准要求。

2. 设计阶段投资管理

（1）概算编制审核

深工务署作为政府投资建设工程项目管理机构，其工程项目遵循科学、标准、效率、公开原则，严禁超投资情况出现，即工程实际投资（竣工决算）不得超过概算批复总投资,因此概算编制质量、概算批复金额会对项目后续设计、施工产生重要影响。目前,深圳市地区无概算定额,市发展改革委部门在审批概算时主要依据预算定额,考虑初步设计图纸与施工图设计之间的设计深度差异,在编制概算时适当考虑零星工程费。为了防止因概算编制深度不足、质量较低造成概算批复金额减少,造价合约部需要在概算编制单位完成编制工作之后,对概算编制文件进行审核。总体而言,主要审核要点有编制依据的合理性、相应方案匹配性、图纸编制完整性、材料、设备询价依据、清单工程量、措施费选择、清单中相应定额套用审核、清单漏项等。

为了确保概算审核工作保质保量完成,深职院项目集群采取措施如下:① 精前端、强后台。除要求专职负责深职院项目集群投资管理工作的 5 人集中参与外,考虑到概算审核时间要求高,优选公司内部经验丰富的造价工程师加入概算审核工作。② 明确分工、审查要求。考虑到专项工程技术要求高,相应专项工程在公司内部讨论相应设计、施工要求,避免因工艺不熟造成清单缺漏项问题发生。③ 注重意见落实。概算审核工作需形成书面审查意见,向设计单位、概算编制单位交底,并要求概算编制单位按期回复审查意见,回复意见需明确每一条意见是否已经复核,若需设计院复核,是否已经在概算编制文件中进行对应修改。回复清单逐条对应,逐条销项。

(2)限额设计

限额设计是指各专业在保证达到使用功能的前提下,按分配的投资限额控制设计,提高设计的经济性和合理性,从而保证总投资不被突破。

从投资管理角度,限额设计过程是不断实现工程建设投资控制的过程,要求管理人员具有能够通过概算分析评估资金充分程度的概算审查能力,还需要通过技术经济分析确定降低工程造价的设计因素。

限额设计依据主要包括:① 批复的概算设计标准和内容范围;② 类似工程项目相关信息,如建设标准、内容范围、费用组成、造价指标;③ 当前主材、设备价格;④ 使用单位需求内容,包括专业工程技术方案、项目品质及其他因素。

在具体实施过程中,限额设计管控是由造价管理人员与设计管理人员共同合作完成。具体为，明确项目使用单位需求情况，了解需求侧重点，将各需求优先级排列，优先满足优先级高的需求，考虑效果与成本之间的关系，对中、低优先级工作进行满足。在设计过程中，造价管理人员定期与设计单位、深署教育工管中心项目组沟通交流，对分部分项工程进行测算，将相关情况向设计管理人员进行反馈。当图纸最终完成时，造价合约部对整个项目进行施工图测算，评估是否达到目标要求。主要工作措施如表5-26所示。

限额设计投资管理工作措施　　　　表5-26

序号	措施	具体内容
1	设计前限额设计交底	通过对比同类型建筑物经济指标，对设计单位进行交底工作，明确相应建筑、结构、机电设备、装饰、幕墙、园林景观等要求
2	设计中造价前置	在设计过程中，针对设计出具的初步成果文件，组织造价咨询单位进行初步测算，并进行经济性对比分析
3	设计后数据统计	针对完整的设计图纸，测算相应工程量、指标之后，对比概算批复金额，进行层级对比，判断是否存在单位工程超概算情况

3. 招标阶段投资管理

招标阶段是指从勘察设计工作开始到与工程中标人签订合同，完成中标澄清工作结束的这一阶段。从工程建设角度，这一阶段要完成勘察设计工作，出具相应施工图或者施工文件，满足招标与施工要求，确定招标规划。投资管理主要围绕着三项工作展开，即商务条款编制与评审、招标控制价编制与审核、中标候选人澄清文件编制。

（1）商务条款编制与评审

招标文件是分配权利与义务、风险与收益的重要依据文件。商务条款编制关键点在工期确定、工程计价模式选择、材料设备选择、专业工程暂估价、材料调差规定、总包服务费设置等方面。

① 工期确定。工期设置应以定额工期为依据，若工期压缩过多，则应在措施费中考虑增加模板、脚手架等周转材料使用费。若招标文件要求工期比定额工期缩短20%以上，招标控制价还应该考虑相应赶工措施费。

② 工程计价模式选择。按照深工务署规定，采用固定总价计价模式的分部分项工程主要在施工总承包工程中，大型土石方工程需要根据前期地质勘察报告，合理确定土石比例，采用固定总价计价模式。对于需要承包方完成深化设计、发挥承包人技术优势的工程，例如幕墙、智能化工程采用固定总价模式。现场拆除、迁移工程，由于施工前工程量比较容易明确，采用固定总价模式。除以上工程外，优先采用固定单价模式。

③ 材料设备选择。深工务署根据产品系列、性能等因素将材料设备品牌库中品牌分为 A、B 两档，一般来说，重大项目、重要部位采用 A 档品牌，投资偏紧项目、用量大的材料设备采用 B 档材料设备。

④ 专业工程暂估价。根据深圳市政府规定，专业工程暂估价累计不得超过本工程按照图纸计算的建安工程造价的 15%。暂估价项目在招标时作为不可竞争费用进行评比，因此招标时应尽量避免因图纸不完善而产生的暂估价项目。如因项目情况确需设置时，应组织设计管理部、监理项目部，造价咨询等单位对该部分工程内容进行评估。

⑤ 材料调差规定。对于用于本工程的某种材料价格总额达到或超过合同价 5% 或者近期价格波动较大的材料设备，应作为可调价的主要材料，一般包括人工、混凝土、结构用钢材等。调差约定遵循的原则是：若有信息价则以信息价为依据，若无信息价则必须在招标文件中约定材料调差计算方法。

⑥ 总承包服务费设置。主要包括总包管理服务费和甲供材料保管费。总包管理服务费是指施工总承包单位对发包人单独发包的专业工程实施统筹管理而发生的费用，招标时需要将单独发包的工程和相应招标估价进行统计形成列表供投标人参考。甲供材料保管费是指对发包人自行采购的材料设备进行保管服务及现场管理所需的费用，招标时需和相应材料设备估价进行统计形成列表供投标人参考。总承包服务费必须在总承包单位招标文件、专业分包单位招标文件、甲供材料单位采购文件中相互对应，包含的工作内容和计算费用相互统一。

（2）招标控制价编制与审核

招标控制价编制与审核工作包括工程量清单编制以及招标控制价编制，最终形成招标工程最高投标限价。招标控制价应控制在已批准的设计概算投资范围内。全过程工程咨询投资管理招标控制价编制与审核工作主要包括：编制工作交底、编制过程管理、编制成果审查。

① 编制工作交底。造价合约部根据五洲·千城和深工务署相关规定，制订集群项目招标控制价编制作业指导书。组织召开交底会，将编制工作相关内容结合招标要求，向造价咨询单位交底并明确重点注意事项，如主要材料、设备询价要求、三级审核制度（造价咨询单位最终提交的招标控制价成果，须完成造价咨询单位内部三级审核，并提交三级审核意见表）。

② 编制过程管理。造价咨询单位需提供编制计划，明确任务划分以及责任人、时间安排，并按时间分阶段提供招标控制价编制成果，并对这些编制成果及时进行技术、经济指标分析。通过定期组织招标控制价编制评审会，及时将相关信息与设计单位沟通，设计单位复核相关信息后需给出明确答复。

③ 编制成果审查。全过程工程咨询投资管理需要对造价咨询单位提供的造价文件成果进行审查。主要审查要点如表5-27所示。

工程量清单及招标控制价审查要点　　　　表5-27

序号	审查要点
1	编制依据是否准确，如图纸版本、招标文件承包范围、计价规范
2	模型设置是否正确，清单工程量、模型工程量、计算底稿工程量是否一致
3	清单是否有缺漏项
4	项目特征是否清晰、准确
5	有甲供设备的甲供设备清单是否准确
6	实行总价包干的工程，工程量清单计算依据是否进行详细复核
7	清单综合单价计费依据的合法性、有效性
8	招标控制价是否控制在已批准的概算投资范围内
9	招标控制价最终文件的审核人签字、印章是否完整

（3）中标候选人澄清文件编制

中标候选人澄清编制工作包括商务标复核以及商务澄清内容的编制。商务标复核主要内容如表5-28所示。

商务标复核主要内容 表 5-28

序号	复核内容
1	投标函的报价是否与报价书相一致
2	综合单价、合价、总价是否存在计算错误
3	对照工程量清单,是否存在漏项、更改项目内容和工程量、更改暂列金额
4	工程暂估价或其他招标文件规定不得改动的项目金额、有项目而不填单价等情况
5	检查主要项目的综合单价是否存在:小数点方面的错误、明显的不平衡报价;用"快速调价""系数换算"等编制方式随意修改单价分析中工料机消耗量等
6	制作投标价与招标控制价对比分析表,对报价存在的风险进行分析
7	需要修正中标价的进行中标价修正,价格修正应按照有利于招标人的原则进行
8	如果投标文件中发现投标人随意修改综合单价中的工料机消耗量情况,应通过澄清环节确认各项重要数据,避免合同执行中发生争议
9	综合单价出现小数点错误或存在明显不平衡报价时,综合单价应调整在合理范围之内。一般情况下,约定清单内工程量执行其综合单价,清单外工程量执行调整后综合单价

4. 施工阶段投资管理

施工阶段是投资管理工作比较烦琐的管控阶段。造价合约部工作主要围绕清单核查、投资动态控制、变更管理展开。

（1）清单核查

清单核查是指施工单位签订合同后,对照招标图纸及招标清单,重新计算分部分项工程量,目的在于找出招标工程量缺漏、清单漏项问题,减少后期纠纷。按照深工务署相关规定,施工单位签订合同90天以内,需上报清单复核资料,并与造价咨询单位进行核对。

造价合约部首先需要召开清单核查工作启动会,明确工作标准要求、申报、核对时间、送审格式要求等内容,然后根据计划定期提醒施工单位提交相应成果,安排与造价咨询单位核对工作。最后在造价咨询单位与施工单位核对完成以后,对清单核查工作成果进行抽查,形成抽查意见书。造价咨询单位根据意见书调整相应工程量,与施工单位确认无误后将完整清单核查资料交予深署教育工管中心项目组审批。

（2）投资动态控制

施工阶段投资动态控制主要包括资金计划和进度款审核。

资金计划。政府投资项目对资金计划的编制有较高的要求，计划编制不充分会给政府部门带来资金筹措以及管理压力。资金计划编制不仅要考虑当年产值完成情况，还要考虑新合同签约后的预付款支付情况。

进度款审核。全过程工程咨询单位需要对服务类、施工类合同当期进度款进行审核，服务类合同需根据合同约定，对成果文件进行确定，支付对应阶段进度款。针对施工类合同，关键在于项目监理部确定当期产值，以及进度款文件的填报准确性，既要防止施工单位超领进度款，又要防止进度款因资料问题被退回。

（3）变更管理

针对变更管理，造价合约部需推动变更流程完成以及变更费用估算、预算审核等工作。深工务署将变更环节分为五个部分，包括联系单、预变更、变更事项、变更费用四个线上流程，以及洽商审批这一线下工作。在执行过程中，由于施工单位对流程不熟悉，容易造成后续一系列的联系单发起、线下洽商审批、变更事项发起工作滞后，影响变更审批及整体推进。因此，投资管理人员需定期对现有变更进行梳理，与设计管理部沟通确定变更图纸版本，与施工单位确认变更估算、洽商完成情况，定期梳理执行情况，组织会议确定相应流程发起责任人、完成时间。

造价合约部还需对相应变更估算、预算进行审核，完成核对施工单位报送的文件是否齐全、变更对应图纸是否为最新版本、计价文件中是否有工程量包干项重复计取费用、变更工程量是否正确、综合单价是否计取正确、新增材料设备价格是否按照规定流程询价等工作。

5. 工程结算阶段投资管理

项目工程结算工作包括分段结算工作和竣工结算工作。

（1）分段结算工作

分段结算是指依据施工总承包合同进度,将工程分为基坑支护、桩基、主体结构、装饰装修、室外等工程,对施工完成并经单位工程验收或分部工程验收合格的工程内容(包括现场签证、工程变更等)分阶段审核,对拟送审的结算资料提前报送深署教育工管中心项目组内部审核。分段结算可加快竣工结算工作进度。

例如,当完成土石方工程、基坑支护工程、桩基工程分部验收之后,施工单位就应整理该部分结算资料。其中,石方爆破工程、桩基工程、支护锚杆工程工程量一般按实结算,并提供完整、有效的石方爆破记录、打桩记录、桩基、锚杆相应检测报告。造价合约部需要推动分段结算工作开展。复核结算资料完整性,复核造价咨询单位出具的结算报告的准确性。

(2)竣工结算工作

竣工结算是指建设项目取得竣工验收证明或单项工程验收证明,承包单位合同承包范围内工作内容完成,以每份合同为对象办理结算。竣工结算阶段,全过程工程咨询投资管理工作包括根据竣工时间初步拟定结算计划,经深署教育工管中心项目组以及各结算单位确认后确定计划,推动结算按计划执行;针对结算推动中特殊、复杂情况会同各参建单位解决;审核造价咨询单位出具的结算报告,最后向深署教育工管中心项目组提交完整结算资料;根据财政评审中心结算相关要求对结算文件、结算资料审查,有效地降低财政评审结算结果偏离度等。

根据合同类型不同,一般将项目合同分为服务类、货物类、施工类合同。在竣工结算工作实施过程中,不同类型合同的结算工作侧重点也不相同。

① 施工类合同:变更管理和人材机调差、工期、奖罚项是施工类合同结算的重点工作。首先,施工类合同会出现工程变更,结算工作前提是合同内变更已全部审批完成,因此施工类合同结算工作应关注变更推进情况。其次,人材机调差的核对工作由于争议较大而拖延时间,因此,应该在交底及平时工作中进一步细化人材机调差的规定,避免因为条款理解问题导致问题拖延。最后,奖罚项是财政评审的重点审查内容,例如工期滞后,需提供工期延期文件,否则就需要根据招标文件规定进行处罚。

② 货物类合同：一般是指甲供材货物合同，结算需重点关注实际供货量与计算工程量对比，若出现施工单位甲供材超领情况，则需分析原因，判断是否应扣除施工单位相应金额。竣工图工程量要与供货工程量对比分析，审核供货单依据是否充分。

③ 服务类合同：首先，要对比服务类合同成果提交时间与合同约定时间，若延期需提供延期证明或其他有效文件。其次，需考虑深工务署履约评价要求，服务类合同结算金额条款均受到履约评价的影响，因此，结算之前要确保合同具有完整的履约评价成果。

5.4.3 基于指标数据的投资管理模式

项目集群是一组有共同目标的项目的集合，投资管理组组长定期组织各项目工程师开展经验分享会，并对项目数据统一格式，定期汇总，形成经验数据积累，定期总结积累投资管理工作成果数据，依托项目之间的关联性，积累的成果数据能够指导下一项目工作，特别是在估算审核、概算审核、限额设计、清单审核及过程变更中具有指导作用，充分发挥数据积累资源贡献的优势。这种工作模式在华侨城项目施工图设计优化和体育项目景观工程设计优化工作中取得很好的效果。

1. 华侨城项目施工图设计优化

华侨城项目是深职院项目集群最后一个开工项目，造价合约部在集群前4个项目中积累了丰富的实践经验数据。在概算批复过程中，华侨城项目概算批复金额比申报金额减少近7000万，给施工图设计投资控制带来很大压力。针对这一情况，造价合约部立即进行工作部署，从指标控制和需求明确两个方面进行施工图设计优化工作。

首先，根据现有设计图纸优化设计方案，应用前期积累的项目集群中宿舍楼、实训楼、行政楼等指标经验，指导造价咨询单位测算华侨城项目经济指标。有代表性的华侨城项目指标及集群内同类型主要经济指标如表5-29所示。

华侨城项目概算申报图纸经济指标　　　　　表5-29

序号	部位	混凝土含量（m³/m²）		钢筋含量（kg/m²）	
		华侨城项目	G栋项目	华侨城项目	G栋项目
1	地下车库	1.23	0.99	161.80	151.45
2	宿舍	0.32	0.27	40.15	39.65

其次，造价合约部与校方沟通，进一步明确校方各项需求，在确保满足校方主要需求的前提下，以现行标准为依据，对比同类型经济指标，审查相关工艺做法，对建筑、结构、设备、园林景观等各专业在施工图设计阶段进行优化设计、限额设计。投资管理主要意见如表5-30所示。这次优化取得很好的效果，保证项目的正常推进。

华侨城项目各专业施工图纸主要优化内容　　　　　表5-30

专业	调整部位	优化内容	优化金额（万元）
建筑	地下室车库地面	设计环氧自流平改为金属耐磨地坪	70.92
	地下室	地下室层高由4.00m改为3.80m	146.67
	实训综合楼、宿舍综合楼、图书馆玻璃幕墙	玻璃幕墙进行单元优化	219.58
	实训综合楼、宿舍综合楼、图书馆干挂石材幕墙	原干挂石材幕墙改为陶板幕墙，并对骨架精细化设计，减少幕墙系统自重	238.01
	地下室	根据初步地质勘察报告，取消超前钻做法	90.63
	污废水管道	原设计采用机制柔性铸铁管，建议调整UPVC排水管。实验室排水管考虑采用HDPE管	226.70
电气	宿舍楼	SC管材改为JDG管材，非消防负荷可酌情考虑采用PC管材（明敷场所采用阻燃型）	200.39
景观	德业广场（入口广场）	铺装面积减少，石材厚度降低	110.39
装饰	图书馆办公室、值班室地板	图书馆办公室、值班室将塑胶地板改为地砖，宿舍走廊的石材墙面改为无机内墙漆	260.14
	装修材料表	装修材料表中：铝方通、铝扣板、吸音铝板、石材、人造石等材料均未标明厚度，建议按一般常规厚度考虑	446.36

2. 体育项目景观工程设计优化

体育项目景观工程在招标时，设计单位出具的初版图纸造价严重超出概算批复相应工程费用，给结算后财政评审工作带来风险。造价合约部在进行招标控制价审核时，对比深职院项目集群内 A、B 栋项目以及五洲·千城类似项目的景观工程设计和造价数据，认为两个因素导致施工图预算超出概算批复金额，首先，图纸中乔木植物的冠幅、胸径、移栽要求均较高，不适用于造价站发布的乔木信息价，可询价厂家也较少，供货不稳定，造成乔木单价较高。其次，体育项目存在浮雕、广场地面等石材铺装部位，最初招标时均考虑采用 A 类厂家，其单价相较 B 类厂家同类型产品单价增加约 30%，且设计时广场台阶采用 80mm 厚石材，类似项目同部位石材厚度均为 20~30mm。经过分析，投资管理组及时向深署教育工管中心项目组做专题汇报，随后与使用单位、设计单位沟通，最终要求乔木设计时按照市场常规规格设计；广场地面大范围石材采用 B 类厂家，小面积区域如浮雕等具有艺术效果区域采用 A 类厂家，广场台阶石材厚度降低至 20mm。这两项景观工程设计优化保证了体育项目的有序推进。

5.4.4 集群模式下投资管理优化机制

深职院项目集群投资管理工作不仅依靠数据指标的积累，对造价咨询单位、施工单位商务部的管理也是重要的部分。本集群各项目开工时间不同，在组织架构规划中就要考虑管理工作的优化机制。总结前期项目遇到的管理问题，组织会议分享经验，尝试在现有状况下对工作方法、步骤优化，在后续项目遇到类似问题时应用优化后方法，并再次总结、找出优化措施，最终实现高效工作。这种机制经过实践检验，能够在集群模式下的投资管理中发挥作用，例如 A、B 栋项目分段结算管理工作优化、三类变更推进工作优化、清单核查工作优化。

1. 分段结算管理工作优化

A、B 栋项目是深工务署分段结算工作试点项目之一，计划在桩基工程验收完成后,将基坑支护工程、桩基工程进行分段结算工作。但在推行过程中发现工作推进困难,经过造价合约部分析,主要原因有认识不足、人员更换和图纸不清。

首先,A、B栋项目施工单位整体对分段结算工作重视不足,认为分段结算无法在进度款中体现,对施工单位无激励作用。其次,施工单位在分段结算工作实施过程中,更换商务团队人员,前后资料、信息衔接不畅,后续商务人员对前期施工情况不熟悉。最后,基坑支护图纸由设计单位委托另一家设计院设计,变更图纸出现与现场情况不符后缺少沟通机制,导致对应变更图纸修改缓慢,影响结算进度。

总结A、B栋项目经验,当后续项目推行分段结算时,造价合约部明确以下相关要求,并在征得深署教育工管中心项目组同意后实施。

首先,激励施工单位,分段结算完成的工程支付至审定分段结算总额的90%。其次,要求深署教育工管中心项目组、施工单位项目经理参加结算推进会,要求施工单位明确结算成果截止日期,并以承诺书形式提供纸质文件。最后,针对变更图纸修改不及时问题,CAD图纸发出之后全过程工程咨询单位造价合约部、设计管理部,施工单位技术部、商务部同时对图纸进行审查,避免蓝图出具后的修改。

上述规定的实施对北校区项目分段结算工作的推进发挥了很大的作用,其变更申报、分段结算提交均按照约定时间完成。

2. 三类变更推进工作优化

三类变更是指估算金额区间为50万~400万元的变更,这种变更根据要求需要准备变更相关材料,在深署教育工管中心会议上表决通过后方可实施。A、B栋项目约有10单三类变更。根据实际管理经验,三类变更因为设计范围较大、影响因素多,导致审批时间较长,提高三类变更工作推进效率就能提高变更推进效率,因此三类变更推动是变更推进工作的重点。

经过A、B栋项目变更管理工作实践,造价合约部总结出三类变更推进中的两大问题,即需求不确定和原图纸修改。

① 项目使用单位因为需求变化而提出变更。这种情况下需要使用单位与深署教育工管中心项目组直接沟通，确定实施变更后，使用单位向深工务署提供正式函件作为变更依据。这项工作由于使用单位内部讨论时间过长从而造成流程推进比较困难。同时在变更计价过程中还会面临变更后新增材料、设备价格的认定，也影响变更流程的推进。

② 由于设计完善而产生的变更。这类变更由于原有施工图纸不能够施工，且对现场了解不足造成变更图纸反复修改，从而造成变更费用反复计算，加大施工单位与造价咨询单位的工作量。

这两个问题在集群后续项目中会重复出现，必须采取一定措施降低影响，经过A、B栋项目经验梳理，造价合约部针对三类变更推进总结出以下关键点：

针对使用单位要求的变更，首先沟通设计管理部尽快明确使用单位具体变更需求，然后与深署教育工管中心项目组、设计单位讨论，设计单位出具初步变更图纸。若出现无信息价的新增材料、设备，此时就要求施工单位、造价咨询单位分别对新增材料、设备进行询价。变更若有后续变化，督促施工单位、造价咨询单位进行估算修改，减少估算核对工作对变更推进的时间影响。

针对设计完善产生的变更，首先沟通施工单位、监理项目部、设计管理部，明确现有变更图纸是否能够满足施工要求，是否还需要完善或者调整图纸。在图纸稳定的基础上，尽快要求设计管理部完善变更依据，为制作会议汇报材料做准备。

通过针对这些要点的管理控制，深职院项目集群后续项目变更推进形成流程化工作模式，极大地提高了处理效率。

3.清单核查工作优化

清单核查是指施工单位进场后，对比招标图纸，将工程量清单中的工程量和清单项重新计算，并与造价咨询单位核对。A、B栋项目作为深职院项目集群第一个开工项目，各单位对清单核查制度还处于尝试、熟悉状态，在实施管理过程中出现了很多问题。

一方面，由于施工总承包单位对该项工作认识不足，并且出现商务部人员更替现象，导致清单核查申报工作滞后。另一方面，造价咨询单位也在清单核查工作中出现工作失误。造价合约部审核造价咨询单位最初报送的清单核查结果时，发现存在较多错误，经投资管理审核修改后，清单核查结果比最初报送结果减少约 300 万元。

造价合约部针对上述问题进行分析，总结有三点原因导致这种状况：（1）造价咨询单位算量人员未理解招标范围，错误计取部分甲供材料价格。（2）未重新、完整计算图纸工程量，仅在施工单位申报资料的基础上进行审核，工程量计算稿不完整。（3）施工单位、造价咨询单位人员均不稳定，公司内部未充分进行工作交接，影响工作质量。

A、B 栋项目清单核查工作完成后，造价合约部多次进行工作总结，针对以上原因提出改进措施，在后续其他项目清单核查工作中应用，改进措施如下：

（1）针对施工总承包单位重视不足的情况，各项工作从严要求。清单核查工作启动会要求深署教育工管中心项目组项目主任、项目造价工程师、造价咨询单位负责人出席；交底会上明确清单核查范围，划分阶段工作目标及提交成果日期。严格成果审查，明确清单核查成果与履约评价关联，若清单核查结果滞后严重则向施工总承包单位发出履约警示函。

（2）强调造价咨询单位编制成果的完整性以及计算底稿的逻辑性。在清单核查工作中，造价咨询单位的清单工程量、计算稿工程量、计量模型工程量要保持一致，尤其是土石方工程、基坑支护工程、给水排水工程、电气工程这种以手算为主的部位。

（3）重点关注造价咨询单位人员变动情况。在造价咨询成果审查过程中若发现人员变动，重点关注变动人员对前期工作的理解，并发挥五洲·千城人才优势，请其他项目优秀人员加入成果审查工作。

在后续项目中，通过以上措施进行管理，并加强对施工单位、造价咨询单位的交底，双方均对清单核查工作方法与要求清晰明确，使得清单核查工作顺利开展。

5.5 工程监理

工程监理是指受建设单位委托，根据法律法规、工程建设标准、勘察设计文件及合同，在施工阶段对建设工程质量、造价、进度进行控制，对合同、信息进行管理，对工程建设相关方的关系进行协调，并履行建设工程安全生产管理法定职责的服务活动。

工程监理行业经过一段时间的发展，逐渐步入困局，发展遇到瓶颈，业务范围逐步缩小在施工阶段，角度逐步形成按图纸、按标准监理，并且工作内容聚焦在施工现场的质量和安全监督。全过程工程咨询模式的出现带动了大量监理企业的转型愿望，虽然制约因素不少，但还是给一些综合实力较强、业务范围广、专业人员多的监理企业带来较大的转型发展。

全过程工程咨询的工程监理相较于传统的工程监理的优势，主要体现在监理工作介入时间提前，监理工程师从勘察设计阶段开始掌握建设需求与设计意图，并提出可实施性建议，在招标阶段参与承包单位投标资格审查、清标等工作，对承包单位的技术水平、经济能力与履约能力进行预判，为顺利开展施工阶段的监理工作做好铺垫。但同时优势也是工程监理在新模式下的工作难点，要求监理单位扩展业务范围，组建招标、设计、造价、监理等各专业的大后台，从而提供优质的工程建设服务；同时也对监理工程师提出新的要求，不仅需要具备施工阶段的管理能力，还需要掌握勘察、设计、招标相关知识，从全过程全专业对工程建设进行综合管理。

集群模式下的全过程工程咨询的工程监理，由于集群项目具有地域分布广（项目分布在深职院四个校区）、专业组成复杂（涉及医疗、餐饮、体育、燃气、钢结构等专业）、人员配备数量多的特点，给项目管理带来新的挑战。为了更好地开展监理工作，集群监理项目部重新建立了适应集群项目的组织架构，梳理了各阶段的监理工作，建立见习机制与奖惩制度，形成良性的内部争优文化。

本节中对监理工作内容的描述是适应建设单位管理模式的"全咨＋集群"工程监理，不再详细介绍目前工程监理标准要求或者"常规"的工程监理工作，着力点在"往前延伸、往后延伸"和工作深度拓展。

5.5.1 集群模式的工程监理组织架构

集群项目中每个项目都是由十大分部工程组成，单一项目的工程监理需要配备总监理工程师、土建监理工程师、安全监理工程师、装饰监理工程师、电气监理工程师、给水排水监理工程师、智能化监理工程师、市政监理工程师、钢结构监理工程师、BIM监理工程师等监理人员。为了提高专业工作效率，提供更多专业化的服务以及降低人员成本，建立了适应集群模式的全过程工程咨询的工程监理组织架构，见图5-14。

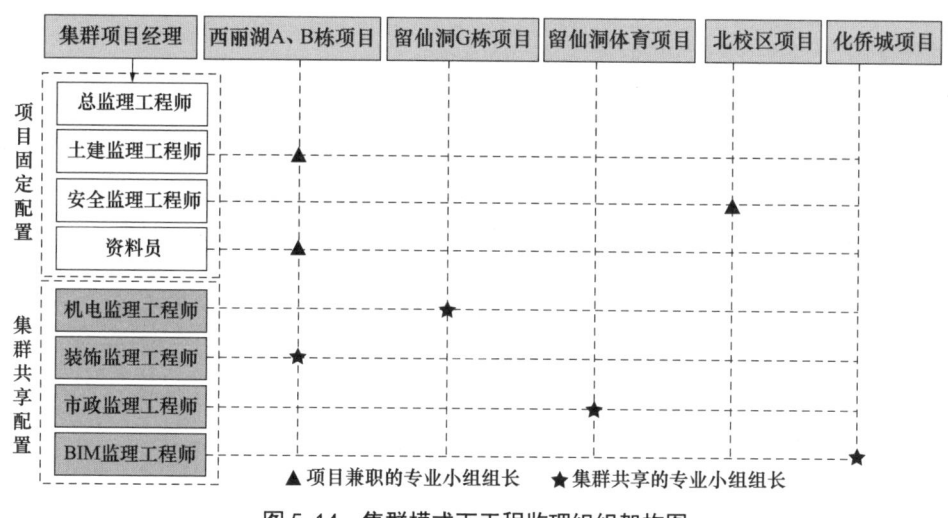

图5-14 集群模式下工程监理组织架构图

1. 集群工程监理团队

项目集群中专业众多、人员庞大，人员成本高，小众专业工作效率也不高，项目集群工程监理运用集群内人员固定配置和共享配置就较好地解决了该问题。集群项目经理根据项目专业需求、工程进度需要，统筹安排项目固定配置人员和集群共享配置人员，并进行动态管理。

项目固定配置：总监理工程师、土建监理工程师、安全监理工程师、资料员岗位在各监理项目部中固定派驻，除参加专业小组各项活动外，以各自监理项目部工作为主。

集群共享配置：机电监理工程师、装饰监理工程师、市政监理工程师、BIM监理工程师由专业小组组长统一管理，根据集群各项目进度情况进行调配，如集群内7名机电监理工程师包含电气、给水排水、暖通、智能化各专业领域，为5个项目机电工程服务。

组织架构设置项目固定配置和集群共享配置人员的原因主要有两点：一是因为与深署教育工管中心项目组人员配置相对应，项目组在每个项目配置固定的土建监理工程师和资料员，机电监理工程师、BIM监理工程师等为共享配置，而保证项目安全是开展一切工作的基础，安全监理工程师必须每个项目独立配置1名；二是因为这样的配置既能节省人员成本，又能提供更专业化服务，也有利于经验总结与亮点推广。

2. 集群监理专业小组

集群模式下的全过程工程咨询的工程监理，是全过程工程咨询与项目集群管理优势的组合，深职院集群咨询团队中配置五个监理团队，各监理团队既独立又融合。为达到资源和经验共享的目的，采用兼岗共用的人员管理模式，故集群建立了横跨监理部的专业小组管理制度。集群共成立土建、安全、资料、机电、装饰、市政、BIM七个专业小组，其中土建、安全、资料三组成员固定在各监理部为专职专业小组，机电、装饰、市政、BIM四组成员统一管理为兼职专业小组。每个小组设置小组组长，由小组组长负责各自小组成员的项目工作、集群内检查工作等。

建立专业小组的根本目的是达到"总结不足之处，共享管理经验，推广亮点做法"。由各个小组组长带领各自小组成员对项目集群各项目进行交叉巡查，对问题进行汇总、整改并总结。将每周现场遇到的质量通病、重大安全隐患等问题进行集体讨论，提出解决方案，并做好预防措施。能更好地解决共性问题，同类问题在其他项目降低发生概率甚至不发生，针对特殊问题集体找解决方案，提高工作效率，同时可以提升大家对不同问题的应急能力。将各项目内部解决的问题做成书面教学案例，让全体监理人员共同学习，达到事前控制的目的。将优秀施工工艺、安全管理方法、资料创新向项目集群其他项目推广。例如从一个项目推广到集群项目的"塔式起重机二维码"安全管理,将塔式起重机质保资料、塔式起重机基础资料、安装申请书、安装人员证书、备案表、维保记录等资料做成二维码,所有人员均能通过扫描塔式起重机二维码获取塔式起重机相关资料,形成动态管理。

5.5.2 "全咨+集群"工程监理工作要点

全过程工程咨询模式下的工程监理与投资咨询、招标代理、勘察、设计、造价、项目管理等业务形成集成化,围绕项目全生命周期持续提供咨询服务,提高监理管理水平。全过程工程咨询模式下的工程监理质量控制、进度控制、安全管理等工作内容相较于传统的工程监理有了一定程度的拓展和延伸。

1. 质量控制

全过程工程咨询的工程监理质量控制工作主要涉及勘察阶段、设计阶段、招标阶段、施工阶段、项目竣工及工程移交后服务阶段。

(1)勘察阶段质量控制

工程勘察是工程设计和工程施工的重要依据,在全过程工程咨询模式下,为达到全过程质量控制的目的,监理项目部从勘察阶段即开始介入工程,做好勘察阶段的质量控制工作。

勘察阶段质量控制工作主要有:审查勘察单位资质、人员资质、仪器设备、勘察施工方案等;检查勘察单位现场勘察施工的钻孔位置与数量、深度、间距是否满足勘察任务要求;督促勘察单位做好样品保护;复核勘察报告中相关内容与现场勘察施工的一致性等工作。

(2)设计阶段质量控制

设计阶段是工程质量的关键环节,在全过程工程咨询模式下,监理项目部需结合现场管理经验,协助设计管理部做好施工图设计阶段、施工阶段的设计质量控制工作。

设计阶段质量控制工作主要有:协助审查设计文件,复核施工技术要求和场地需求,综合考虑现场能否满足机械设备操作空间、施工技术是否可实现及现场施工是否便利等；协助审查设计文件中采用的材料、设备、构配件等，审查是否是国家淘汰产品；现场质量通病的防治应从设计阶段开始控制，监理项目部应协助设计管理部审查关于质量通病防治的设计内容并进行优化；协助复核各专业图纸之间的差错，提高施工图整体质量，便于减少施工阶段因图纸问题造成的返工。

（3）招标阶段质量控制

招标文件和投标文件是全过程工程咨询单位管理施工单位的重要依据，在全过程工程咨询模式下，监理项目部在招标阶段协助造价合约部做好招标阶段的质量控制工作。

招标阶段质量控制工作主要有：协助造价合约部审查招标文件中施工技术要求是否有遗漏、各承包单位之间的工作界面划分是否合理；协助审查施工单位投标资格文件；参与清标阶段的工作，审查投标文件中项目组织机构及项目主要管理人员、施工进度计划、施工总平面图布置、各施工技术方案、安全文明施工等技术文件的针对性和合理性；参与中标澄清会和施工单位廉政约谈；协助造价合约部合同谈判和合同签订等工作。

（4）施工阶段质量控制

施工阶段是工程质量的决定性环节，在深工务属已建立比较完善的第三方工程质量监管体系的情况下，监理项目部要认真学习并进一步强化质量控制，要充分借用第三方质量检查单位的巡查力量，相互配合补充，共同做好施工阶段的质量控制工作。第三方质量检查单位的质量评价体系详见表5-31。

质量评估实施方案　　　　表5-31

	类别	内容
质量评价体系	权重设置	月度质量综合得分中，本月质量评价得分的分值权重为70%，本月度其他周期性评价报告、单项评价报告的分值权重为30%；如被评价对象该月度无其他周期性评价报告、单项评价报告，则本月质量评价得分的分值权重为100%
	分值计算	（1）本月质量评价得分＝实测实量得分×30%＋质量观感得分×60%＋总承包主体责任落实得分×10%－质量关键指标扣分项－负面清单扣分项－禁止事项扣分值＋周期性评价加分项±结果加扣分； （2）本月度其他周期性评价、单项评价得分＝实测实量得分×40%＋质量观感得分×50%＋总承包主体责任落实得分×10%－质量关键指标扣分项－负面清单扣分项－禁止事项扣分值＋周期性评价加分项±结果加扣分

续表

类别		内容
质量评价内容	质量观感检查内容	(1) 基础工程； (2) 单位工程结构； (3) 精装修、钢结构； (4) 园林景观（软景、硬景、成品保护）； (5) 道路工程； (6) 桥梁工程； (7) 隧道工程； (8) 市政给水排水管道工程； (9) 水运工程； (10) 软基处理工程等
	实测实量检查内容	(1) 地基基础； (2) 主体结构工程； (3) 装饰工程实测； (4) 市政工程等
	主体责任落实检查内容	(1) 指令执行：整改落实情况； (2) 验收资料内容填写是否真实、及时； (3) 管理行为：总承包方案编制及审批、方案执行、交底记录、材料检查、工作面移交情况； (4) 试验：施工试验记录； (5) 内业：台账管理、施工日志
	质量负面清单扣分	(1) 地基与基础工程（桩基无记录、桩长、入岩深度不符合设计要求等）； (2) 模板及钢筋混凝土工程（未独立搭设支模架、后浇带提前拆除、未达到拆模强度进行拆模）； (3) 高支模未进行审查； (4) 钢筋规格不符合设计； (5) 混凝土结构存在贯穿性裂缝； (6) 钢结构工程（焊缝无检测报告、高强度螺栓未进行终拧检查）； (7) 幕墙工程（无后置埋件锚栓拉拔试验、材料厚度不符合设计要求）； (8) 砌体工程（构造柱未按照设计和标准设置、存在通缝； (9) 室内装修工程（墙地砖空鼓、石材泛碱、吊杆长度过长等）； (10) 质量管理行为（对督导处发出的通知不回复的、对质量警示通报不及时处理的）
	周期性评价加分项	(1) 优秀工艺（非合同要求的铝模、止水节、承插型盘扣式模板支架体系、管线综合成品支吊架等）； (2) 精细化施工（非设计单位要求的瓷砖胶使用）； (3) 质量通病根治（三段式止水螺杆、钢筋定位控制、一次成型模板应用、钢管卡管器临空支模缩脚螺杆加固等）

续表

类别		内容
质量评价内容	实名制检查结果应用	（1）关于项目经理是否在岗考评：项目经理须评价当天工作时间段内在系统上有刷脸记录且评价期间在岗； （2）主要岗位人员检查考勤记录：项目经理、项目总监理工程师考勤天数每月不少于21d
	受通报批评和同伴表扬及参与相关会议	（1）受省、市政府行政部门质量问题通报批评的情况； （2）受省、市政府行政部门通报表扬的情况； （3）参加上一季度质量安全工作会议或约谈会情况
	禁止事项	（1）现场如有送礼品、购物卡、现金等情况（不分建设单位、监理单位、施工单位）； （2）项目人员在评价人员查验过程中，存在威胁评价组员或造成评价人员人身伤害的情况； （3）施工现场不能提供经审查批准的施工图设计文件等
	结果加扣分	（1）实测实量：抹灰、墙地砖空鼓开裂（分项实测点数不少于10个点）合格率90%（含）～95%，月度综合得分加0.3分；95%及以上，月度综合得分加0.5分；实测实量总合格率95%及以上，月度综合得分加0.3分； （2）质量观感：① 90分＞质量观感得分≥85分，月度综合得分加1.0分；质量观感得分≥90分，月度综合得分加2.0分；② 80分＞质量观感得分≥75分，月度综合得分扣1.0分；75分＞质量观感得分≥70分，月度综合得分扣2.0分；质量观感得分＜70分以下，月度综合得分扣5.0分； （3）施工单位主体责任落实：① 施工单位主体责任落实得分80～85（不含）分，月度综合得分扣0.3分；80分以下，月度综合得分扣0.5分；② 施工单位主体责任落实得分95分及以上，月度综合得分加0.5分

（5）项目竣工及工程移交后服务阶段质量控制

深职院项目集群各项目竣工后，项目监理部应督促施工单位编制所有资产与资料的移交清单并完成移交，组织施工单位或者厂家对重要设备的操作与保养向使用单位进行培训，对保修相关事宜进行交底；并提供操作与使用手册相关资料；完成各项工作后组织督促各参建单位退场。

同时发挥项目集群优势，在工程竣工后，项目监理部人员仍在岗后续项目，可以继续为建设单位、使用单位提供服务。项目监理部帮助使用单位对其自行采购的家具等设备安装单位辅助管理，进场前进行安全交底和成品保护交底，以及在安装过程中需要与原承包单位沟通协调，帮助使用单位尽快掌握消防控制、智能化系统、电气系统等使用维护；共同参与初始使用阶段各项工作的处理；协助办理相关房屋产权证书。

2. 安全管理

全过程工程咨询模式下，项目监理部参与施工前期管理，贯彻全过程安全管理理念，从勘察设计阶段、招标阶段等进行安全预控。施工阶段强化管理深度，重视危险性较大分部分项工程管理，建立风险管理体系，建立安全管理机制，坚持尝试先进的安全管理方法。深职院项目集群安全管理坚持"预防为主、防治结合、综合治理"的原则。

（1）勘察设计阶段安全管理

工程勘察设计阶段，项目监理部开始介入工作，主要协助建设单位完成国家相关法律、标准要求建设单位的工作，以及勘察阶段的现场管理工作。

勘察设计阶段安全管理工作主要有：协助建设单位提供真实、准确、完整的工程地质、水文地质、地下设施以及工程周边环境等资料；协助设计管理部审查设计单位是否按照法律、法规和工程建设强制性标准进行设计，是否考虑施工安全操作和防护的需要，对涉及施工安全的重点部位和环节在设计文件中注明，并对防范生产安全事故提出指导意见；采用新结构、新材料、新工艺的建设工程和特殊结构的建设工程，审查设计单位是否在设计中提出保障施工作业人员安全和预防生产安全事故的措施建议；超过一定规模的危险性较大分部分项工程，项目监理部协同设计管理部参加设计方案专家论证会并提出监理意见；勘察单位进入现场施工前，项目监理部做好安全交底、施工方案审查、机械设备审查工作，在勘察施工过程中做好现场安全检查等管理工作。

（2）招标阶段安全管理

项目监理部在招标阶段协助造价合约部做好招标阶段的安全相关的管理工作。

勘察设计阶段安全管理工作主要有：组织设计单位在施工招标文件中，列出危险性较大分部分项工程清单；审查施工单位投标文件中技术标关于危险性较大分部分项工程是否符合设计、质量、安全技术标准，是否符合工程建设强制性标准；审查施工单位技术标关于安全文明施工的内容；组织确认危险性较大分部分项工程分包单位是否具有相应资质条件。

（3）施工阶段安全管理

施工阶段安全管理，就是通过对人的不安全行为、物的不安全状态、环境的不安全因素的控制，使得现场安全隐患问题能及时得到预防、减少或消除，保证项目工期、质量和成本等目标的实现。集群咨询团队从危险性较大分部分项工程着手，深入探索安全生产管理岗位责任清单制，建立并落实"六微机制"，坚持从"6S"安全生产管理方法等方面进行探索和尝试。

1）危险性较大分部分项工程安全生产管理岗位责任清单制

为了实现建筑工程高质量建设目标，有效遏制建筑工程安全事故发生，特别是加强对建筑危险性较大分部分项工程的管控，预防安全风险，确保深工务署对在建项目"零伤害"安全愿景、"零死亡"安全目标的实现，集群咨询团队根据自身安全生产工作实际，从管理岗位安全风险分析与控制入手，强化安全生产管理责任，编制危险性较大分部分项工程安全生产管理岗位责任清单，并在5个项目中推广执行。

危险性较大分部分项工程安全生产管理责任清单包括深署教育工管中心项目组、全过程工程咨询（监理）项目部、施工总承包项目部所有重要岗位人员（表5-32）的安全职责、依据文件、履职要求（每日、每周、每月工作、专项工作）、存档文件，实施目的是达到重要岗位安全职责有依据、安全工作有痕迹。

危险性较大分部分项工程安全生产各管理岗位　　　　表5-32

单位	岗位
深署教育工管中心项目组	项目主任、项目土建工程师、项目机电工程师、项目造价工程师
全过程工程咨询（监理）项目部	项目负责人、设计管理负责人、造价合约管理负责人、总监理工程师、专业监理工程师、安全监理工程师
施工总承包项目部	项目经理、生产经理、项目总工、安全总监、商务经理、工程部负责人、机电部负责人、技术部负责人、质量总监、责任工程师

2）建立并落实"六微机制"

"六微机制"是深工务署为了在其管理的在建项目推动落实安全生产领域比较成熟科学的管理机制与做法，着力提高建设项目精细化管理水平，落实企业主体责任,实现安全高效高质量发展目标而制定的工作方案。其内容包括"安全责任机制""培训教育机制""隐患排查机制""专题学习机制""技术管理支撑机制""奖惩机制"。

① 安全责任机制。项目监理部按要求成立安全控制监理小组,项目总监理工程师兼任组长,总监理工程师代表为副组长,其余监理工程师、监理员为组员,层层落实。项目总监理工程师根据工程项目特点,确定施工现场具体安全监理人员,明确其工作职责。

② 培训教育机制。一是督促施工单位组织新进场工人进行安全教育培训及每日安全岗前培训,建立安全生产培训教育台账,进行信息化管理;二是全员参与,按照风险辨识、隐患排查、制定措施、狠抓落实的工作方法建立岗位安全分析制度。

③ 隐患排查机制。全体监理人员每日进行现场安全隐患排查;安全监理工程师每周组织一次安全大检查;项目总监理工程师每两周带队进行一次全面安全隐患排查。

④ 专题学习机制。每周安排一位讲师组织全体人员进行安全及相关知识学习,应采用先学习后分析讨论的方式,组织员工开展案例分析,提升安全意识、安全知识、安全管理能力,学习深工务署项目管理规章制度,学习建筑行业安全生产技术标准和检查标准,学习安全生产法律法规等。

⑤ 技术管理支撑机制。一是利用信息化手段,利用 BIM 技术建立 BIM 模型,使安全学习可视化;二是建立安全管理清单,使所有安全管理内容清单化,例如基坑工程、塔式起重机、临时用电、施工电梯等安全管理清单,让监理人员每日有重点地排查安全隐患。

⑥ 奖惩机制。各参建单位共同建立安全生产奖惩方案,建立自我约束机制,按照现场实际情况做到奖罚分明,提升管理效能。施工单位对现场安全隐患拒不整改的,采取经济处罚措施;对现场安全管理措施高于标准的,进行经济奖励。

3)坚持"6S"安全生产管理方法

6S是指整理、整顿、清扫、清洁、素养、安全。现场6S管理成效见图5-15。

① 整理:将施工现场、储藏室中的物品、设备清楚地区分为需要品和不需

要品。对需要品进行妥善保管,对不需要品则进行退场处理或垃圾回收等,同时对不能放置在同一储藏室的物品进行分开放置,避免发生爆炸、火灾等事故。

② 整顿:将现场材料和设备按规定的定位、定量等方式进行摆放整齐,设置标识标牌,减少寻找物品时间,同时也减少在寻找过程中因物品摆放不合规造成的安全事故。

③ 清扫:将办公场所、现场的工作环境、生活区打扫干净,使其保持在无垃圾、无灰尘、无脏污、干净整洁的状态,减少管理人员和作业人员的职业病发生概率。

图 5-15 现场 6S 管理成效
(a)办公区;(b)现场(一);(c)现场(二);(d)现场(三)

④ 清洁:将整理、整顿、清扫的实施做法进行到底,且维持其成果,并对其实施做法予以标准化、制度化,使施工现场、办公区、生活区井然有序,减少在慌乱之中发生安全事故的概率。

⑤ 素养：以人为本，提高人本身的安全意识，通过整理、整顿、清扫、清洁等合理化的改善活动，培养上下一体的共同管理语言，使全体人员养成守标准、守规定的良好习惯，从而促进全面管理水平的提升。

⑥ 安全：是指在施工现场、材料加工区的产品生产过程中，能够在工作状态、行为、设备及管理等一系列活动中给管理人员和作业人员带来安全、舒适的工作环境，就是要求全体参建人员都要提高自己的安全意识，对现场安全隐患不轻视、不放过，将安全隐患消灭在萌芽中。

3. 进度控制

项目进度控制是为了按时交付使用单位使用，而对实现进度目标做出的一系列计划、组织、协调等活动。深职院项目集群每个工程都有严格的交付时间要求，涉及学校招生计划，并与教学、后勤、运动等场所的开放密切相关。集群参建单位多，项目协调工作量大，深工务署对施工总承包单位、专业承包单位、材料供应单位分别采用自行发包的模式，项目监理部对参建各方施工进度协调统筹量大，如表 5-33 所示。

深工务署施工承包和材料供应单位　　　　表 5-33

类别	单位
施工承包单位	施工总承包单位
	精装修单位
	人防单位
	防水单位
	外墙涂料单位
	钢制门单位
	防火门单位
	智能门锁单位
	泛光照明单位
材料供应单位	瓷砖供应单位
	卫浴供应单位
	电缆供应单位
	灯具供应单位
	开关插座供应单位

深工务署开发了 OA 平台进度动态管理系统，协助项目进度控制，此系统主要应用于施工阶段的进度管理，深职院项目集群总进度计划申报、年进度计划申报、月进度计划申报、进度计划调整、工期研判报告等一系列行为均在此系统上完成。项目监理部依托深工务署进度管理体系，做好进度管理工作。

（1）编制进度管理策划书

项目监理部需根据工程概况、建设单位需求、标段划分、项目难易程度、气候影响、地质条件进行总控节点的设置，采用鱼刺图的展现方法编制施工阶段总控节点计划，充分考虑 14 家单位之间的统筹协调工作，协助建设单位分析和论证项目总进度，提交项目进度管理策划书。同时，项目监理部与设计管理部、招标合约组共同依据进度管理策划书，编制项目总控计划、年度计划、季度计划、月度计划。施工总控节点计划，与项目集群总控计划、招标采购计划、设计总控节点计划相互融合并相互关联。

（2）OA 平台进度动态管理系统应用

① 进度计划编制控制。

深职院项目集群进度计划分为三个层级进行编制，首先由集群咨询团队与建设单位根据使用单位交付要求编制第一级集群总控计划；项目监理部在第一级集群总控计划的基础上编制第二级施工阶段总控节点计划；施工单位根据第二级施工阶段总控节点计划进一步细化，编制第三级施工总进度计划，形成从上至下逐级控制与从下至上逐级保证的对应关系。

进度计划节点设置以《建筑工程施工质量验收统一标准》GB 50300—2013、《城镇道路工程施工与质量验收规范》CJJ 1—2008、《给水排水管道工程施工及验收规范》GB 50268—2008、《城市桥梁工程施工与质量验收规范》CJJ 2—2008、《城市道路照明工程施工及验收规程》CJJ 89—2012、《园林绿化工程施工及验收规范》CJJ 82—2012 及现行国家标准《道路交通标志和标线》GB 5768 中的分部工程、子分部、分项工程为主，可根据各项目工程特点适当增减（包括但不限于合同里程碑节点、使用单位提出的重要工期节点需求）。

深职院项目集群各参建单位均需按照相应流程上传进度计划以便统一管理。

项目监理部主要审查施工总进度计划、年度进度计划、月进度计划是否满足招标文件、总控计划及合同要求；现场滞后的工作是否有赶工措施；人员投入、材料设备需求计划、供货计划、储备计划等是否满足现场施工需求。施工总进度计划、年度进度计划、月进度计划等阶段性计划经审查后，由施工单位上报深工务署 OA 平台进度动态管理系统，经项目监理部和建设单位审批通过后实行。

② 进度计划实施中的检查与调整。

项目监理部对施工单位执行施工进度计划过程进行监督与检查，定期向建设单位报告工程进度进展状况。项目监理部通常通过施工单位提交的有关进度资料和监理人员现场检查实际进度判断三级进度执行情况。项目监理部要对现场影响建设工程施工进度的原因进行分析，影响因素主要有以下几种：工程建设相关单位的影响；物资供应进度的影响；资金的影响；设计变更的影响；施工条件（气候、水文、地质及周围环境等）的影响；各种风险因素（经济、政治、技术及自然等方案）的影响；承包单位自身管理水平的影响。

当项目监理部发现现场某一项工作滞后或者超前，无论是什么原因，只要影响关键线路总时差时，应向施工单位发出进度工作联系单，说明现场具体滞后工作项，施工单位应采取缩短某些工作的持续时间或者改变某些工作间的逻辑关系调整进度计划，使之按照原进度计划执行。进度计划调整均需要由施工单位在深工务署 OA 平台进度动态管理系统申报，并经项目监理部、建设单位审批通过后实行。

项目监理部每月要通过 OA 平台向建设单位上报工期研判报告（图 5-16），汇报内容应包括项目概况、标段各分部工程开始节点时间与结束节点时间、当前时间进度情况、形象进度滞后主要原因、工期进度研判情况（关键线路是否可控的相关情况说明）等。

（3）进度计划执行保证措施

① 系统预警通知。对于临期、逾期的任务节点，系统自动生成待办事项及短信通知。关键节点临期时，每周一定时推送黄色预警，逾期后每天推送红色预警至责任人及项目管理人员，直至计划任务完成。

项目工期分析研判报告						
报告批次						
项目概况	项目名称				历史分析报告导入		
^	建设单位				建设规模		
^	全过程工程咨询单位				批复概算投资		
^	施工总承包单位				建设目标		
^	工程地址				工程内容		
项目基础信息	项目标段				计划竣工时间		
^	项目总进度计划	序号	单体工程任务名称	开始时间	结束时间	备注
^	^					
^	^					
项目进度信息	项目整体进展情况（月进度计划按月更新填报）	序号	施工内容	工程量	已完工程量	剩余工程量	完成率（%）
^	^						
^	^						
^	^	总体形象进度情况				总进度滞后时长（天）	
^	^	总体形象进度滞后主要原因					
^	^	项目工期进度研判情况					
^	^	当月进度目标	是否完成本月目标		当月实际进度	下月进度目标	备注
^	项目本月情况分析（月进度情况按月更新填报）	序号	填报年月	存在问题		解决建议/采取措施	存在问题是否解决

图 5-16 项目工期研判报告

② 履约评价管控。对施工单位存在以下事宜进行履约评价扣分：未编制合理可行的总进度计划；关键节点工期滞后；进度滞后未采取切实可行的赶工措施，导致其他参建单位工程进度滞后；总工期滞后。合同履约评价分数将抄送各承包单位，履约评价不合格将导致承包单位在一定时间内不得参与深工务署其他项目投标。

③ 经济处罚。在合同履约评价的同时，未按期完成招标文件和合同约定的

关键节点，将进行违约经济处罚。

5.5.3 集群模式下工程监理见习机制

集群项目由多个项目组成，为解决项目配备人员数量多、人员专业素质参差不齐的问题，特建立集群"见习基地"。通过"见习基地"学习管理体系和进行岗位实操，先开工项目潜移默化的带动后开工项目，共同提升项目集群整体工程监理工作水平。

1. 创建"见习基地"

创建以最先开工的深职院 A、B 栋项目为"见习基地"。因为最先开工的项目，投入的人才、技术等资源是相对比较充足的，经过前期的磨合，已经熟悉深工务署管理要求，也初步融入集群模式管理体系，相较于后开工项目，具备丰富的经验、成熟的管理体系和资源分配方案。

2. 学习管理体系文件

后续即将开工建设的项目总监理工程师及骨干通过"见习基地"学习深工务署、五洲·千城、集群制度等管理体系相关文件，提前适应结合五洲·千城集群管理特色的深工务署管理环境。

深工务署管理文件主要包括：《项目管理手册》《建设项目桩基工程质量控制程序》《建筑装饰效果控制指引》《建筑工务署技术指引 2010 年第一期》《建筑工务署技术指引 2010 年第二期》《建筑工务署技术指引 2011 年第三期》《关于提高钢筋直螺纹接头连接质量的工作指引》《厨房区域建设实施工作指引》《水磨石面层施工工艺指引》《外墙真石漆施工工艺指引》《蒸压加气混凝土砌块填充墙施工工艺指引》《无吊顶区域管线明装观感效果设计与施工指引》《水泥搅拌桩质量控制工作指引》《屋面变形缝施工工艺指引》《外墙仿瓷砖涂料施工工艺指引》《外墙仿清水混凝土涂料施工工艺指引》《外墙砖施工工艺指引》《室内装饰装修工程质量创优指引》《建筑工业化项目应用指引》《铝合金模板应用指引》《管线综合设计及施工管理指引》《场地竖向排水设计管理指引》

《结构后浇带质量控制工作指引》《建筑外墙工程构造做法图集》《建筑屋面工程构造做法图集》《外墙围护结构开裂防治设计及施工指引》《深圳市建筑工务署工程建设项目绿色施工技术指引》《深圳市建筑工务署防渗漏工程质量工作指引》《透水人行道路面结构技术指引》《混凝土裂缝预防措施工作指引》《深圳市建筑工务署陶瓷砖空鼓预防措施工作指引》《深圳市建筑工务署构件式幕墙施工工艺指引》《工务署安全文明标准化手册3.0版》。

公司管理文件主要包括：《公司质量安全部制度》《危险性较大分部分项工程监理管理标准》《机电安装管理工作指引》《定岗定编管理办法》《拆除工程监理管理标准》《标准实施监督管理办法》《项目形象宣传标准化手册》《建设项目统筹管理》《建设项目全过程文档管理》《工程竣工资料移交管理办法》《建筑工程总承包项目管理指南》《标准化管理办法》《风险等级管理办法》《监理项目安全马甲着装管理暂行办法》《监理规划与安全监理规划管理制度》《建筑施工安全通病防治手册》《现场监管日报管理标准》《塔式起重机信息化管理操作流程》《一日一图说违章》《标准编写与编号规定》。

集群管理制度主要包括：项目集群章程、每周工作重点推进制度、履约警示预告单制度、集群内部争优制度、集群项目学习制度、季度质量安全总结制度、集群安全与质量巡查制度。

3. 岗位实操

后续即将开工建设的项目总监理工程师及骨干，通过"见习基地"参与负责项目工程监理开工前勘察、设计、招标等阶段的前期咨询服务工作，并积极参与已开工项目的监理活动中，先开工项目的项目总监理工程师安排后续开工的项目总监理工程师及骨干开展质量、安全、进度、协调等板块的工作，熟悉建设单位和使用单位管理人员和项目环境。

4. 见习评价

后开工项目总监理工程师及骨干在经过管理体系相关文件学习和岗位实操后，由先开工项目总监理工程师与深署教育工管中心项目组对其进行见习评价，评价内容详见图 5-17。评价结果不低于 85 分的考核通过，正式成为后开工项目的总监理工程师及骨干。

见习评价表			
被评价人：			岗位：
序号	内容	评价细则	评价得分
1	管理体系文件学习情况（30分）	深工务署管理文件（15分）	管理文件掌握及应用情况	
		公司管理文件（10分）		
		集群管理制度（5分）		
2	岗位实操情况（50分）	质量控制情况（10分）	掌握施工专项方案；隐蔽、检验批、分项、分部验收情况；现场质量隐患整改情况	
		安全管理情况（10分）	掌握安全专项方案；现场安全隐患整改情况；现场环境卫生管理情况；现场六个100%执行情况；现场水土保持管理情况；现场废弃物分类排放情况；现场施工机械设备管理情况；现场特种作业管理情况	
		进度控制情况（10分）	总进度计划、年度进度计划、月进度计划的实施情况，现场进度是否超前或者滞后；进度滞后的，是否采取赶工措施	
		资料管理情况（10分）	材料与设备进场资料审查情况；隐蔽、检验批、分项、分部验收资料审查情况；预告单、联系单、通知单、安全大检查的文件下发与回复情况	
		组织协调能力（10分）	与深署教育工管中心项目组、承包单位等其他单位沟通协调情况	
3	对项目信息的掌握情况（20分）	基本信息（5分）	项目名称、建筑功能、建筑规模、工程投资、建筑面积、结构形式、参建单位	
		专业工程信息（15分）	被评价人各自所对应专业设计内容的情况，结构设计、建筑电气设计、建筑智能化设计、工业化设计、钢结构设计等	
总分		100 分	评价得分	
评语： 总监理工程师：　　　　　　　　　　　年　　月　　日			
评语： 集群项目经理：　　　　　　　　　　　　年　　月　　日			
评语： 深署教育工管中心项目组：　　　　　　　年　　月　　日			

图 5-17　见习评价表

5.5.4 集群模式下工程监理奖惩制度

为鼓励项目集群内部争优,创造"比学赶超"氛围,深职院项目集群制定了"质量、安全、进度"奖惩制度。奖惩形式分为两类,第一类是进行经济奖惩,第二类是采取"流动红旗、警示黄旗"的形式,共6面旗。在每季度对各项目施工单位进行履约评价时,各项目获得红黄旗和经济奖惩的情况将直接影响各施工单位履约评价,竞赛结果也书面通报至各施工单位总部。

1. 经济奖惩

经济奖惩相关制度主要包括质量罚款细则(表5-34)、安全罚款细则(表5-35)和进度罚款细则(表5-36)。

质量罚款细则 表5-34

类别	内容
质量管理程序	(1)未经监理工程师组织验收合格,擅自进行下一道工序施工,处违约金10000元/次; (2)报验资料提供不及时,未按监理工程师通知单要求限期整改,处违约金2000元/次
材料设备选用及使用	承包人施工使用的材料、设备,如发生下述问题时,承包人应无条件更换,并处承包人1000~20000元/次的违约:承包人进场或使用的材料、设备品牌与审批的品牌不一致或未进行品牌报审;进场或使用的材料、设备与合同要求或封存的样品不一致;进场或使用的材料、设备未按程序向监理工程师报验,擅自投入使用;进场或使用的材料、设备存在假冒伪劣,使用劣质材料以次充好,或存在品牌资质、检测报告或质量证明文件造假的情况;材料设备未经监理工程师验收合格,擅自进场或用于本工程的,处违约金10000元/次
质量整改工作	现场发现的质量问题未按要求整改到位,处违约金5000元/次

安全罚款细则 表5-35

类别	内容
危险性较大分部分项工程	(1)未按照编审、论证、交底危险性较大分部分项工程专项施工方案,擅自组织施工,处违约金20000元/次; (2)危险性较大分部分项工程未经监理工程师组织验收合格,擅自进行下一道工序施工,处违约金20000元/次

续表

类别	内容
安全自检工作	施工企业未落实工程安全小组日检，1周内缺1次（不含）及以上或日检结论与现场严重不符、检查资料弄虚作假，处违约金1000元/次；施工企业未落实项目部安全周检，处违约金5000元/次；施工企业未落实施工企业月检，处违约金10000元/次
动火作业	未按规定办理动火作业审批，未按要求动火作业，处违约金2000元/次
高处作业	（1）使用不合格人字梯，处违约金20000元/次； （2）移动操作平台、高处作业吊篮、悬挑式物料平台未经监理工程师组织验收，擅自投入使用，处违约金10000元/处
临时用电	（1）现场施工用电乱接乱挂，三级配电箱或用电设备防护不到位，处违约金2000元/次； （2）工人宿舍使用220V用电插座，空调插座未使用限流器，未限期整改，处违约金1000元＋50元/点
机械设备与特种作业	（1）塔式起重机使用过程中，承包人和施工总承包单位安全生产管理人员未同时在岗；不服从旁站人员制止违章作业行为，处违约金1000元＋500元/次； （2）特种作业人员，未持证上岗或上岗证过期失效；上岗前未进行三级安全教育或安全教育学时不达标；上岗前未进行安全技术交底或交底内容与其工种不符的，处违约金1000元＋200元/人次
安全措施	安全网燃烧性能不符合要求，或办公区、生活区板房使用材料燃烧性能等级不符合要求，未限期清理出现场，处违约金2000元/次
安全违规与整改	（1）承包人在本工程实施期间，务必严格落实行业主管部门相关规定和要求，包括但不限于排水、排污、施工噪声控制、土方处置、扬尘治理、交通疏解、安全文明施工标准、项目经理履职、质量标准等，如承包人违反相关规定，被行政主管部门或深工务署相关职能处室处以停工整改情形、通报或警示等行政处罚，或在深工务署或其他主管部门日常随机巡查中，发现承包人违反相关规定或检查不合格，则处违约金20000元/次。被责令整改或通报批评，无正当理由不按期完成限期整改和督办事项等情形的，视情节每次扣除承包人违约金2000～20000元； （2）现场发现的安全问题未按要求整改到位，处违约金5000元/次； （3）监理工程师通知单下达的指令未按要求落实到位，再次下达后仍不能按要求落实到位，处违约金10000元/次； （4）专职安全生产管理人员配备不符合要求，未按照监理工程师书面指令限期整改到位，处违约金5000元＋1000元/人·次·天； （5）监理工程师通知单回复延误，监理工程师通知单载明的整改时限，未注明整改时限的应于监理工程师通知单发出后7日内完成整改，监理工程师批准延长整改时限的除外，处违约金20000元/次

进度罚款细则　　　　　　　　　表 5-36

类别	内容
关键节点工期	关键节点工期滞后，按 10000 元 / 天·项进行罚款
赶工措施	施工进度滞后且不采取赶工措施的，视情节轻重处违约金 5 万～20 万罚款
竣工交付日期	按照合同和相关约定进行罚款

备注：以上罚款可视情况叠加。

以上所有罚款款项均用于项目部举办安全知识竞赛、逢年过节组织工人团建活动、现场质量与安全行动先进个人与组织评比活动等。

2."流动红旗、警示黄旗"

（1）质量、安全红（黄）旗

质量、安全红（黄）旗参评单位主要有各项目施工总承包单位、装修装饰工程专业承包单位。依据"深工务署季度质量、安全"评分及排名情况，选取项目集群中"质量、安全"深工务署第三方打分排名在集群内最高的单位或深工务署前 10 的承包人，发放"流动红旗"；选取项目集群中"质量、安全"评分低于 85 分的承包人或深工务署排名在后 10 位的承包人，发放"警示黄旗"。当季度在集群内部检查中存在"严重质量隐患、安全风险"的，直接发放"警示黄旗"。

（2）进度红（黄）旗

进度红（黄）旗（图 5-18）参评单位为各集群项目，对于累计延误达到 20d（或总工期的 10%）以上的项目，发放"警示黄旗"。对于主控节点进度累计提前 5d 以上的项目，发放"流动红旗"。

图 5-18　深职院项目集群进度红（黄）旗

5.6 工程项目信息化管理

良好的信息沟通是人们协同工作的基础。工程项目信息化管理利用先进科学技术，以建筑模型或信息平台为载体，实现信息集成和共享。项目集群的利益相关方较多，若信息沟通混乱、责任划分不清晰，则十分不利于项目工作开展。为有效加强项目集群管控力度，提高项目管理效能，深职院集群项目通过组建合理的工程项目信息化管理组织架构、细化工程信息化工作内容及管理要点、探索项目集群信息化管理优势等方式，提升项目集群工程项目信息化管理水平。

5.6.1 工程项目信息化管理组织架构

全过程工程咨询单位根据合同确定的服务范围和内容，以及深职院项目集群相互独立又相互关联的特点，组建适合深职院项目集群的信息化管理团队，并单设 BIM 管理小组，如图 5-19 所示。

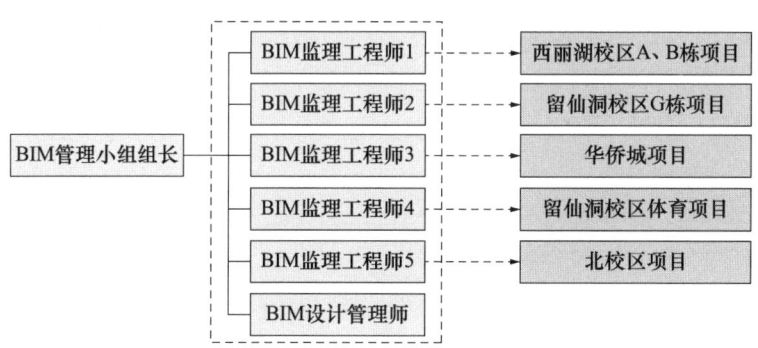

图 5-19 深职院项目集群工程项目 BIM 管理小组团队

1. 信息化管理团队

信息化管理团队由集群全员参与。项目监理部、设计管理部、造价合约部等相关团队，依托工程管理平台、智慧工地管理、档案管理等平台实施信息化管理，较大地提高管理效率和信息档案的存储。项目监理部还尝试技术资料统一用表平台（无纸化试点），对工程档案无纸化进行探索。信息化管理团队下设 BIM 管理小组，由集群 BIM 设计管理师和 BIM 监理工程师等组成。

2. BIM 管理小组

深职院项目集群 BIM 管理小组由组长、设计管理部的 BIM 设计管理师、项目监理部的 BIM 监理工程师组成，BIM 小组组员有建筑、结构、电气、给水排水、暖通、智能化、装修、景观等各个专业，指定 BIM 监理工程师为各自项目的 BIM 牵头人，牵头人在 BIM 小组组长的指导下负责各项目常规的 BIM 管理工作。

5.6.2 工程项目信息化工作内容和管理要点

工程项目信息化管理很大程度上改变了传统的工程管理模式和方法，利用硬件基础平台的信息沟通协调、数据交付和基于 BIM 模型的虚拟情景可视化，使各参建单位协同工作更加方便快捷，工程项目信息化管理需要项目参与各方和各部门全员参与，形成合作氛围。深职院项目集群信息化管理工作包含 BIM 技术应用、工程管理平台应用、智慧工地管理、工程档案管理（EIM）、技术资料统一用表平台（无纸化试点），各平台主要涉及的工作内容如图 5-20 所示。

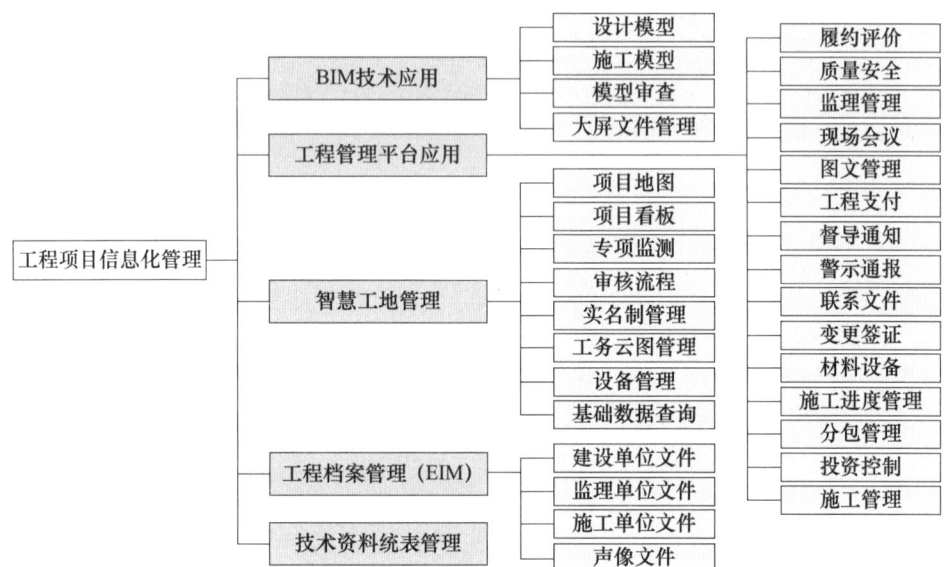

图 5-20 深职院项目集群信息化工作内容分解图

1. BIM 技术应用

BIM 技术应用具有可视化、协调性、模拟性、优化性、可出图性特点，服务于前期项目咨询、设计管理、造价管理、现场监理等，可协作提高设计管理质量，辅助项目管理对质量、安全、进度的管控。BIM 技术应用不仅包括模型构造、建筑功能分析、方案施工模拟，更重要的是其中有序可靠、及时的信息传递、共享等作用，技术只是辅助，精髓在于集成化、模块化的信息管理。深职院项目集群 BIM 技术应用管理分为策划及制度建设阶段、BIM 技术应用实施阶段和 BIM 技术应用验收交付阶段。

（1）策划及制度建设阶段

BIM 技术应用管理应进行总体策划、组织建立和制度建立，BIM 技术应用策划及制度建设阶段主要工作内容有：① 组建项目 BIM 管理团队，检查参建单位 BIM 实施团队；② 编制项目 BIM 策划方案，明确项目 BIM 技术应用实施背景、实施目标、实施内容与要求、BIM 实施管理方法、BIM 实施协调机制、BIM 实施进度计划以及 BIM 实施保障措施；③ 编制工程项目 BIM 实施管理文件，明确承接项目各阶段 BIM 实施的具体要求及管理要求，包括配合建设单位提出基于 BIM 的设计质量、投资管理、进度管理及模型深度要求，编制工程项目《设计阶段 BIM 实施细则》《设计阶段 BIM 工作管理制度》等 BIM 实施管理文件；配合建设单位提出基于 BIM 的工程质量、施工安全管理、施工进度管理及工程成本管理要求，编制工程项目《施工阶段 BIM 实施细则》《施工阶段 BIM 工作管理制度》等 BIM 实施管理文件；④ 检查 BIM 实施软硬件落实情况；⑤ 建立 BIM 实施协调机制及实施评价体系等。BIM 技术应用策划方案参见表 5-37。

BIM 技术应用策划方案　　　表 5-37

序号	大纲目录	内容
1	项目概况	—
2	BIM 实施目标	（1）BIM 实施成果目标； （2）BIM 实施重点难点； （3）BIM 技术具体应用措施

续表

序号	大纲目录	内容
3	BIM 实施团队	（1）项目 BIM 实施团队及相关岗位职责； （2）项目 BIM 实施团队人员清单
4	BIM 实施软硬件环境	—
5	BIM 应用价值点及方案	（1）BIM 实施流程； （2）BIM 实施技术方法； （3）模型创建与管理
6	BIM 协同实施	—
7	BIM 实施技术标准	—
8	BIM 实施进度计划	—
9	BIM 实施的保障措施	（1）BIM 实施的技术保障； （2）BIM 实施的沟通机制； （3）BIM 实施的管理制度
10	管理考核与评价	—
11	附件	—

（2）BIM 技术应用实施阶段

BIM 技术应用实施阶段管理目标是针对项目的特点和难点，确定 BIM 实施的成果目标，审核 BIM 实施方案、BIM 技术应用标准、BIM 实施里程碑计划等文件，保证项目实施中有据可依。BIM 技术应用实施阶段管理工作主要内容有：① 负责向参建单位宣贯 BIM 实施要求、指导参建单位编制项目《BIM 实施方案》；② 负责审核《BIM 实施方案》的完整性、科学性，提出审核意见并协助其完成方案编制，协调引导各参建单位落实 BIM 技术应用；③ 从质量、安全、投资、进度四个维度出发，对 BIM 实施流程、实施进度、成果质量进行管理，确保最终建筑实体与竣工 BIM 模型一致；④ 审核各专业 BIM 模型、BIM 模型应用点成果、施工方案优化成果，出具分析报告及优化建议文件；⑤ 开展项目例会和专题会。BIM 技术应用实施阶段 BIM 管理工作内容及实施流程参见表 5-38、图 5-21。

BIM技术应用实施阶段BIM管理工作内容一览表　　　表5-38

序号	名称	主要工作内容	实施成果
1	BIM实施方案	项目调研、需求分析、实施动员；实施方案设计	《BIM应用实施导则》
2	BIM实施资源	实施团队、实施软硬件	—
3	BIM建模（土建、机电专业）	利用软件建立BIM模型；检查并复核BIM模型准确性	《土建建模成果报告》《机电建模成果报告》
4	设计图纸问题发现	建立BIM模型，检查设计图纸缺陷	《图纸问题报告》
5	指标分析	快速获得结构工程量；协助设计人员自查、主动控制	《指标分析报告》
6	碰撞检查（设计阶段）	查找模型内各专业所有冲突点；基于图纸碰撞问题，提供图纸优化调整建议	《碰撞检查报告》《优化建议方案》
7	结构净高检查	检查结构高度不满足要求的部位	《结构净高检查报告》
8	BIM标准执行控制	监督检查各参建单位标准执行	《BIM标准执行监督报告》
9	参建单位BIM协调	各参建单位BIM应用培训；审核参建单位BIM应用成果；组织BIM协调会议并落实会议内容	《BIM数据标准》《BIM建模标准》《BIM应用标准》
10	碰撞检查及漫游（施工）	检测各专业碰撞；出具碰撞报告	《碰撞检查报告》
11	施工进度模拟	项目进度计划与BIM配对；计划和实际双维时间数据；任务时间节点提醒	《进度计划关联模型》
12	工程图片数据服务	利用BIM平台进行工程质量、安全、施工管理	《现场质量安全问题跟踪报》《临边维护报告》
13	工程资料数据库建立	在BIM中建立工程资料档案	《资料归档整理报告》
14	管线综合	协助安装管线综合；辅助复杂区域方案优化；建立全尺寸设备三维模型	《管线综合报告》《重点区域设备布置方案》《重点区域平、剖面图报告》
15	机电净高检查	结合深化设计，检测净空高度；对不合理的空间提出修改意见	《机电净高分析报告》
16	BIM竣工模型	建立富含大量运维所需数据和资料的BIM模型；实现BIM竣工模型信息与实际建筑物信息一致	竣工模型
17	动画制作	动画脚本制作；施工方案虚拟，BIM模型渲染加工	—
18	VR	做成虚拟实景；作为网络营销辅助和重要汇报演示的展示系统	—

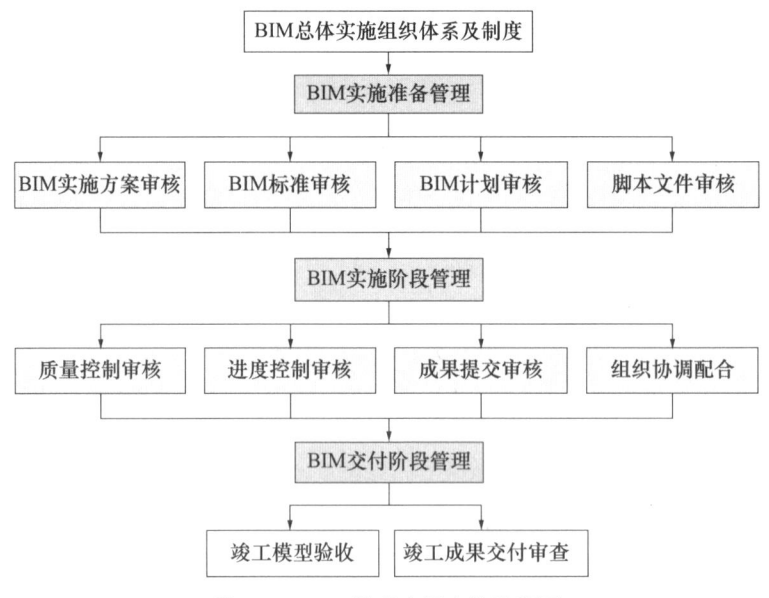

图 5-21 BIM 技术应用实施流程图

（3）BIM 技术应用验收交付阶段

BIM 技术应用验收交付阶段需做好成果交付审查和验收，并进行 BIM 模型与现场施工一致性检查，如图 5-22 所示。验收交付阶段主要管理工作内容有：① 审核竣工模型及应用成果，指导参建单位 BIM 实施成果归档；② 审查《BIM 辅助验收报告》《竣工验收 BIM 报告》；③ 督促参建单位将 BIM 实施成果上传至信息化管理平台，并对上传成果进行审核；④ 负责施工阶段 BIM 实施管理经验的总结与推广。

图 5-22 BIM 模型与现场一致性检查

2. 工程管理平台应用

工程管理平台是多方协同的管理平台，能够进行信息交流、文档管理、协同工作，参建各方可以基于 BIM 模型的可视化，结合模型轻量化技术和实施渲染技术，通过网络技术、云端模式，进行建造信息可视化与共享，解决建造过程中的相关问题，达到全面优化建造流程、精确建造的管理目的，见图 5-23。工程管理平台还建立了工程档案数据管理平台（EIM）和智慧工地链接，实现了各平台的交互流通。

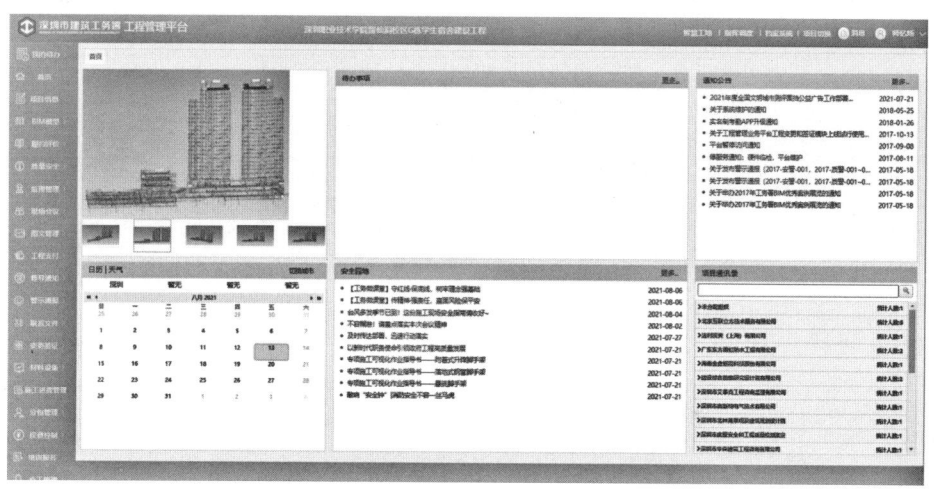

图 5-23　深职院项目集群工程管理平台主界面

工程管理平台主要包含 BIM 模型管理、履约评价、质量安全、监理管理、工程支付、警示通报、变更签证、材料设备、施工进度管理、分包管理、投资控制、施工管理等模块，各模块的功能详见表 5-39。

工程管理平台相关模块及功能　　　　表 5-39

序号	模块	功能
1	BIM 模型	可进行设计、施工的轻量化模型查看
2	BIM 模型管理	可进行 BIM 模型的上传、审查以及大屏文件的管理
3	履约评价	各参建单位履约评价结果的公布，履约查询及申述
4	质量安全	可进行施工现场质量安全问题图片上传

续表

序号	模块	功能
5	监理管理	监理规划、监理月报、监理日志、监理实施细则等文件建立，监理安全巡检、巡检问题记录，旁站记录，监理用具等资料更新
6	现场会议	可进行周例会、专题会议和相关任务发起，并以手机短信形式发送至相关参会人员，可形成会议记录
7	图文管理	可进行BIM成果、标准文件、视频、图片等上传以及首页照片展示，预留族库；还可进行图纸上传、工程洽商
8	工程支付	合同支付申请，项目费用支付申请；审核时间超时会预警
9	督导通知	督导通知书的查看与处理
10	警示通报	警示通报状态显示
11	联系文件	监理工程师对施工单位安全隐患整改通知的发起
12	变更签证	包含预变更、联系单、变更事项申请、变更费用申报、变更台账、签证计量备案、签证费用申报等
13	材料设备	材料品牌报审，战略合作供应商，材料设备黑名单等，可进行品牌报审、进场验货、见证送检、使用报审等业务办理及查询，还可进行检测报告查看、订单管理等
14	施工进度管理	可进行计划创建和变更、实际进度执行情况反馈以及进度预警
15	分包管理	分包备案类管理
16	投资控制	结算呈批等事项办理
17	施工管理	施工安全日志、施工日志的建立与管理
18	智慧工地	链接到智慧工地应用管理界面
19	档案系统	链接到工程档案数据管理（EIM）界面

工程管理平台应用主要工作包括：① 开展信息管理策划；② 合理分类和识别项目信息；③ 制定平台信息管理制度并组织实施；④ 建立项目信息沟通渠道；⑤ 开展培训，督促、检查各参建单位做好平台信息管理。主要划分为工程管理平台应用管理策划、工程管理平台标准化建立和实施组织保障三个方面。

（1）工程管理平台应用管理策划

工程管理平台应用管理策划是指对平台各版块信息从采集、处理、传输到利用的全面策划，使参与主体之间信息流畅通，充分发挥平台作用，工程管理平台应用管理策划参见表5-40。

工程管理平台应用管理策划参考 表 5-40

序号	管理策划大纲	内容
1	项目概况	—
2	工程管理平台计划目标	（1）基本原则和方针； （2）管理范围与责任； （3）建立闭环业务操作流程，优化工程管理平台业务流程； （4）以统一的标准收集、整理和处理信息，使信息实时、高效地流通； （5）信息实时收集、分析和应用，有效辅助各项决策和指挥； （6）全员积极参与工程管理平台
3	使用手册	—
4	宣贯培训	—
5	实施组织保障	—
6	信息沟通管理策划	（1）内部信息流转和反馈； （2）项目协调办法

（2）工程管理平台标准化建立

工程管理平台使用阶段要对项目各参建单位相关人员就平台的功能和架构进行培训，协商建立信息管理制度，明确平台建立的工作流程，建立标准化体系，并协作主要用户了解平台使用。标准化体系建立是工程管理平台管理的基础性工作，统一、科学的标准化体系是实现建设项目工程数据交换、资源共享和集成的前提，是实现数据高效准确传输和利用的基础支持。深职院项目集群制定的标准化内容分为管理标准、技术标准、信息标准，标准层次包括基础标准、通用标准、专用标准，见表5-41。

专用标准体系表 表 5-41

序号	标准名称
1	建筑工程协同施工信息系统技术标准
2	建筑工程监理信息系统技术标准
3	建筑工程现场视频监控技术标准
4	建筑工程质量管理系统技术标准
5	建筑工程施工安全与卫生管理标准

（3）实施组织保障

信息化管理工作涉及面广，相关人员应积极配合，相互监督提醒，深职院项目集群将信息化管理融入日常工作，共同落实管理规定，实现项目集群信息化工作的高效推进。保证措施有：① 施工总承包单位责任人应在规定时间内对职责内版块进行巡查（上传），全过程工程咨询单位责任人应每日进行监督（审核）、提醒；② 出现问题进行通报，如连续两次被通报后未在规定时间内整改，第二次季度履约评价进行扣分，逐次累加；③ 如出现问题且被通报，则直接对责任单位进行季度履约评价扣分并罚款；④ 施工单位如被发现材料未通知监理人员验收、送检就进场使用，对施工单位进行罚款，逐次累加；⑤ 如被材料设备处巡检通报一次按最高罚款；⑥ 各项目周监理例会需对工程管理平台信息化各版块进行通报；⑦ 对存在的问题进行履约警示。

3. 智慧工地管理

深职院集群项目为开展工地远程监测，及时了解工地运行情况，启动智慧工地联网系统。系统支持项目人员实名制、现场视频监控、环境监测、塔式起重机监测、升降机控制、配电箱监控和车辆监控七类监测设备的实时运行数据、报警预警信息以及历史明细信息的查看和处置等功能，分为电脑端和手机端，平台界面如图5-24所示。

图5-24 智慧工地联网监测系统界面

智慧工地平台可以从工程管理平台链接进入，主要包含项目地图、项目看板、专项监测、审核流程、实名制管理、工务云图管理、设备管理、基础数据查询功能，相关模块作业功能详见表 5-42。

智慧工地平台相关模块及内容　　　　表 5-42

模块名称	内容
项目地图	可定位到项目地点
项目看板	展示项目基本信息、设备监测状况（如离线、报警、停机、故障）、管理人员及建筑工人在册与考勤情况
专项监测	显示设备离线历史记录、巡检列表中巡检类型与日期
审核流程	办理人员更换、人员外出备案、人员退场等
实名制管理	管理人员、建筑工人进退场以及管理人员考勤查询
工务云图管理	全景图片上传
设备管理	工程图管理，设备接入、拆除管理，设备故障报备等
基础数据查询	项目工程和工程验收备案查询

智慧工地管理的主要工作有：① 督促施工单位制定智慧工地实施方案，督促施工单位完成各类设备接入智慧工地平台，并定期进行抽查巡检，完成巡检记录表；② 组织项目实施单位及设备供应商，根据建设单位要求及相关标准开放机电设备、智能化检测设备的检测数据接口，并接入建设单位的相关监测平台。

4. 工程档案管理（EIM）

工程档案管理平台（以下简称 EIM 平台）是项目各参建单位建设工程资料文件收集和归档管控的一体化平台，改变了传统参建单位档案资料独立管理的模式，真正落实档案资料的"四同步"（同步部署、同步检查、同步总结、同步验收）要求，EIM 平台界面如图 5-25 所示。

EIM 平台建立"提前介入、同步管理、及时活化、全程控制、能收尽收"的全痕迹档案归集思路；利用植入规则在线完成"各方档案采集任务分配及对号入座采集（包括业务系统数据收集）与档案智能组卷"；实现建设工程项目档案的全痕迹同步记载、归集，通过数据同步强化监管、督促纸质档案的归集；开放接口随时对接各类业务系统（报价合同、支付、履约评价、品牌报审、材料设备使用及验收、施工日志、旁站记录等），其办结数据直接归集到档案系统，避免重复工作。EIM 平台各模块主要内容详见表 5-43。

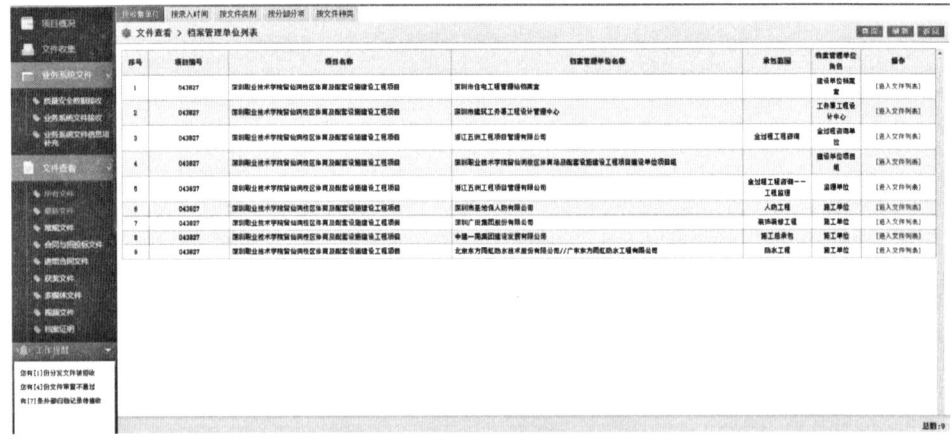

图 5-25　工程档案管理平台界面

EIM 平台相关模块及内容　　　　　　　表 5-43

模块	文件名称	内容要求
建设单位	全过程咨询文件	报建报审、合同、咨询、课题研究等
	立项审批文件	建议书、可研、概算，各类评估报告
	建设用地、征地文件	选址、土地使用、用地规划等
	工程场地勘察、测量及场地基础性资料	地质勘察，地震地质灾害评估，土壤检测
	方案、初步设计、施工图设计与审批文件	设计任务书，各类设计、审核文件
	合同与招标投标文件	含进馆合同
	开工许可与审批文件	含基坑专家会、桩基础先行证明
	工程投资与咨询过程文件	估算、概算、预算以及其他财务文件等
	项目接收文件	交接、移交等
	项目日常管理文件	含创优评奖、项目管理总结等文件
	竣工验收及质量评估检查文件	含安全评价，环境包含竣工监测
	结算、决算文件	含交付使用财产总表、财产明细表
	工程质量保证及保险文件	含质量处理类文件
	工程移交材料	资料移交清单、设备移交清单
	图纸、其他	—

续表

模块	文件名称	内容要求
监理单位	组织机构和技术准备、现场准备文件	总监理工程师任命书、印章授权书等
	施工质量控制文件	监督检查意见书等
	施工进度控制文件	含施工进度调整计划、延期申请等
	计量支付控制文件	含索赔类文件
	监理例行工作文件、现场综合管理文件	含评奖创优过程类文件
	监理验收文件	监理工作总结、质量评估报告等
	隐蔽工程验收记录文件	各类隐蔽工程验收记录
施工单位	现场管理组织机构设置	项目经理任命书、终身责任承诺书等
	图纸会审与技术交底	图纸会审与各类技术交底文件
	施工、检验检测方案及报审	含专家论证
	施工安全、施工机械、计量器具管理	各类管理文件
	开工准备测量、第三方检测、观测资料	包括地铁位移观测文件
	工程变更、联系洽商与现场签证文件	包括洽商及现场签证文件
	工程重要进度节点控制与验收文件	含白蚁防治
	造价管理文件	工程款支付文件
	现场质量管理文件	含现场实体抽检
	施工现场例行管理文件	施工日志、施工周报
	工程材料、构配件、设备管理文件	含品牌报审
	工程质量第三方试验、检验、检测文件	各分部检验检测文件
	各分部分项质量验收文件	含医疗专项、燃气系统等
	施工图、竣工图	—
	施工工序检查文件	检验批、隐蔽验收、施工记录等
声像文件	开工前的原址原貌	原貌、拆迁场地平整、模型沙盘等
	施工场景、形象进度照片	一周不低于1次，每次不低于3张
	竣工全貌	—
	会议、活动照片	重要领导、知名人士、专家会议等
	三新应用情况，获奖文件	—

为保证EIM平台系统规范有效运行，集群信息化管理团队梳理制定了EIM平台和技术资料统一用表平台使用及运行管理办法，对系统的运行环境、流程设置、机构管理、权限管理、用户管理等方面制定标准，对部分业务审批时间要求等操作方面做出要求，并对系统应用效能考核、业务评比方面进行明确规定。每个项目均设置1名专职系统管理员，及时解决使用过程中遇到的问题，软件公司设专职维护人员提供咨询服务，共同负责系统的运行和维护。为提高平台管理人员对系统的理解能力和操作能力，推动系统正常应用，集群咨询团队定期组织开展人员培训，培训工作分专业、分层次进行，对系统管理员进行阶段性集中培训。EIM平台管理工作主要包括建立档案资料管理制度、落实资料员平台操作培训、现场督促检查、自身单位资料审查、定期平台审核资料等，详见表5-44。

EIM平台工作内容一览表　　　　　　表5-44

序号	工作内容
1	统筹各参建单位档案资料工作，建立项目组档案资料管理制度、体系
2	统筹各参建单位资料员管理，落实参建单位资料员培训、开户、报备等
3	指导、审核参建单位分部分项设置的科学化、标准化、完整性
4	督促检查项目各参建档案资料及信息化的完整性、同步性、标准化
5	开展培训，督促、检查各参建单位做好平台信息管理
6	做好自身单位档案资料的完整性、同步性、标准化
7	组织项目档案预验收并取得认可文件或备案
8	每月定期指导审核各参建单位档案资料情况

5. 技术资料统一用表平台（无纸化）应用

统一用表平台（以下简称统表平台）是用于形成电子资料的电子平台，通过"互联网+"思维将建筑工程项目建设过程中的填表、审表过程信息化、标准化、电子化。通过引入CA电子签章形成电子资料，实现无纸化办公，满足了施工文件与电子文件的同步形成，实现建设、设计、咨询、施工等单位质量安全资料管理的网络化、标准化，缩短业务审批周期，显著提高项目管理水平。技术资料统表平台界面见图5-26。

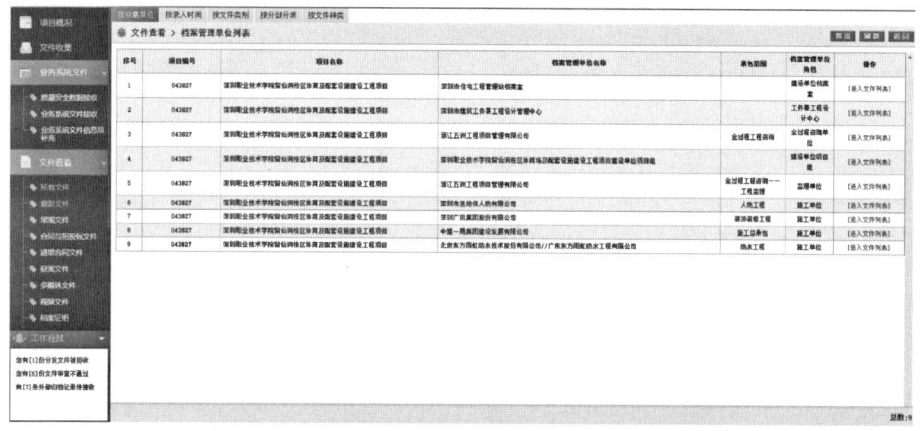

图 5-26 深职院项目集群技术资料统表平台界面

深职院项目集群作为试点项目，目前统表平台已完成第二轮调试，并在深职院项目集群中正式大规模使用，稳定运行。统表平台实现了占据档案资料 75% 的技术资料的无纸化，且统表平台形成资料均顺利流入 EIM 平台归档。统表平台相关模块及内容见表 5-45。

统表平台相关模块及内容　　　　　表 5-45

模块	内容
工程项目	项目 WBS 代码选择
质检表格	包括标准名称（国家标准、国家行业标准、地方标准等各类标准等）和表格分类
房建表格	（1）工程建设前期主要法定基建程序文件（A 类表）； （2）工程质量监理用表（B 类表）； （3）施工管理和技术文件资料用表（C1 类表）； （4）进场施工物质质量控制、证明和验收文件通用表（C2 类表）； （5）见证取（抽）样检验（测）报告（C3 类表）； （6）施工过程记录（C4 类表）； （7）检验批、分项、分部（子分部）施工质量及验收用表（C5 类表）； （8）竣工图灯具通用表（D 类表）； （9）单位工程竣工验收及备案文件（E 类表）； （10）附录一：组卷目录及相关选用表； （11）附录二
待办事项	临时保存、等待审批、施工自检类事项
特殊字符	特殊字符选用表

深职院项目集群各项目之间相互独立又紧密关联，对内是群组，对外是单项目，在资源共享的同时，深职院全过程工程咨询项目集群管理的信息化管理十分注重技术质量类文档的单独归档管理，以便于追溯可查。统表平台管理工作主要包括：① 办理 UK 时对项目人员信息和岗位进行审核，用于账户设置和表格审批流程；② 对施工单位发起的检验批、隐蔽工程等技术资料的审批以及施工方案的审批；③ 需要专人负责，每周对进展情况进行检查，使用情况纳入周例会汇报。

5.6.3 集群模式信息化管理优势

项目集群管理是对一组项目的统一协调管理，项目集群信息化管理可以共享组织资源，统一协调管理，统一制度与要求，在一定程度上达到资源优化，增强计划统筹，提升管理效率和效益。

1. 集群内部资源整合

集群模式下工程项目信息化，将集群内部 BIM 设计管理师、BIM 监理工程师与设计单位 BIM 工程师、施工单位 BIM 工程师整合在一起，通过资源整合，实现各项目 BIM 目标有效推进。在管理过程中，集群咨询团队在不同项目之间合理调配使用软硬件设施，每周集中召开 BIM 会议，对各参建单位产生激进作用，促使各 BIM 实施单位在会议上听取各方汇报，对相关应用点取长补短；通过合理统筹深职院项目集群 BIM 管理的人员组织，有效地实现了人力资源共享，形成 BIM 工程师间的专业整合，提高 BIM 应用技能；通过共享组织资源，在一定程度上达到资源优化，增强计划统筹，提升管理效率和效益。

2. 集群统一的 BIM 验收评价标准

深职院项目集群参建单位多，在工程项目决策和实施过程中产生的信息量大，信息传递界面多，信息形式多样，每个项目都有不同类型和不同用途的信息，必须进行信息标准化。深职院项目集群制定的标准化内容分为管理标准、技术标准、信息标准、评审标准，标准层次包括基础标准、通用标准、专用标准。以 BIM 应用管理为例，通过统一协调管理、统一制度与要求，同时制定统一的现场检查标准，BIM 小组在 5 个项目中不定期地进行 BIM 模型与现场一致性巡检，通过统一的现场检查标准，在集群项目间的巡查中既可以评选优秀工法工艺，又能吸取负面清单的不足经验，相互交流心得体会，让基于 BIM 的质量管理更上一步。BIM 实施评审标准和 BIM 模型与现场一致性检查报告见表 5-46、图 5-27。

BIM 实施评审标准 表 5-46

评分项	具体内容与要求
BIM 实施目标（16 分）	（1）BIM 实施与项目特点结合紧密，项目重点难点分析符合实际，BIM 实施解决的实际问题明确，12～16 分； （2）BIM 实施目标与项目实际情况基本吻合，目标较明确，6～10 分； （3）BIM 实施目标脱离项目实际情况，缺乏针对性，0～4 分
BIM 实施团队（16 分）	（1）BIM 实施团队人员职称、专业、年龄等结构合理，具有丰富的 BIM 实施经验，能够满足 BIM 实施要求，12～16 分； （2）BIM 实施团队结构较合理，基本能够满足 BIM 实施要求，6～10 分； （3）BIM 实施团队结构不合理，缺乏 BIM 实施能力，无法满足 BIM 实施要求，0～4 分
BIM 实施环境（16 分）	（1）BIM 实施团队软硬件环境达到项目组要求，软件系列齐全，硬件设备性能先进，能够很好地保障 BIM 实施工作，12～16 分； （2）BIM 实施团队的软硬件环境基本满足 BIM 实施要求，6～10 分； （3）BIM 实施团队的软硬件环境存在较大缺陷，无法满足 BIM 实施工作要求，0～4 分
BIM 实施应用点及方案（20 分）	（1）BIM 实施方案逻辑清晰，内容完整，项目组要求的 BM 实施内容全部响应，解决方案切实可行，具有相应的实施基础，16～20 分； （2）BIM 实施方案基本合理，内容基本完整，项目组的 BIM 实施内容未能完全满足，解决方案的可行性稍差，8～14 分； （3）BIM 实施方案结构混乱，逻辑不清，项目组要求的 BIM 实施内容大部分未能响应，实施方案的可行性差，0～6 分
BIM 协同实施（16 分）	（1）BIM 实施团队有协同工作理念，有协同工作方法和方式，能够与其他参建单位实现高效协同工作，12～16 分； （2）BIM 实施团队有协同工作理念和方法，能够与其他参建单位部分协同，6～10 分； （3）BIM 实施团队缺乏必要的协同工作手段，基本不能满足协同工作需求，0～4 分
BIM 实施保障措施（16 分）	（1）BIM 实施团队在人员、质量、技术、资金等方面有完善的 BIM 实施保障制度，可以很好地保障 BIM 实施工作，12～16 分； （2）BIM 实施团队有 BIM 实施保障措施，基本能够保障 BIM 实施工作，6～10 分； （3）BIM 实施团队缺乏 BIM 实施保障措施，无法保障 BIM 实施工作顺利完成，0～4 分

项目名称	深圳职业技术学院西丽湖校区学生公寓A、B栋拆建工程						
记录人	叶晓燕	审核	姚立召	记录日期	2020/8/6	报告编号	JD-B02-003
巡场地点	B2层			模型名称	Z12015JY0060_XM20160479_DX_MEP_B02_0000	检查日期	2020/8/5
问题描述	模型现场一致性					专业类别	机电
	 （现场照片）				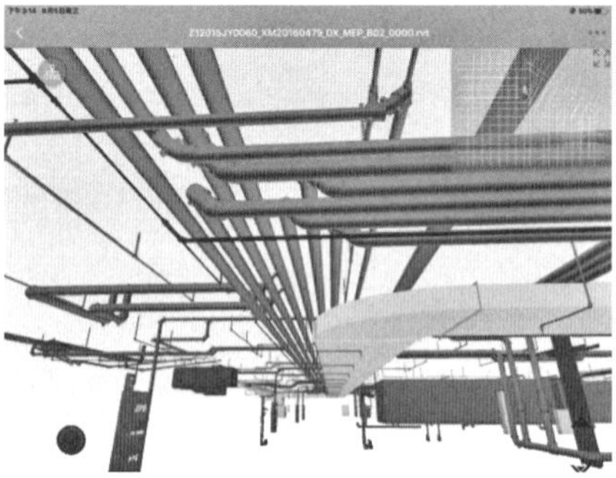 （模型照片）		
答复意见					答复人		
					答复日期		
复核意见					复核人		
					复核日期		

图 5-27 BIM 模型与现场一致性检查报告

3. 集群项目间经验分享

深职院项目集群是同一个学校的 5 个项目，A、B 栋项目是两栋 24~26 层的宿舍楼，G 栋项目是两栋 24 层的宿舍楼，北校区项目、华侨城项目都有宿舍楼建设。几个项目均为装配式建筑，采用 PC 构件、铝模、爬架等工法，在机、料、法类似的情况下，一些基于 BIM 的应用可以用来借鉴，例如 PC 构件的吊装交底、爬架的安装模拟、铝模的组装模拟，还有一些基于 BIM 的安全交底等。

A、B 栋项目是深职院项目集群第一个开工的项目，BIM 应用模拟累计有 20 多个，针对有共性施工工法的 BIM 应用可以选择性的流转到下一个项目做经验分享，例如塔式起重机安装与拆除模拟、落地式脚手架搭设方案模拟、装配式建筑 PC 构件吊装施工方案模拟等模拟施工类应用，以及施工场地平面布置漫游、地下室净高分析漫游等漫游类应用；后续项目参照 A、B 栋项目的 BIM 应用经验分享，根据自身项目特点优化调整，可以节省时间，提高效率。

4. 平台应用的竞赛推广

深职院项目集群第一个项目启动时，响应深工务署资料室号召，对统表平台进行试用，期间深署教育工管中心项目组多次组织软件开发单位到项目上对各参建单位进行内部培训，后续针对软件启动卡顿、表格数据不能自动填充、审批流程选项缺漏等诸多问题进行软件优化调试。经过持续更新升级，目前系统的灵活性、易用性、稳定性大幅提高，系统适应项目能力得到进一步提升。深职院项目集群后续项目的资料员提前到已开工项目做"帮手"，通过各项目资料员间手把手教学，统表平台在集群内得到推广，进一步扩大了建设项目资料无纸化应用。

EIM 平台管理采用常态化培训＋座席服务，有效地解决了资料员新手在动态变化的情况下快速上手问题。深工务署对 EIM 平台进行定期考核，在系统中公布排名和分值，将评比结果与考核兑现相结合，鼓励先进、鞭笞落后，促进系统的标准化操作，提高系统平台的应用效果。另外，深职院项目集群 5 个项目各参建单位积极参加业务竞赛，竞赛活动不仅强化了资料员的业务能力，还形成以竞赛促练兵、以练兵促成才、以人才促工作的良好氛围，多次获得深署教育工管中心项目组的肯定和表扬。信息化管理工作涉及面广，深职院项目集群相关人员都积极配合、相互监督提醒，将信息化管理融入日常工作，共同落实管理规定，建立信息化管理工作群，实现项目集群信息化工作的高效推进。同时，各项目周监理例会需要对工程管理平台信息化各版块进行通报，对存在的问题进行履约警示，通过各项目对比学习，信息化各版块均达到有效提升，见图 5-28。

图 5-28 信息管理竞赛及相关成果报道
（a）国家档案局报道；（b）工程档案业务竞赛现场；
（c）集群咨询团队台上竞赛；（d）集群咨询团队台下抢答

5.7 课题研究

实践需要相关理论的指导。"全过程工程咨询＋项目集群管理"是建设工程项目管理服务内容与管理模式的双重创新，其需要相关理论研究成果作为支撑。为保障深职院全过程工程咨询项目集群管理实践工作的顺利开展，促进企业管理效能的提升，五洲·千城组建了一支高效合理的课题研究团队，围绕"全过程工程咨询＋项目集群管理"开展一系列课题研究。

5.7.1 研究选题及内容

全面梳理深职院项目集群建设管理特点，经企业高层、咨询团队、建设与使用单位管理人员等充分讨论后，围绕深职院全过程工程咨询项目集群确定了三个研究方向：

1. 全过程工程咨询模式研究

全过程工程咨询服务推行时间尚短，学界与业界对全过程工程咨询的概念、服务模式等仍处在探索阶段，未达成统一共识。为实现以市场需求为导向、满足委托方需求的咨询服务，提升项目管理效能与企业资源集约化利用，确立全过程工程咨询模式的研究方向。该研究方向下主要的研究课题有两个：

（1）全过程工程咨询模式及其经济性分析。此课题旨在企业层面、项目层面以及社会层面等不同维度探讨不同的全过程工程咨询模式的经济性。研究主要内容包括：① 全过程工程咨询模式提炼；② 全过程工程咨询模式评价指标体系；③ 不同的全过程工程咨询模式的经济性比较；④ 全过程工程咨询模式选用标准体系。

（2）全过程工程咨询项目集群模式研究。此课题为针对深职院项目集群专门设定，研究成果能完全指导与服务项目实践。以深职院项目集群为研究对象，研究内容主要为：① 全过程工程咨询项目集群管理核心问题梳理；② 全过程工程咨询项目集群管理理论模式；③ 深职院全过程工程咨询项目集群管理实践模式；④ 全过程工程咨询项目集群管理经验总结。

2. 工程建设组织模式研究

为科学推动深圳市工务署工程建设管理体制机制完善改革，总结工程建设组织模式创新改革阶段成果，指导创新试点项目高效实施，深圳市工务署建设统筹处委托深职院集群咨询团队开展工程建设管理模式研究。此研究以深职院全过程工程咨询项目集群服务为起点，对深工务署实施的工程建设组织模式开展研究。此研究方向包含工务署工程总承包模式应用情况调研、工务署工程建设组织模式选用以及工务署工程总承包项目管理三个研究课题。三个研究课题均以深圳市工务署下属的工程总承包项目为研究对象，研究内容为：① 通过调研工务署工程总承包项目的实施情况，总结工程总承包项目实施过程中存在的问题，分析导致这些问题的根本原因；② 通过对全过程工程咨询、工程总承包和社会化代建三种建设组织模式进行对比分析，建立工务署建设组织模式选用的标准体系；③ 通过总结已有项目经验，从整体性治理角度提出推进工程总承包模式应用的对策建议。

3. 高校建筑使用需求分析

深职院项目集群的使用方为深圳职业技术学院，使用对象为高校师生。为了充分考虑使用者需求，避免建筑运维阶段使用功能缺陷，同时提升建设过程中因需求不确定导致的管理问题，特设定高校建筑使用需求分析的研究课题。以高校学生宿舍为研究对象，研究内容主要为：① 高校学生宿舍现状调研与分析；② 高校学生对宿舍的使用需求调研；③ 基于需求的高校学生宿舍建设建议。

基于以上研究选题，研究团队基于不同目标设计研究课题，如表5-47所示。根据课题来源分为两大类，一是外部课题，指由建设单位委托或企业申报立项的课题；二是内部课题，为企业或项目自主立项的课题。

课题分类及来源　　　　　　　　　　表5-47

分类	来源	课题名称
外部课题	浙江省住房和城乡建设厅	全过程工程咨询模式及其经济性分析
	杭州市城乡建设委员会	建设项目集群管理模式下的全过程工程咨询服务应用研究
	深圳市工务署建设统筹处	工务署工程总承包模式应用情况调研
	深圳市工务署建设统筹处	工务署工程建设组织模式选用
	深圳市工务署建设统筹处	工务署工程总承包项目管理
企业课题	博士后课题	全过程工程咨询模式及其经济性分析
	企业自定	全过程工程咨询项目集群模式研究
	企业自定	高校建筑使用需求情况调研
	企业自定	高校建筑使用需求研究
	企业自定	建设工程全过程工程咨询项目集群管理

5.7.2　研究团队及架构

研究团队是课题研究顺利开展的前提基础。为此，组建了一支结构合理、分工明确、层次分明的研究团队，如图5-29所示。由集群项目经理担任课题组组长，并负责课题研究整体统筹与组织协调；由五洲·千城博士后担任课题组副组长，负责课题研究指导工作与质量把控；并根据每个课题的研究内容，结合集群咨询团队人员的各自特长，组织课题组成员。课题研究活动在明确的工作职责分工指导下开展。课题小组长负责整个课题的内容和进度组织，参与课题研究的执行。课题组成员在课题小组长的指导下，根据内容和进度要求，收集资料、组织调研和撰写成果文件等。集群项目经理统筹与博士后指导的双重配置，可实现理论与实践的有效对接，为深职院项目集群课题研究的顺利开展提供保障。

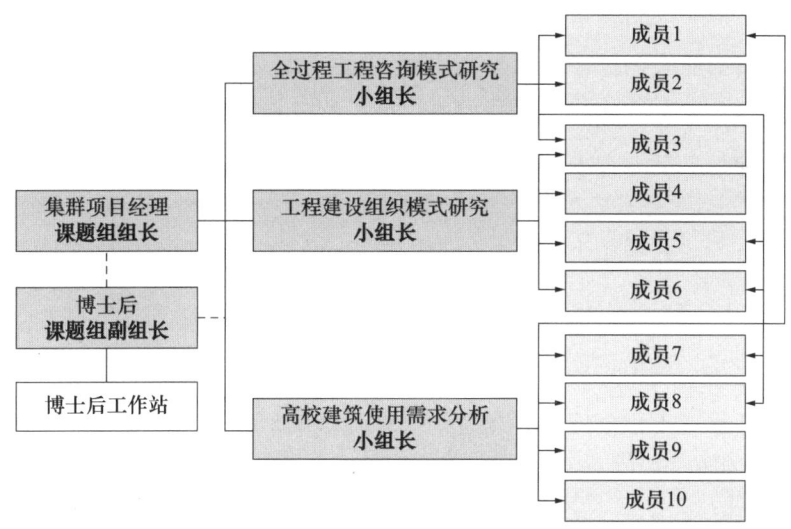

图 5-29　研究团队组织架构

5.7.3　研究成果及应用

截至目前，三个方向的课题研究均取得阶段性研究成果。同时，在课题研究过程中还培养了课题组成员的研究能力与创新意识。课题组成员在项目咨询服务过程中积极推进研究成果的实施转化，为其他类似项目积累经验提供借鉴。

1. 全过程工程咨询模式研究

此方向的课题仍在研究过程中。截至目前，获得浙江省建设科研项目与杭州市建设科研项目共 3 个课题的立项，撰写相关论文 4 篇，其中已发表 1 篇。

本书是全过程工程咨询项目集群管理模式研究的重要成果。随着研究的继续深入，全过程工程咨询模式研究将会有更多、更深入的研究成果，有助于全过程工程咨询服务实践以及企业的管理提升。

2. 工程建设管理组织模式研究

课题组已完成《深圳市建筑工务署EPC模式实施情况调研报告》《深圳市建筑工务署工程总承包项目管理指引》《深圳市建筑工务署工程建设组织模式选用指引》三个课题的研究报告。研究成果得到深工务署建设统筹处的一致认可，并获得书面表扬信。课题成果《深圳市建筑工务署EPC模式实施情况调研报告》获得广东省代建学会优秀调研报告一等奖。课题研究也为深圳市工务署工程建设管理组织模式选用提供参考依据。

3. 高校建筑使用需求研究

课题组撰写完成《高校类建设项目（学生宿舍）建设需求调研报告合集——深圳、浙江》，并以此为基础，撰写并已出版《需求导向的高校类项目建设研究——以高校学生宿舍为例》专著。高校建筑使用需求研究通过系统总结分析高校宿舍使用需求，提出高校宿舍建设管理的对策。该研究成果能指导深职院项目集群学生宿舍及其他高校建筑的需求管理，并为其他学生宿舍建设类项目提供支持资料和有益参考。

5.8 本章小结

本章首先根据项目集群管理的目标与特点，从集群组织架构、策划方案、过程管控、人才培育、党建引领五个方面建立深职院全过程工程咨询项目集群管理的统筹体系。然后根据深职院全过程工程咨询内容分类，深入总结勘察设计管理、招标采购管理、投资管理、工程监理与工程项目信息化管理的组织架构与工作要点，提炼了项目集群管理中采用的创新模式、机制与方法。

第6章　五洲·千城全过程工程咨询项目集群管理经验

全过程工程咨询服务与项目集群管理都属于工程建设集成化组织方式，也是契合建设工程领域供给侧结构性改革的实施手段。现阶段，全过程工程咨询服务实践处于试点探索阶段，相关理论研究正在逐步开展但对许多问题尚未达成统一共识。建设工程集群管理虽有PMI（美国项目管理协会）项目集管理标准等作为理论指导与参照标准，但建设工程领域集群管理的业内实践却开展的较少。全过程工程咨询项目集群管理实践，一方面呼唤相关理论研究的推进，另一方面也考验着咨询企业的服务、组织与创新能力。因此，行业实践经验的总结非常重要且必要。五洲·千城已开展多个全过程工程咨询项目集群管理的项目实践，从最初的尝试性探索至目前良好的项目实践效果与建设单位、业主单位的一致好评，在实践过程中积累了关于全过程工程咨询项目集群管理的宝贵经验。本章在深职院全过程工程咨询项目集群案例研究以及五洲·千城多个实践项目案例对比的基础上，分析全过程工程咨询项目集群管理的重点难点，总结五洲·千城全过程工程咨询项目集群管理的"深职院模式"。概括而言，五洲·千城全过程工程咨询项目集群管理的"深职院模式"具有以下六大经验。

6.1　创新团队架构，优化资源配置

全过程工程咨询服务贯穿建设工程的整个生命周期，是针对当前碎片化工程咨询进行的整体性治理，通过人员全过程参与，实现责任、业务流程和信息流的全过程贯通。项目集群管理通过整合调配资源和统筹协调能集约化利用资源，提升管理效率与节约成本。另外，全过程工程咨询服务与项目集群管理都

要求咨询企业充分发挥技术优势、管理能力与团队经验，实现协助或代表建设单位对工程建设全局及全过程的有效管控，通过整合资源及科学分配资源，为建设单位、使用单位提供更加有价值的集成整合的咨询服务。

在"深职院模式"中，为实现项目全生命周期（时间维度）与项目集群间（项目维度）人力资源优化配置，五洲·千城构建了全过程稳定性与机动性的集群咨询团队组织架构。实践表明，此种咨询团队组织架构实现了人力资源的优化配置，并且咨询团队与建设单位、使用单位以及其他参与各方配合协作良好。主要经验为：

（1）根据项目特征组建集约高效的咨询团队。综合考虑建设需求、项目环境、项目特点和建设目标等因素，选择适宜的组织模式，组建集约高效的管理团队，保证项目集群管理的顺利进行。具体包括：① 根据建设单位特征定位咨询团队模式。深职院项目集群的建设单位是深圳市住宅工务署教育工程管理中心，是专业的政府工程建设管理机构，具有管理人员专业能力强但人员数量少、专业人员兼岗多项目、基建管理制度和监管制度比较完善等特点。因此，全过程工程咨询团队定位融合型模式，在建设管理过程中与建设单位充分融合，强化项目执行，提供专业化服务。② 根据企业组织架构设计咨询团队组织架构。为满足综合性、系统性问题一站式解决的需求，组建以全过程工程咨询项目经理为核心，配备结构合理的专业咨询人员，"公司后台部门"—"项目集群内部"强矩阵项目部模式，为建设单位提供贴身服务。咨询团队总体组织架构分层设立，企业后台各专业部门技术支持，层级分明，职责分工明晰，有效实现了各项目信息互通、资源共享，充分发挥了项目集群集约优势。③ 建立咨询团队与施工总承包单位协作架构。通过利益相关者分析，建立集群咨询团队与施工总承包单位、项目监理部与施工总承包单位之间的协作架构，促进项目团队的融合。

（2）根据子项目特征内部调配资源。在"深职院模式"中，项目集群内部资源配置以各子项目进度、质量、安全、投资管控等项目目标为中心，在项目层面、专业层面实行全过程资源调配，包括：① 通过子项目关联分析，厘清各项目在集群环境中的定位，为资源配置和项目排序提供参考。② 按综合管理、设计管理、造价管理、招标投标与采购管理、工程监理等专业分类编队，合理配备各专业人员，并根据集群各子项目的建设进度统筹安排资源，发挥项目集群优势，实现管控一体化和资源集约化。

6.2 实行动态管控，提升管理效能

全过程工程咨询服务是对工程项目决策、实施、运营等全阶段提供全生命周期的咨询服务。项目集群管理是对项目集群进行集中统一的协调管理，以实现既定的项目集群战略目标和收益。全过程工程咨询项目集群管理应是一个动态优化的过程。为了实现项目集群战略目标，在"深职院模式"中实行一系列动态管控措施，主要包括资源动态调配机制和经验复制传递机制等。

（1）资源动态调配机制。这里的资源主要是指咨询团队人员。项目集群由多个相互关联的项目组成，因此，为了保证子项目的顺利进行，项目执行过程需要统筹和监控项目集群资源，协调项目间的资源分配，使项目集群内部资源分配最佳。另外，为了解决项目配备人员数量多、人员专业素质高低不齐的问题，通过建立集群"见习基地"等人员孵化机制，利用全过程工程咨询全链条管理与项目集群阶段式流水作业的优势，先开工项目潜移默化地带动后开工项目，通过学习深工务署管理体系和进行岗位实操等，共同提升项目集群管理水平。

（2）经验复制传递机制。经验与教训都是宝贵的财富。项目集群由于其是由多个相互关联但实施上存在时间差的项目组成，前序项目的经验与教训可直接指导后续项目相关工作。在"深职院模式"中，咨询团队非常注重经验总结，并建立比较完善的经验复制传递机制。具体做法包括：总结各类技术管理经验，并以此为基础形成管控技术方法、重点难点问题等管控文件；通过周工作进展、月报等总结，厘清前序项目进展中的关键节点和薄弱点，为后续项目提供参考；分专业、分岗位、分部门定期总结项目实施过程中的优点与不足，为后续管理提供借鉴资料等。通过总结项目集群管理实施过程中的经验和教训，并在项目间、专业间、个人间建立经验复制机制，有效地提升项目集群效能。例如深职院投资管理方面，经验数据在估算审核、概算审核、限额设计、清单审核及过

程变更中具有指导作用，充分发挥经验数据的优势。

6.3 建立竞争机制，激发人员潜能

"现代管理学之父"彼得·德鲁克认为，管理的本质是激发每一个人的善意。管理的核心是人，因此，激发人的主观能动性非常重要。在"深职院模式"中，为激发个人、专业团队、参与各方的能动性，设置了一系列竞争机制。实践表明，通过竞争机制对个人能力、团队效率等都有大幅提高。

（1）专业竞赛评优。此类竞赛针对专业人员，旨在提升专业人员的专业知识与专业技能。根据项目特点及各专业知识、能力、素养要求，设计专业针对性的学习内容，通过考试、竞赛等形式对个人学习效果进行评价。评价结果与考核、奖励等挂钩，从而督促专业人员学习与提升。通过组织培训学习以及与专业竞赛相结合，促进人员熟悉集群管理制度、工作流程等，不仅能有效地利用资源，更能通过知识集成解决重点难点问题，提升团队人员技术能力和管理水平。例如深职院咨询团队蔡雪铃在深圳市建筑工务署与深圳市档案学会联合举办的工程档案业务竞赛活动中在工程档案信息个人综合能力比赛中获得一等奖，在档案综合业务知识竞赛中获得三等奖。

（2）管理目标评比。此类评比针对参建单位，旨在激发参建单位的履约积极性，促进质量管理、安全管理和进度控制的效能。例如设立"质量""安全""进度"三大类竞赛内容，以及"流动红旗""警示黄旗"两大竞赛结果。评价依据"深圳市建筑工务署季度质量、安全"评分及排名结果，竞赛结果与履约评价挂钩。

6.4 借助信息技术，提升协同效率

项目集群管理涉及多个相互关联项目，项目间、项目内部协同影响项目集

群管理效率。"深职院模式"运用信息化技术助推集群项目资源准备和工作协同。主要做法为以咨询团队信息管理系统与业主单位信息化建设管理为平台，通过视频监控等专业设备的联合应用，将数据、模型、图纸、图片等数据实时上传，使项目集群参建各方的管理行为集成记录到同一平台，形成项目集群管理大数据。利用管理平台以及大数据信息，优化协同管理效率。在具体操作工具上，利用工程管理平台进行统筹管理；利用统一用表平台进行资料标准管理；利用 BIM 可视化提高沟通效率；运用智慧化工地监控现场情况。实践表明，利用信息化平台能快速采集数据、集成数据，进行数据分析及交互。深职院项目集群通过信息化平台应用实现了管理、资源、进度、功能等要素的协同，通过数据的协作和流转打通管理工作环节，助力于项目集群管理计划和资源调度，促进项目集群集成和精益管理，最终实现项目集群管理的高效统一和效益最大化。

6.5　开展课题研究，提供增值服务

全过程工程咨询服务推行时间尚短，而项目集群管理的实践经验又缺乏，为保障深职院全过程工程咨询项目集群管理实践工作的顺利开展，创新式的课题研究与项目实践并行开展。围绕全过程工程咨询+项目集群管理，以及结合深职院全过程工程咨询项目集群需求与特征，确定了研究选题及研究方向，包括全过程工程咨询模式研究、工程建设管理组织模式研究与高校建筑使用需求研究。截至目前，三个研究方向的课题研究均取得阶段性研究成果，部分研究成果已经应用于项目实践中，例如高校建筑使用需求研究的成果已用于后续项目学生宿舍功能设计与设计管理。同时，在课题研究过程中还培养了课题组成员的研究能力与创新意识。课题组成员在项目咨询服务过程中积极推进研究成果的实施转化，为其他类似项目积累经验提供借鉴。值得一提的是，为了让理论分析与实践诉求紧密联系，项目团队与博士后工作站联合组建了一支研究团队，可以实现理论与实践的有效对接，为深职院项目集群课题研究的顺利开展提供保障。

6.6　利用党建引领，发挥凝聚作用

"党建引领"是深职院全过程工程咨询集群管理的重要抓手。深圳职业技术学院项目群临时党支部在中共深圳市建筑工务署直属机关党委的支持和指导下，深入贯彻新时代党的建设总要求，主动探索党建工作新模式，协同各参建单位，增强全员的向心力、凝聚力和战斗力。通过采用党组架构和纪检架构"双架构"的组织形式，设立围绕以"项目建设为中心"和"以人民为中心"的双中心责任制度，开展以"党建＋"为形式的"双目标"的党建活动，使党建工作成为工程建设的"导航仪"。例如深职院项目集群临时党支部在疫情防控、项目建设关键节点推进和关键技术攻克等方面发挥了重要作用。

项目集群按子项目成立项目党员小组，利用党组织的力量，积极开展党的先进思想学习和开展各种活动，充分发挥党员先锋模范作用。通过设立党员示范岗树立项目集群工作标杆，鼓励大家对标先进。通过宣传党员优秀工作事迹带动项目集群其他岗位成员向优秀党员学习。党员主动承担攻坚克难的工作任务，成为项目集群工作的"排头兵"。项目集群的党员们，都能立足于普通的岗位上，以坚定的理想、全心为人民服务的意识，通过争创一流的工作业绩成为大家的表率。

6.7　本章小结

本章在深职院全过程工程咨询项目集群案例研究以及五洲·千城多个实践项目案例对比的基础上，分析全过程工程咨询项目集群管理的重点难点，总结深职院全过程工程咨询项目集群管理经验，提炼可供业界参考的普适性做法，旨在为同类或相似项目提供参考，发挥咨询企业在资源整合、统筹协商和目标控制等方面的优势，为建设单位提供贴身服务，为政策引导提供反馈建议和事实支撑。

第7章 展望

本书通过全过程工程咨询项目集群管理理论与实践的研究，全面分析了全过程工程咨询政策和发展历程，梳理全过程工程咨询服务模式及工作内容。参考PMI（美国项目管理协会）项目集管理标准，并融合项目集群管理和全过程工程咨询服务模式，通过项目治理理论、利益相关者理论、集成管理理论、价值工程理论、协同理论等相关理论体系，在深圳职业技术学院项目集群案例中进行尝试和探索研究。在实践中提升管理效率、减少成本，助力集群各项目目标的实现。

然而限于撰写团队的理论水平、能力和精力，以及研究条件和时间限制等原因，本书还存在较多不足和遗憾，还有很多应深入研究而未能完成的内容，需要在后续的研究中进一步深化和完善。结合本书的不足之处，对今后研究内容展望如下：

（1）全过程工程咨询与建设单位工作协调机制需要进一步研究。虽然本书提出根据全过程工程咨询服务内容和项目特征，配合不同组织力量和专业化程度的建设单位服务需求，通常可以将全过程工程咨询团队定位分为管理型、融合型、咨询型三种模式，但在实际项目中，建设单位与全过程工程咨询团队对自身的定位随着工作的开展而变化，相互之间的工作协调机制不能同步同频，需要进一步深入探讨和总结。

（2）全过程工程咨询项目集群管理团队之间工作界面需要进一步研究。本书在全过程工程咨询项目集群团队组织架构中选用强矩阵的形式，但随着建设单位委托专项工作内容的不同，特别是设计团队负责人、工程监理团队总监理工程师与集群项目经理之间会因为工作界面分工而产生工作摩擦，内部各团队之间、各专业之间多重兼职给沟通协调工作量带来成倍的增加。距离高效、协同的组织还有一定的差距，需要结合集群实践进一步研究和总结。

（3）全过程工程咨询项目集群管理绩效评价需要进一步研究。目前行业中还没有相应的全过程工程咨询绩效评价体系，而项目集群促使项目与项目之间的关系更加紧密。深圳职业技术学院项目集群目前还在全过程工程咨询服务中，建设单位和使用单位对全过程工程咨询绩效管理评价、集群管理团队内部对自身各岗位的绩效考核均还在尝试和探索中，需要持续的研究和总结。

（4）投资决策与运营两个阶段的咨询内容需要进一步研究。在深圳职业技术学院项目集群案例中，全过程工程咨询主要包含全过程项目管理、工程监理、课题研究等服务内容，投资决策咨询工作内容较少，且未能涉及运营阶段的咨询内容，因此未对该阶段内容有进一步的研究，有待今后就此内容进一步深入研究探讨。

参考文献

[1] 中国社会科学院语言研究所词典编辑室．现代汉语词典（第7版）[M]．北京：商务印书馆，2016．

[2] [英] 霍恩比原著，李旭影等译．牛津高阶英汉双解词典（第9版）[M]．北京：商务印书馆出版，2018．

[3] 上海辞书出版社著，陈至立编．辞海（第七版）[M]．上海：上海辞书出版社．2020．

[4] 建设工程勘察设计管理条例．国务院令第662号 [Z]．2017．

[5] 中国国家标准．建设工程造价咨询规范（GB/T 51095—2015）[S]．北京：中国建筑工业出版社．2015．

[6] 中国国家标准．建设工程监理规范（GB/T 50319—2013）[S]．北京：中国建筑工业出版社，2013．

[7] 杨学英．监理企业发展全过程工程咨询服务的策略研究 [J]．建筑经济，2018，39（03）：9-12．

[8] 皮德江．全过程工程咨询解读 [J]．中国工程咨询，2017（10）：17-19．

[9] 徐小张．关于全过程工程咨询试点工作的思考 [J]．建设监理，2018（1）：35-37．

[10] 张武．浅议全过程工程咨询服务对建设工程管理的意义 [J]．四川水利，2017，38（5）：120-122．

[11] 韩光耀，沈翔．全过程工程咨询的特点和内涵分析与实施措施 [J]．中国工程咨询，2018（3）：36-39．

[12] 孔凡彬，杨洪．监理企业如何应对全过程工程咨询服务的挑战 [J]．四川水利，2017，38（5）：118-120．

[13] 丁士昭．全过程工程咨询的概念和核心理念 [J]．中国勘察设计，2018（9）：31-33．

[14] 周翠．监理企业发展全过程工程咨询业务的关键技术探索 [J]．建筑经济，2020，41（7）：18-23．

[15] 柴恩海,黄莉,王鹏.基于文献计量的全过程工程咨询研究分析[J].工程经济,2020,30(4):41-45

[16] 秦文.中国工程咨询业的回顾与展望[J].中国投资与建设,1994(3):56-58.

[17] 黄季伸,罗志红,胡冰凌.我国工程咨询行业40年回顾与展望[J].中国勘察设计,2018,315(12):68-73.

[18] 陈悦,陈超美.引文空间分析原理与应用[M].北京:科学出版社,2014:11-14.

[19] 侯海燕.科学计量学知识图谱[M].大连:大连理工大学出版社,2008:44-45.

[20] 陆帅,吴洪樾,宁延.全过程工程咨询政策分析及推行建议[J].建筑经济,2017(11):21-24.

[21] 朱娟,朱燕,易冰源.全过程工程咨询实施关键问题探讨[J].工程经济,2021,31(3):53-56.

[22] 李巍,王华林,张赡.设计院牵头的全过程工程咨询模式的理论和实践[J].建筑设计管理,2018,35(10):15-18.

[23] 赵振宇,高磊.推行全过程工程咨询面临的问题与对策[J].建筑经济,2019,40(12):5-10.

[24] 王小玲,王晓宇.全过程工程咨询创新实践及应用建议研究[J].建筑经济,2019,40(8):5-9.

[25] 侯丽娟.全过程工程咨询的研究现状及试点实践[J].中国勘察设计,2019(5):45-49.

[26] 宋勇,陈明霞.关于全过程工程咨询管理的实践与思考[J].安徽建筑,2019,26(4):211-212,214.

[27] 中国(双法)项目管理研究委员会.中国项目管理知识体系[M].北京:电子工业出版社,2006.

[28] Turner J R, Mueller R. On the nature of the project as a temporary organization [J]. International Journal of Project Management, 2003, 21(1): 1-8.

[29] 丁士昭.建设工程项目管理[M].北京:中国建筑工业出版社,2010.

[30] 何清华,杨德磊.项目管理(第2版)[M].上海:同济大学出版社.2019.

[31] Project Management Institute. Standard for Program Management [M]. 3rd ed. Pennsylvania: Project Management Institute, 2013.

[32] Turner JR. The Handbook of Project-based Management (2nd ed) [M]. Cambridge, UK; McGraws-Hill, 1999: 128-133.

[33] Roderic, Gray. Alternative Approaches to Programme Management [J]. International Journal of Project Management, 1999, 17, (6): 361-366.

[34] Platje A, Seidel H, Wadman S. Project and Portfolio Planning Cycle: Project-based Management for the Multi Project Challenge [J]. International Journal of project Management，1994, 12(2): 100-106.

[35] Archer N P, Ghasemzadeh F. An Integrated Framework for Project Portfolio Selection[J]. International Journal of Project Management, 1999, 17(4): 207-216.

[36] Project Management Institute. The Standard for Portfolio Management [M]. 3rd ed. Pennsylvania: Project Management Institute, 2013.

[37] 中国国家标准．项目、项目群和项目组合管理（GB/T 37490—2019）[S]．北京：中国建筑工业出版社，2014.

[38] 白思俊．现代项目管理概论［M］．北京：电子工业出版社，2013.

[39] Baker B N, Murphey P C, Fisher D. Factors Affecting Project Success [M] //Cleland D I, King W R. Project Management Handbook. 2nd ed. Toronto: John Wiley & Sons, 1988: 902-909.

[40] Freeman M, Beale P. Measuring Project Success [J]. Project Management Journal, 1992, 23(1): 8-17.

[41] Lim C S, Mohamed M Z. Criteria of Project Success: an Exploratory Re-examination [J]. International Journal of Project Management, 1999, 17(4): 243-248.

[42] Belassi W, Tukel O I. A New Framework for Determining Critical Success/Failure Factors in Projects [J]. International Journal of Project Management, 1996, 14(3): 141-151.

[43] Chan A, D Scott, Chan A. Factors Affecting the Success of a Construction Project [J]. Journal of Construction Engineering & Management, 2005, 130(1): 153-155.

[44] 王文周，宋娟，李建平．项目成功因素文献综述研究［J］．中国软科学，2010，000（1）：96-101.

[45] 颜红艳著．建筑企业项目群成功关键因素及促成策略研究［M］．西安：西安交通大学出版社．2017.

[46] Thiry M. Program Management [M]. 2nd ed. Oxford: Taylor and Francis, 2016.

[47] Hood C. A Public Management for all Seasons? [J]. Public Administration, 1991, 69(1): 3-19.

[48] Kooiman J, Van Vliet M. Governance and Public Management [M]//Eliassen K A,

Kooiman J. Managing Public Organizations. London: Sage, 1993: 65-66.

[49] 格里 斯托克, 华夏风. 作为理论的治理: 五个论点 [J]. 国际社会科学杂志（中文版）, 2019, 36（3）: 23-32.

[50] [英] OGC 组织编写, 薛岩, 欧立雄译. PRINCE2 [M]. 机械工业出版社, 2005: 13-26.

[51] Ralf Muller. Project Governance: Fundamentals of Project Management [C]. Gower Publishing Company, 2009: 120-123.

[52] Eric G. Too, P. Weaver. The Management of Project Management: A Conceptual Framework for Project Governance [J]. International Journal of Project Management, 2013(7): 13-26.

[53] Weaver P. Effective Project Governance-linking PMI's Standards to Project Governance [C]. Hong Kong: PMI Global Congress 2007: 1-14.

[54] 丁荣贵, 高航, 张宁. 项目治理相关概念辨析 [J]. 山东大学学报（哲学社会科学版）, 2013（2）: 132-142.

[55] J. R. Turner. Towards a Theory of Project Management: The Nature of the Project Governance and Project Management [J]. International Journal of Project Management, 2006, 24(2). 93-95.

[56] Graham M. Winch. Governing the Project Process: A Conceptual Framework [J]. Construction Management and Economics, 2001, 19(8). 799-808.

[57] Lambert K. Project Governance [J]. World Project Management Week, 2003, 27(3): 93-95.

[58] 严玲, 尹贻林, 范道津. 公共项目治理理论概念模型的建立 [J]. 中国软科学, 2004（6）: 130-135.

[59] 严玲, 尹贻林. 公共项目治理 [M]. 天津: 天津大学出版社, 2006.

[60] 沙凯逊, 宋涛, 亓霞, 华冬冬. 从不确定性看建设项目的治理逻辑 [J]. 山东建筑大学学报, 2009, 24（4）: 283-287.

[61] 丁荣贵, 刘芳, 孙涛, 孙华. 基于社会网络分析的项目治理研究——以大型建设监理项目为例 [J]. 中国软科学, 2010（6）: 132-140

[62] 贾生华, 陈宏辉. 利益相关者的界定方法述评 [J]. 外国经济与管理, 2002（5）: 13-18.

[63] 刘俊海. 公司的社会责任 [M]. 北京: 法律出版社, 1999.

[64] （美）阿道夫 A. 伯利（AdolfA. Berle）,（美）加德纳 C. 米恩斯（GardinerC.

Means）．现代公司与私有财产［M］．北京：商务印书馆，2005.

[65] 陆雄文．管理学大辞典［M］．上海：上海辞书出版社，2013.

[66] Freeman R E. Strategic Management: A Stakeholder Approach [J]. Cambridge University Press, 1951.

[67] Clarkson M. A Stakeholder Framework for Analyzing and Evaluating Corporate Social Performance [J]. The Academy of Management Review, 1995, 20(1): 92-117.

[68] 龚建桥，朱睿．科技企业集成管理研究论纲［J］．科研管理，1996（3）：54-58.

[69] 刘晓强．集成论初探［J］．中国软科学，1997（10）：103.

[70] 李宝山，刘志伟．集成管理——高科技时代的管理创新［M］．北京：中国人民大学出版社，1998.

[71] 海峰，李必强，向佐春．管理集成论［J］．中国软科学，1999（3）：87-88，95.

[72] 吴秋明，李必强．集成与系统的辩证关系［J］．系统辩证学学报，2003（3）：24-28.

[73] 王方，吴华．21世纪美军［M］．北京：时事出版社，2002.

[74] 钱学森，于景元，戴汝为．一个科学新领域——开放的复杂巨系统及其方法论［J］．自然杂志，1990（1）：3-10，64.

[75] 于景元，周晓纪．从综合集成思想到综合集成实践——方法、理论、技术、工程［J］．管理学报，2005（1）：4-10.

[76] 戚安邦．多要素项目集成管理方法研究［J］．南开管理评论，2002（6）：70-75.

[77] 吴秋明，李必强．集成管理学——现代企业管理一门新兴的学科［J］．企业管理，2004（5）：87.

[78] 刘玉琦，戚安邦，杨玉武．政府投资工程代建制企业的项目全生命周期集成管理方法研究［C］// 中国科学技术协会．第十届中国科协年会论文集（四）．北京：中国科学技术协会，2008：261-265.

[79] Stuart D, Green, Peter A Popper. Occasional Paper No. 39: Value Engineering, the Search for Unnecessary Cost [M]. London: CIOB, 1998.

[80] 玉井正寿．价值分析［M］．北京：机械工业出版社，1981.

[81] GB/T 8223—1987，价值工程基本术语和一般工作程序［S］．

[82] ［德］赫尔曼·哈肯，凌复华译．协同学——大自然构成的奥秘［M］．上海：上海译文出版社，2005.

[83] 王刚．协同战略的演变［J］．经济师，2002（6）：34-35.

[84] 荆龙姣．企业间协同与价值创造［J］．求索，2011（3）：29-31.

[85] 杜栋.协同、协同管理与协同管理系统 [J].现代管理科学,2008(2):92-94.

[86] Goldratt E M, Cox J. The Goal [M]. Massachusetts: North River Press, 1986.

[87] 孙慧,周颖,范志清.关键链方法及其在项目群管理中的应用 [J].中国农机化,2011(3):48-51.

[88] 罗福周,刘静.基于建设项目多目标综合优化的关键链缓冲区研究 [J].西安建筑科技大学学报(自然科学版),2013,45(6):902-906.

致谢

本书在策划与撰写过程中得到多方的帮助与支持,在此表示最衷心的感谢。感谢浙江五洲工程项目管理有限公司给予的支持与资助,尤其感谢五洲管理博士后工作站全程参与;感谢深圳市建筑工务署、深圳职业技术学院后勤基建处、深圳市建筑工务署教育工程管理中心的帮助;感谢浙江五洲工程项目管理有限公司浙江金华教育·卫生项目与安徽蚌埠一三医院及党校项目团队提供的案例资料。在撰写过程中参阅了许多学者的研究成果,感谢他们的辛苦工作与研究贡献,为我们提供了"巨人的肩膀"。